Andrea Ramscheidt

Mission Impossible

Andrea Ramscheidt

Mission Impossible

**Wie Sie unmögliche Projekte
in Erfolge verwandeln**

Bibliografische Information der Deutschen Nationalbibliothek
Die Deutsche Nationalbibliothek verzeichnet diese Publikation in der Deutschen
Nationalbibliografie; detaillierte bibliografische Daten sind im Internet über
http://dnb.d-nb.de abrufbar.

ISBN 978-3-7093-0508-9

Es wird darauf verwiesen, dass alle Angaben in diesem Werk trotz sorgfältiger Bearbeitung
ohne Gewähr erfolgen und eine Haftung der Autorin oder des Verlages ausgeschlossen ist.

Umschlag: buero8
Satz: Strobl, Satz·Grafik·Design, 2620 Neunkirchen

© LINDE VERLAG Ges.m.b.H., Wien 2013
1210 Wien, Scheydgasse 24, Tel.: 01/24 630
www.lindeverlag.de
www.lindeverlag.at
Druck: Hans Jentzsch u Co. Ges.m.b.H.
1210 Wien, Scheydgasse 31

1

INHALT

PROLOG

*Sommerurlaub in den Hohen Tauern: Was nicht fehlen durfte, war eine ge-
führte Bergwanderung zum Fuße der Pasterze, einem Gletscher am Groß-
glockner. Und ein Stück über diesen Gletscher hinaus. Beeindruckend! Wir
kamen an eisblauen Gletscherspalten vorbei, aus denen uns die Kälte regel-
recht anwehte. Das erinnerte uns wieder daran, dass unter unseren Füßen
kein fester Boden, sondern nur Dutzende Meter Eis waren. Problematisch
war die Wanderung trotzdem nicht. Für uns zumindest.*

*Als uns eine zweite Wandergruppe ohne Bergführer entgegenkam, fragten wir
uns schon von Weitem, warum diese Leute so schlitterten und rutschten. Obwohl sie einander stützten, hatten sie die größten Schwierigkeiten, sich auf
den Beinen zu halten. Als sie vor uns standen, verstanden wir es besser: Sie
trugen Turnschuhe – ganz ohne Profil. Ein paar der Frauen waren sogar mit
Ballerinas gestartet. Wir dagegen waren mit Wanderschuhen ausgerüstet. Sie
gaben uns festen Halt.*

*In diesem Moment wurde mir klar: Glatt ist zwar der Gletscher. Doch ob
man auf dem Eis ins Rutschen kommt oder nicht, liegt allein am Schuhwerk.*

Bei Projekten ist das ähnlich: Gerät ein Projekt ins Schlittern, liegt das nicht
an dieser Organisationsform an sich. Hierarchielosigkeit, ungewohnte Team-
zusammensetzung, neue Arbeitsformen – das alles sind keine Gründe für
Schwierigkeiten. Das Arbeiten in Projekten setzt nur eine andere Art voraus, mit Problemen umzugehen und passende Lösungen zu finden. Auch die
Rahmenbedingungen, mit denen gestartet wird – schwierige Aufgabe, enger Zeitplan, bescheidenes Budget –, sind nicht dafür verantwortlich, wenn
es unrund läuft. Die Unglücksfälle, die sich bei manchen Projekten häufen,
ebenfalls nicht: kranke Teammitglieder, defektes Arbeitsmaterial, technische
Probleme. An all diesen Dingen liegt es nicht. Das kann ich nach 20 Jahren
Berufserfahrung als Projektleiterin und Beraterin in Sachen Projektmanagement mit Sicherheit sagen.

Ich habe Projekte erlebt, die einen extrem knappen Zeitplan und ein ebenso knappes Budget hatten. Darunter eines, bei dem, während es lief, immer
neue Anforderungen ans Ergebnis gestellt wurden. Zudem stellte sich heraus,

dass eine neue Technologie sehr fehleranfällig oder gar nicht einsetzbar war. Dieses Projekt dennoch zum Ziel zu führen, das sah nach einer Mission Impossible aus – trotzdem gelang es. Trotz aller schwierigen äußeren Umstände hatte ich keinen Moment lang den Eindruck, dass das Projektteam ins Schlittern geriet. Wieso? Weil die Leute mit der richtigen Ausrüstung an die Sache herangegangen sind. Und damit meine ich nicht Laptops, Software und Zeitbudget, sondern die innere Einstellung zur Projektarbeit, die Methoden und Arbeitsgewohnheiten im Projekt. Wer da gut aufgestellt ist, den können auch schwierige Bedingungen nicht erschrecken.

Ob ein Projekt ins Rutschen gerät oder nicht, liegt nicht an den Vorgaben von außen, sondern einzig und allein daran, wie Sie den Herausforderungen begegnen. Egal, was in Ihrem Projekt passiert: Sie können immer einen Weg finden, damit umzugehen. Ob Sie feststellen, dass die Projektplanung weit von der Realität entfernt ist, ob es innerhalb des Teams Unklarheiten darüber gibt, wer wofür zuständig ist, ob Ihnen Verlässlichkeit fehlt, ob es Konflikte im Team gibt, ob neue Umstände Ihren Plan über den Haufen werfen oder ob gar die ganz große Katastrophe übers Projekt hereingebrochen ist: In jeder prekären Situation haben Sie es in der Hand, das Beste daraus zu machen. Auch wenn die Situation noch so ausweglos erscheint: Sie ist es nicht.

Für jede Art der Fortbewegung, jeden Untergrund, jede Situation gibt es das richtige Schuhwerk – Joggingschuhe, Wanderschuhe, Kletterschuhe, Tanzschuhe, Business-Schuhe oder High Heels. Genauso gibt es für jede Herausforderung im Projektmanagement die richtige Herangehensweise. Mit einem entscheidenden Unterschied: Wenn Sie auf halbem Weg zum Berggipfel feststellen, dass Ihre Turnschuhe nicht genügend Halt geben, nützen Ihnen die Wanderschuhe nichts, die im Hotel liegen. Sie können Ihr Schuhwerk nicht mehr tauschen. Aber Ihr Vorgehen bei der Lenkung von Projekten können Sie jederzeit ändern. Sie müssen nur wissen wie. Und vor allem: Sie müssen es auch tun, denn Sie als Projektleiter sind verantwortlich für den Erfolg.

Mit diesem Buch stelle ich Ihnen eine Art Schuhschrank bereit, der Sie für jede Projektsituation optimal ausstattet, ein Sortiment an Methoden für jeden Projektbedarf. Damit Sie immer sicher zum Gipfel kommen. Und wieder sicher hinunter.

Der Blick in den Abgrund – Wie schlimm ist es wirklich?

Als **Abgrund** wird ein Steilabfall bezeichnet, dessen Tiefe sich von oben nur schwer oder gar nicht einschätzen lässt. Der Blick in den Abgrund kann beängstigend sein; ungeübte Bergsteiger meiden ihn deshalb. Für geübte Alpinisten ist der Blick in den Abgrund unerlässlich. Tiefe, Hangneigung, Bodenbeschaffenheit, eventuelle Felsvorsprünge und Pflanzenbewuchs müssen ermittelt werden. Erst wenn die Alpinistengruppe genau weiß, was sie erwartet, kann sie die sicherste Methode festlegen, um ihren Weg fortzusetzen.

Das Wasser quillt über die Türschwelle und läuft die Treppe hinunter. In der Küche steht der Installateur mit durchweichter Hose und presst beide Hände auf das Rohr, von dem der Hahn abgebrochen ist. Zwischen seinen Fingern schießt weiter das Wasser hindurch. Inzwischen steht es in der ganzen Wohnung zwei Zentimeter hoch auf dem frisch abgeschliffenen Parkett. Mein Mann rennt durch die Wohnung und sucht den Absperrhahn. Schnell stellt er fest: Es gibt keinen. Dann also der Haupthahn im Keller. Doch die Tür davor ist abgeschlossen. Es dauert eine halbe Stunde, bis der Hausmeister eintrifft und die Flut endlich unter Kontrolle bringt.

Nein, das ist kein Ausschnitt aus einem Film, sondern der Höhepunkt einer Serie von Pannen, die begann, als wir die Küche für unsere neue Wohnung bestellten. Dabei waren wir so sorgfältig an die Sache herangegangen. Von drei verschiedenen Küchenstudios hatten wir uns Angebote erstellen lassen und uns für dasjenige entschieden, das am besten geplant war. Die Lichtleiste war passgenau in die Oberschränke integriert und auch sonst stimmten alle Details. Die Küche war perfekt. Auf dem Plan zumindest.

Dann kamen die Handwerker, um die Küche zu montieren. Mein Mann und ich wollten ihnen nicht im Weg stehen und zogen uns in die anderen Zimmer zurück. Als die Monteure uns zur Abnahme riefen, fielen wir jedoch aus allen Wolken. Die Abdeckplatte für die Wand hatten die Handwerker gar nicht erst installiert, da sie offenbar zu kurz geraten war. Zwischen Kühlschrank und Gefrierschrank klaffte ein Spalt, sodass sich die Tür des Gefrierschranks nicht richtig schließen ließ. In der Arbeitsplatte war eine tiefe Kerbe. Und der Wasserhahn am Spülbecken war mit Klebestreifen zugeklebt.

„Das ist, damit Sie ihn nicht aus Versehen aufdrehen. Das Wasser fließt nämlich nicht richtig ab", erklärte uns der leitende Handwerker. „Deswegen haben wir auch die Waschmaschine und die Spülmaschine noch nicht angeschlossen." Dann verabschiedete er sich eilig.

Um die Enttäuschung zu verdauen, holte ich zwei Gläser aus dem Schrank und legte eine Flasche Weißwein in den Kühlschrank. Sie rollte nach links. Mein Mann holte die Wasserwaage. Tatsächlich: Der gesamte Kühlschrank war schief eingebaut.

„Immerhin ist der Backofen gerade!", sagte lächelnd mein Mann. Dafür gab das Gerät, als wir darin kurz darauf eine Pizza erwärmten, merkwürdige

Geräusche von sich. Der zu Hilfe gerufene Spezialist stellte später fest, dass die Handwerker die Transportsicherung nicht entfernt hatten. Sie vibrierte, wenn der Ofen lief, was zu den Geräuschen führte.

Jetzt war es genug. Wie ein Hühnerhabicht inspizierte ich die Küche daraufhin Quadratzentimeter für Quadratzentimeter. Nach einer knappen Stunde hatte ich eine Mängelliste mit 27 Punkten zusammengestellt. Daraufhin rief ich beim Küchenstudio an und erklärte, was alles an der Küche nicht stimmte. Die einzige Antwort des Serviceleiters war: „Das ist noch nie passiert.“

Katastrophenprojekte: Wie es werden sollte und wie es ist

Von der Küche bis zum Flughafen, von der Entwicklung einer Taxiruf-App fürs Handy bis zum Aufbau eines neuen Geschäftszweigs: 37 Prozent aller Arbeitsabläufe in Unternehmen sind in Projekten organisiert. Das ergab eine Studie des Instituts für Beschäftigung und Employability aus dem Jahr 2010. Drei Viertel der befragten Unternehmen verwenden Projektarbeit regelmäßig. Es wird also ein erheblicher Anteil der Wertschöpfung in Deutschland mit dieser Arbeitsweise erbracht. Das ist auch verständlich, denn die Arbeitswelt wird immer komplexer. An verschiedenen Standorten arbeiten Menschen aus verschiedenen Unternehmenszweigen mit ganz unterschiedlichem Fachwissen an demselben Ziel.

Projekte erfolgreich durchzuführen ist für Unternehmen überlebenswichtig; entsprechend sorgfältig und professionell werden sie geplant. Und trotzdem laufen Projekte oft nicht so wie vorgesehen. Es entstehen Verzögerungen, unvorhersehbare Komplikationen oder die Arbeiten werden unsauber ausgeführt – was zeit- und kostenaufwendige Nacharbeit nach sich zieht. So wie bei unserer Küche.

Eine Studie der Universität Oxford im Verband mit dem McKinsey-Institut aus dem Jahr 2011 kommt nach der Auswertung von 1.500 IT-Projekten zu dem Ergebnis: Nur bei der Hälfte dieser Projekte konnte der geplante Zeit- und Kostenrahmen eingehalten werden. Bei einem Drittel wurde das Budget um durchschnittlich 70 Prozent, der Zeitplan um 60 Prozent überschritten.

Beim letzten Sechstel traten massive Schwierigkeiten auf: Hier mussten das Budget um 197 Prozent und auch der Zeitrahmen um 70 Prozent aufgestockt werden.

Gut, das war ein Spezialfall: Es ging um IT-Projekte in Großbritannien und den USA. Aber in Deutschland ist die Situation nicht grundlegend anders – weder in der IT noch in anderen Branchen. Ein Blick in die Presse zeigt ein düsteres Bild.

→ Berliner Flughafen: Der Flughafen Berlin Brandenburg soll die bisherigen Flugplätze Schönefeld und Tegel ersetzen, jährlich sollen 27 Millionen Passagiere abgefertigt werden. Seit 2006 ist er im Bau. Die Eröffnung, ursprünglich für 2011 geplant, musste mehrfach verschoben werden, weil es Probleme mit dem Brandschutzsystem und dem Lärmschutz gab. Bis dato sind Mehrkosten von 1,7 Milliarden Euro entstanden, mit weiteren Kostensteigerungen ist zu rechnen. Im Mai 2012 kündigten die Flughafenbetreiber der Planungsgemeinschaft Berlin Brandenburg International wegen eklatanten Planungsmängeln fristlos und übernahmen die Bauaufsicht selbst.

→ Elbphilharmonie: Das große Konzerthaus in Hamburg soll einmal ein herausragendes kulturelles Zentrum und mit seiner an ein Segelschiff erinnernden Architektur ein Wahrzeichen der Stadt werden. Das Projekt läuft nur leider nicht ganz nach Wunsch. Bei der ersten Planung sollte das Projekt 77 Millionen Euro kosten. Bei Vertragsabschluss im Jahr 2007 standen 114 Millionen in der Kalkulation. 2008 waren die Kosten des Projekts bereits auf 328 Millionen angestiegen, 2011 auf 476 Millionen. Dazu kommt: 2010 wurde Richtfest gefeiert, im selben Jahr sollte die Konzerthalle nach ursprünglicher Planung eröffnet werden. Inzwischen wird mit einer Fertigstellung Mitte 2015 gerechnet.

→ Autobahnbrücke Euskirchen: Wenn ich auf der A1 unterwegs bin, halte ich immer Ausschau nach diesem beeindruckenden Stück Beton. Vor 40 Jahren wurde die Brücke unter großem Trara als Teil der geplanten Querverbindung A56 gebaut. Ein paar Jahre später gab man die Pläne für die A56 auf: Die Straße wird gar nicht gebraucht. Allein die Brücke steht nutzlos und einsam in der Landschaft herum.

All diese Projekte wurden in guter Absicht begonnen und sollten der Allgemeinheit enormen Nutzen bringen. Die Planer machten sich nach bestem Wissen und Gewissen ans Werk. Nur leider hielt die Realität nicht mit der Planung mit. Angesichts der hohen Erwartungen sind die bisherigen Ergebnisse schlicht enttäuschend für alle Beteiligten. Wenn ich solche Projekte betrachte, blutet mir das Herz – aber verzweifelt bin ich nicht.

Denn auch wenn in den Medien immer wieder von Versagen und Scheitern gesprochen wird, die hohen Mehrkosten kritisiert werden und über die Zeitverzögerung gespottet wird: Gescheitert sind diese Projekte noch lange nicht. Genauso wenig wie die ganzen IT-Projekte, die in der McKinsey-Studie deutlich über ihrem Budget lagen. Gescheitert ist ein Projekt erst, wenn es seinen Zweck nicht erfüllt. Von den genannten Beispielen gilt dies nur für die Autobahnbrücke Euskirchen. Bei den anderen Projekten bestehen noch gute Chancen, dass sie fertiggestellt werden und hier der Betrieb ganz normal aufgenommen werden kann. Wenn mit dem Berliner Großflughafen das Ziel erreicht wird, den Flugverkehr zu erleichtern, wen wird es dann in 50 Jahren noch interessieren, wie lange die Umsetzung gedauert hat?

Der Bau des Eiffelturms kostete mehr als doppelt so viel, wie ursprünglich veranschlagt, es gab Riesenproteste von Bürgern, die den Entwurf hässlich fanden oder die Stabilität der Konstruktion anzweifelten. Inzwischen steht der Turm seit fast 125 Jahren und die Baukosten kamen im ersten halben Jahr nach der Eröffnung durch die Eintrittspreise wieder herein. Schon lange ist der Eiffelturm das Wahrzeichen von Paris, jährlich lockt er Millionen von Besuchern an.

Das Übel bei der Wurzel packen

Wenn es im Projektverlauf drunter und drüber geht und eine Hiobsbotschaft die andere jagt, stehen die Verantwortlichen in manchen Momenten am Rand der Verzweiflung. Die Versuchung ist groß zu sagen: „Das wird ja doch nichts mehr." Aber: Aufgeben gilt nicht! Auch ein Projekt, das verspätet und mit überzogenem Budget abgeschlossen wird, kann noch erfolgreich sein – genau dann, wenn es seine Ziele erreicht, das heißt, wenn der Nutzen höher ist als die Investitionskosten.

Kapitel 1: Der Blick in den Abgrund – Wie schlimm ist es wirklich?

13

Und das können Sie erreichen, da bin ich mir sicher. Ich verspreche nicht, dass sich Probleme einfach so in Luft auflösen. Aber es ist möglich, mit ihnen zurechtzukommen. Alles, was Sie dafür tun müssen, ist: mit frischem und ehrlichem Blick ganz neu an das Projekt heranzugehen. Das ist die wahre Herausforderung für jeden Projektleiter.

Zunächst betrachten Sie ganz genau, unter welchen Umständen Ihr Projekt zustande gekommen ist. Oft wird nämlich schon vor Projektstart die Saat für Schwierigkeiten gelegt. Wenn diese schlechten Voraussetzungen identifiziert sind, können Sie die Probleme von der Wurzel her lösen.

Diktatur des günstigen Angebots

Ein lukrativer Auftrag, und zwar von einem Neukunden! Der Vertrieb hat tolle Arbeit geleistet: Zwei Walzanlagen sollen geliefert und bei dem neuen Kunden aufgebaut werden. Ein Routineprojekt. Bis zu dem Tag, als der Projektleiter des Maschinenherstellers zum Kunden kommt, um den künftigen Standort der Anlagen zu überprüfen. Als er die alte Kühlanlage sieht, an die er die Walzanlagen anschließen soll, traut er seinen Augen kaum. Ein solches Gerät könnte auch schon im Technikmuseum stehen.

„Tut mir leid, aber die Kühlleistung dieses Geräts reicht auf keinen Fall, um die neuen Walzstraßen auf vernünftiger Betriebstemperatur zu halten. Die Kühlanlage muss auch ausgetauscht werden."

„Was? Ihr Kollege hat mir aber gesagt, dass wir die alte weiternutzen können! Das geht so nicht. Das bezahlen wir nicht!"

Der Vertrieb will Geschäfte machen, dazu ist er da. Diese Aufgabe erfüllt er, zum Wohl des Unternehmens, meist mit viel Engagement. Und um zu verkaufen, ist er bemüht, den Kunden ein attraktives Angebot zu machen. Leistungen, von denen nicht sicher ist, ob der Kunde sie braucht, werden deshalb im Angebot auch schon einmal weggelassen. Dazu gehört zum Beispiel die Zeit, die für die Projektplanung und -besprechung nötig ist. Einkalkuliert wird nur der Aufwand für die Ausführung. Kosten für die Anpassung zwischen dem neuen Produkt und dem alten System des Kunden? Sofern die Situation nicht klar ist, müssen die ja nicht von Anfang an eingerechnet werden, vielleicht funktionieren die beiden Systeme problemlos miteinander.

Erst wenn feststeht, dass eine Anpassung nötig ist, kommt der damit verbundene Aufwand als nachträglicher Posten hinzu. Ob es um eine Walzanlage geht, eine Software oder schlicht um den verfügbaren Platz, es wird häufig mit der Annahme gearbeitet, dass es schon passen wird.

Oft passt es aber nicht. Dann ist die Kalkulation zu knapp und der Projektleiter steht vor dem Problem: Wer soll das bezahlen? Werden die Mehrkosten an den Kunden weitergereicht, fühlt der sich über den Tisch gezogen und das Unternehmen verliert vielleicht einen Kunden. Werden sie innerhalb des Projekts aufgefangen, reicht das Projektbudget nicht aus und manchmal ist der Auftrag für das Unternehmen dann nicht mehr wirtschaftlich. Beide Wege sind keine echten Optionen.

Und das alles, weil die Kommunikation zwischen Projektleiter und Vertrieb vor der Vertragsunterzeichnung nicht richtig funktioniert. Der Vertrieb bekommt die Konsequenzen seiner optimistischen Zusagen an die Kunden nicht so direkt zu spüren wie der Projektleiter. Daher erliegt er oft der Versuchung, sie leichtfertig zu unterschätzen. Auch wenn der Projektleiter immer wieder betont: „Leute, so geht das nicht!", kommt es immer wieder vor, dass Angeboten ein optimaler Projektverlauf zugrunde liegt. Widerspruch einlegen kann der Projektleiter nicht, denn bis er die Einzelheiten erfährt, sind die Verträge schon unterschrieben. Dazu kommt es natürlich nur, wenn für den Kunden der Preis stimmt und genau diesem Diktat folgen die Akteure eines Unternehmens.

Quadratur des Kreises

Ob im Voraus unrealistische Vorgaben gestellt werden oder ob im Lauf des Projekts immer weitere Anforderungen dazukommen: Dahinter steht keine böse Absicht und auch keine Gedankenlosigkeit, sondern schlichtes Wunschdenken. Die Verantwortlichen wissen, wie enorm nützlich und effektiv die Arbeitsorganisation in Projekten ist. Da liegt es nahe, ihnen immer noch ein bisschen mehr zuzutrauen, als sie realistischerweise leisten können.

Auf der Automesse in Frankfurt ist der VW Eos umringt von Interessenten. „Ein tolles Auto!", hört man sie jubeln. Besonders das dreiteilige Dach hat ihre Begeisterung geweckt. „Ein Schauspiel, wie sich der Laderaum lautlos öffnet und das Dach sich hineinfaltet. Da haben die Produktdesigner ganze Arbeit geleistet!"

Tatsächlich war dies eine echte Herausforderung. Die Umsetzung der Dachkonstruktion gestaltete sich ungewöhnlich komplex. Um die hohe Beweglichkeit zu garantieren, brauchte es zusätzliche Scharniere. Weil für die völlig neuartige Technik die Erfahrungswerte aus der Praxis fehlten, waren die Fugen zwischen Dach, Seitenwänden und Laderaum trotz allseitiger Bemühungen kaum dicht zu bekommen. Das Projektteam testete die Konstruktionen der verschiedenen Hersteller gründlich, bevor der Eos auf den Markt kam. Aber die gründlichsten Tests können nicht die Alltagserfahrungen Tausender Kunden ersetzen. Das Ergebnis: Im Inneren des Eos ist es enorm laut, weil der Fahrtwind Geräusche an den Fugen verursacht. Und wenn es bei Seitenwind regnet, tropft es ins Wageninnere.

Ein Klassiker: Jemand vom Produktmanagement hat eine geniale Idee. So genial, dass die anderen Produktdesigner ebenfalls von der Idee begeistert sind. Also wird sie als Anforderung an den Projektleiter der Entwicklung weitergegeben. Aber die Realisierung gestaltet sich schwieriger als erwartet. Es fehlt einfach die Umsetzungserfahrung, was die neue Technologie angeht. Und das Projektteam steht vor der Herausforderung, dass es Anforderungen umsetzen muss, obwohl es kein Mitspracherecht bei der Planung hatte.

Auch hier herrschen strikte Vorgaben, eine weitere Diktatur. Auch hier müssen diejenigen, die die Suppe einbrocken, sie nicht auslöffeln. Im schlimmsten Fall ist das der Kunde. Der muss sich dann mit einem mangelhaften Produkt herumschlagen.

So starten viele Projekte mit Vorgaben, die – realistisch betrachtet – von Anfang an nicht zu erfüllen sind. Andere beginnen unter besseren Bedingungen, wachsen dann aber über sich selbst hinaus, weil weitere Anforderungen hinzukommen. Frei nach dem Motto: „Wenn wir schon mal dabei sind, dann können wir ja auch gleich ..."

Projektarbeit wird häufig als Wundermittel angesehen. Sie soll alle Probleme des Unternehmens lösen, bei der Planung und Ausführung richtig gute Qualität liefern, möglichst nichts kosten und das Ergebnis soll vorgestern fertig sein. Klar weiß jeder, der wirklich darüber nachdenkt, dass solche Erwartungen nicht zu erfüllen sind. Sie werden aber trotzdem formuliert, zum Beispiel wenn ein Unternehmen den Vorsprung der Konkurrenz aufholen will. Das Problem ist: Wunschdenken überlagert den Realitätssinn.

Die Arbeitswelt ist keine Gartenparty

Egal, ob die Anforderungen vom Vertrieb, von der Geschäftsführung oder von der Konkurrenz kommen: Im Lauf des Projekts müssen die Fehler ausgebügelt werden, die andere verursacht haben. Das Projekt startet mit einer Hypothek, die Anforderungen sind von Anfang an unrealistisch. Gleichzeitig hat der Projektleiter häufig nicht genug Handlungsspielraum, um damit sinnvoll umzugehen. Eine Zwickmühle.

Genau hier beginnt die Verantwortung eines Projektleiters. In einer solchen Situation muss er laut rufen: „Stopp, so geht das nicht!" und die Folgen aufzeigen. So lange, bis die Entscheider nicht anders können, als seinen Ruf zu hören. Das ist unbequem und tut auch manchmal weh, gehört aber zu seinem Job. Was braucht ein Projektleiter, um das tun zu können? Auf jeden Fall zwei Dinge: genug Erfahrung und ein gutes Auge, um zu erkennen, wann Anforderungen unrealistisch werden. Und das Selbstbewusstsein, auf seiner Position zu bestehen, wenn es die Situation erfordert.

Damit Projektleiter diesen Anforderungen gerecht werden können, müssten sie eine richtig gute Ausbildung bekommen. Auf dem Lehrplan: Organisation, Menschenführung, Kommunikation, Kosten-Nutzen-Rechnung, Risikomanagement. Und jede Menge Erfahrung aus der Projekt-Realität. Und selbst wenn eine Ausbildung das alles bietet, gilt: Das ist erst der Anfang.

Wenn ich einem Projektleiter zur Seite gestellt werde, spreche ich mit ihm auch über Fortbildungen und Schulungen, an denen er teilgenommen hat. Nach einigen Einsätzen kam mir die Geschichte, die ich dabei zu hören bekam, schon sehr bekannt vor. Dafür habe ich nur zwei Erklärungen: Entweder waren alle meine Gesprächspartner zufälligerweise auf demselben Seminar, was extrem unwahrscheinlich ist. Oder viele Projektmanagement-

Seminare laufen nach einem sehr ähnlichen Schema ab. Ungefähr so: Um zu veranschaulichen, wie Projektplanung und Projektsteuerung funktioniert, sollen die Teilnehmer eine virtuelle Gartenparty organisieren. Dabei werden dann alle Projektmanagement-Methoden von der Zieldefinition bis zum Projektabschluss durchexerziert: Was ist das Ziel, wen brauchen wir, wer wird eingeladen, welche Ressourcen haben wir, welchen Zeitrahmen haben wir? Meilensteine werden gesetzt und Zuständigkeiten zugewiesen. Das Risikomanagement besteht darin, eine alternative Location für Regen zu bestimmen und zu planen, was es auf der Party zum Essen gibt, falls die Grillwürste ins Feuer fallen und verkohlen.

Mal ehrlich: Eine Gartenparty zu organisieren ist simpel. Das hat fast jeder schon einmal gemacht. All die professionellen Projektmanagement-Methoden sind hier überdimensioniert. Klar kann man sie anhand einer Gartenparty lernen. Nur reicht das nicht, um in der Realität ein komplexes Projekt zum Erfolg zu führen. Natürlich sind die Management-Methoden, die man bei einer Schulung lernt, eine unabdingbare Grundlage für Projektmanagement. Aber eben nur eine Grundlage. Mehr behaupten sie auch gar nicht zu sein. Das ist wie mit dem Führerschein: Wer ihn bekommt, kann noch lange nicht sicher Auto fahren. Es heißt nur, dass er die Grundlagen hat, um alleine weiterzuüben. Eine Schulung ersetzt nicht die Praxiserfahrung. Genau das wird aber häufig erwartet.

Führungskräfte schicken ihre Projektleiter zu Trainings in der Hoffnung, dass sie danach komplexe Projekte bewältigen können. Es wäre schön, wenn es so einfach wäre. Das ist es aber offensichtlich nicht: In dem Artikel „Seminare bringen nichts" der Zeitschrift „Harvard Business Manager" (Februar 2011) wird von einer Studie der Professoren Wieland Cichon und Holger Günzel von der Hochschule für angewandte Wissenschaften in München berichtet. In dem Versuch wurde ein Projektplanspiel genutzt. 46 BWL-Studenten wurden in zwei Gruppen eingeteilt. Die eine wurde zunächst in den Grundlagen des Projektmanagements trainiert, die andere startete sofort mit dem Planspiel und bekam die theoretischen Grundlagen des Projektmanagements nach Durchführung des Projektplanspiels nachgeliefert. Ihre Ergebnisse? Waren annähernd gleich ... Mich jedenfalls überrascht das nicht, angesichts der geschilderten Herangehensweise.

Eine Gartenparty ist das, was in der Projektmanagement-Literatur ein deterministisches Projekt genannt wird; ich sage dazu lineares Projekt. Das heißt: Es gibt eine klare zeitliche Abfolge. Fast alles ist berechenbar und planbar. Dazu kommt, dass es eine geschlossene Gruppe von Projektbeteiligten gibt, die sich alle vorher kennen und alle dasselbe Interesse haben: nämlich eine coole Party zu erleben. Das macht die Umsetzung leicht.

In der wirklichen Welt sind Projekte jedoch komplexer. Viele Prozesse laufen parallel ab – deren zeitliches Verhältnis zueinander muss immer wieder neu geplant werden. Verschiedene Interessengruppen – beispielsweise Vertrieb, Produktdesigner oder der CEO – bestimmen die Rahmenbedingungen und jeder will etwas anderes. Zudem gibt es in der Planung viele Unbekannte, zum Beispiel Zulieferer, bei denen nicht sicher ist, ob sie verlässlich sind, oder den Einsatz einer neuen Technologie, mit der bisher keiner der Beteiligten Erfahrungen gemacht hat. Das Projektteam ist darüber hinaus auf verschiedene Standorte verteilt und arbeitet zum ersten Mal zusammen. Wenn manche Teammitglieder außerhalb des Projekts zusammenarbeiten, bringen sie ihre alten Hierarchieverhältnisse und Bindungen mit ein, obwohl sie im Projekt ganz andere Rollen haben. Und: Zeitrahmen, Budget, Anforderungen verändern sich während des Projekts. Rückschläge und Risiken sind nur zu einem kleinen Teil berechenbar.

Verstehen Sie mich nicht falsch: Damit meine ich nicht, dass Sie Rückschläge einfach über sich ergehen lassen müssen. Sie können sich darauf einstellen, dass etwas schiefgeht, auch wenn Sie noch nicht genau wissen, was das sein wird. Sie können Pläne erstellen, wie Sie mit unerwarteten Entwicklungen und Einflüssen umgehen. Dafür braucht es aber Erfahrung. Kurz: Der Projektleiter kann und muss während eines von mir sogenannten lernintensiven Projekts eine Menge lernen. Und lernintensiv ist der Großteil der Projekte, die täglich in Unternehmen umgesetzt werden.

Ideenriesen und Umsetzungszwerge

Dass Projektleiter manchmal überfordert sind und viele Projekte nicht nach Plan laufen, ist unter diesen Voraussetzungen das Normalste von der Welt. Und dennoch liegt der Grund für ein Scheitern nicht immer im Äußeren. Zu sagen die Umstände seien schuld, die armen Projektleiter können nichts dafür, wenn sie Projekte an die Wand fahren, wäre zu einfach und falsch. Manchmal liegt es nun mal am Projektleiter, häufig an seiner Planung.

Genau genommen gibt es hier zwei Hauptursachen: Die Planung war tatsächlich schlecht. Oberflächlich, unkonzentriert. Die Projektbeteiligten sind gleich losgerannt und haben sich an die Ausführung gemacht, frei nach dem Motto: „Der Weg entsteht beim Gehen." Oder, paradoxerweise: Die Vorbereitung war zu gut, zu detailliert. Wenn alle Energie der Projektgruppe dafür aufgewendet wird, alles bis ins letzte Detail gründlich zu planen, bleibt keine Kraft für die Ausführung übrig. Frei nach dem Motto: „Wenn am Anfang Schwung und Richtung stimmen, ist der Rest Ballistik." Ich nenne das: Ideenriesen und Umsetzungszwerge. Wenn dann bei der Umsetzung etwas schiefgeht, ist der erste Instinkt der Beteiligten, sich weiter an den ursprünglichen Plan zu halten. Schließlich wurde der ja penibel bis ins kleinste Detail ausgearbeitet. Das ist fatal.

Rosarote Brille auf und durch

Ebenso problematisch ist das Leitmotiv vieler Projekte, das häufig von Anfang an gilt: Es wird alles durch eine rosarote Brille betrachtet, von mir „rosarisieren" genannt. Die bedrohliche Wahrheit will man sich lieber nicht so genau anschauen. Selbst wenn ein Projekt zur Halbzeit schon weit über dem bis zu diesem Zeitpunkt geplanten Budget liegt, redet man sich ein, dass sich diese Entwicklung bis zum Ende des Projekts nicht weiter verschärfen wird. Doch viele Jahre Erfahrung haben mir gezeigt, dass Budgetüberschreitungen in der Regel nicht linear, sondern exponentiell wachsen, wenn die Gründe ignoriert werden.

Auch eine häufige Erscheinung: Wenn ein Projekt dem Zeitplan hoffnungslos hinterherhinkt, machen sich die Beteiligten vor, dass es ab sofort keine weiteren Verzögerungen mehr geben wird. Für alle zukünftigen Arbeitsschritte geht man ganz selbstverständlich von der optimalen Bearbeitungszeit aus, die Möglichkeit weiterer Zwischenfälle wird ignoriert, die Zeit für das Überprüfen und Korrigieren des Resultats als Puffer benutzt und zusammengestrichen. Dabei zeigt die Erfahrung: Dieses Vorgehen wirkt sich auf die Qualität aus. Und dadurch wiederum ergeben sich langwierige und teure Nacharbeiten.

Dabei täuschen die Projektleiter weder sich selbst noch ihr Team und den Auftraggeber bewusst. Sie denken einfach zu positiv. Zwar ist positives Denken eine der Grundvoraussetzungen, um den komplexen Job eines Projektleiters zu erfüllen. Die Fähigkeit des Teams, optimistisch zu sein, ist eine tolle Antriebskraft. Aber wenn positives Denken sich darin äußert, eine Situation schönzufärben, ist es gefährlich. Wer keine Probleme sieht, unternimmt nichts, um Risiken zu vermeiden. Er ist wie jemand, der mit seinem Auto auf einen Baum zusteuert und verträumt denkt: prächtige Kastanie.

Häufig werden solche überoptimistischen projektinternen Annahmen sogar nach außen weitergegeben. Schließlich wollen die Projektleiter ihre Auftraggeber nicht enttäuschen und die Auftraggeber möchten positive Statusnachrichten hören. Auch das hilft nicht, eine schwierige Situation gut zu überstehen.

Für Schönfärberei gibt es unterschiedliche Ansatzpunkte: Ein Projektleiter beispielsweise, der unter Budgetdruck steht, befindet sich in einer Zwickmühle. Einerseits ist ihm bewusst, dass das Budget wahrscheinlich nicht ausreichen wird. So versucht er in bester Absicht dem zu entgehen, indem er bei einigen Arbeitspaketen Budget einspart, um die höheren Kosten in einem anderen Bereich des Projekts auszugleichen und das festgelegte Gesamtbudget nicht zu überschreiten. Die Gefahr dabei: Derartige Einsparungen gehen häufig zulasten der Arbeitsqualität. Das ist nicht im Sinne des Projektauftrags!

Ein Projektleiter hingegen, der unter Zeitdruck steht, könnte versucht sein, die tatsächlichen Termine schönzurechnen. Zum Beispiel könnte er manche Arbeitsschritte als Nachbereitung oder als Aufgabe eines Zulieferbetriebs werten. Vielleicht stellt er auch einen Zeitplan auf, der nur einzuhalten ist, wenn alle Projektbeteiligten täglich zwölf Stunden arbeiten.

Wie auch immer sich das letztendlich äußert: Ein Projektleiter unter Erfolgsdruck verschließt schnell mal die Augen vor der Realität. Eventuell verzichtet er darauf, systematisch eine Kosten-Nutzen-Rechnung zu erstellen, und macht sich vor, dass der Zeitdruck dies erfordert. Doch in Wirklichkeit vermeidet er eine eindeutige Einschätzung der aktuellen Situation, weil er Angst hat, dass dies zu deprimierend wäre. Manchmal fällt auch am Ende eines Projekts die Nachkalkulation aus nach dem Motto „Jetzt ist es ja eh gelaufen". Einfach um nicht erkennen zu müssen, dass der Aufwand für ein Projekt höher war als sein Nutzen.

Das alles gibt Ärger. Zu scheitern ist aber in der Führungskultur vieler Unternehmen nicht erlaubt und Fehler sind nicht vorgesehen. Deswegen ist die Versuchung für Projektleiter so groß, die Augen vor der Realität zu verschließen. Aber: Das eigentliche Problem besteht nicht darin, dass Projekte in eine Schieflage geraten. Nicht in den schwierigen Umständen, unter denen Projekte zustande kommen. Auch nicht darin, dass Meilensteine gerissen oder Budgets überzogen werden oder dass Kommunikation nicht richtig läuft. Das eigentliche Problem ist der verfehlte Umgang mit dem, was schlecht läuft. Mangelnde Fehlerkultur. In Krisensituationen wird häufig eher nach dem Schuldigen als nach einer Lösung gesucht. Und das bewirkt, dass jeder nur noch damit beschäftigt ist, seine Weste reinzuwaschen.

Vor lauter Seifenschaum wird dann die Lösung des Problems übersehen, denn die gibt es. Viele Projekte, die auf der Kippe stehen, können noch gerettet werden. Aber nur, wenn die Projektleiter und die Auftraggeber die Augen vor der Realität nicht verschließen.

Die Rettung: Augen auf!

Ich will nicht, dass Ihr Projekt scheitert, obwohl es noch zu retten wäre. Deswegen sage ich: Augen auf! Auch wenn es unbequem ist. Prüfen Sie Ihre Beweggründe und hinterfragen Sie sich selbst, wenn Sie ein Projekt leiten. Schaffen Sie Klarheit: Einen Blick in den Abgrund kann nur der wagen, der ihn wahrgenommen hat. Die Schönredner und Rosa-Brillen-Träger erkennen die Gefahr erst, wenn es zu spät ist. Allerdings lässt sich die Frage, ob die Einschätzung der Lage noch realistisch ist oder schon optimistisch, in der Praxis nicht immer ganz einfach beantworten. In vier verschiedenen Situationen haben selbst erfahrene Projektleiter nicht die klare Sicht, die sie brauchen.

➜ Allmähliches Abgleiten: Sie leiten ein Projekt und merken, dass sich immer mehr Probleme anhäufen. Anfangs konnten sie noch als alltägliche Schwierigkeiten durchgehen, aber sie werden immer bedrohlicher. Sie sehen, dass es bergab geht, wissen aber noch nicht, ob es sich nur um eine kleine Senke handelt oder um einen bedrohlichen Abgrund.

→ Neu dabei: Sie haben ein Projekt neu übernommen, das schon seit einiger Zeit läuft. Sie wissen, dass es in einem kritischen Zustand ist. Jetzt müssen Sie feststellen, wo genau die Probleme liegen und wie groß sie sind. Sie sind also mit einem inneren Sensor ausgestattet – und dennoch kann es sein, dass sie das eine oder andere Zeichen nicht richtig deuten.

→ Vorgeschädigt: Sie haben als Projektleiter schon einmal erlebt, dass Ihr Projekt gescheitert ist. Das wollen Sie zukünftig vermeiden und sind deshalb besonders aufmerksam. Sie befürchten aber, dass Sie aus der schlechten Erfahrung heraus nun vielleicht Probleme überbewerten.

→ Grundsatzfrage: Sie sind Führungskraft in einem Unternehmen, in dem der Hauptteil der Wertschöpfung direkt von Projekten abhängt. Sie haben den Eindruck, dass überproportional viele dieser Projekte nicht das gewünschte Ergebnis bringen. Dagegen wollen Sie etwas unternehmen. Die Frage ist nur: Wie kriegen Sie alle gleichzeitig in den Griff?

In allen Fällen gilt: Sie müssen einen klaren, ehrlichen Blick auf den Zustand des Projekts wagen – und auch die Art, wie bisher mit Problemen umgegangen wurde, hinterfragen. Die rosa Brille abzusetzen ist der erste Schritt, die Projektbeteiligten dazu zu bringen, dass sie ohne Schönfärberei und verbindlich miteinander kommunizieren, der zweite. Diese Klarheit auch gegenüber dem Auftraggeber einzunehmen ist Schritt Nummer drei.

1. Den Abgrund ausloten

Ein Projekt, das wie auf Schienen vom Startsignal bis zum Ziel läuft, und zwar genau nach Fahrplan? So etwas habe ich selten erlebt. Probleme gibt es immer. Trotzdem schaffen es die Projektleiter, 50 Prozent ihrer Projekte innerhalb des Zeit- und Kostenrahmens zu einem guten Abschluss zu bringen. Ob das gelingt, hängt in erster Linie davon ab, wie ehrlich die Projektleiter die Lage analysieren. Denn das ist der erste Schritt, um auch dem Projektteam und den Auftraggebern gegenüber die Situation transparent machen zu können.

Die Verantwortung dafür liegt bei Ihnen. Wenn Sie bei einem Projekt ein ungutes Bauchgefühl haben, hören Sie darauf. Das ist wie beim Wein: Wenn Sie sich fragen, ob er korkt oder nicht, dann korkt er. Wenn Sie sich unsicher sind, ob Ihr Projekt glattläuft oder nicht, dann ist es ein unmissverständliches Zeichen, dass gerade etwas schiefgeht. Achten Sie auf Warnsignale!

→ Schon beim Projektstart haben Sie das Gefühl, dass nichts so richtig in Gang kommt und dass Sie auf der Stelle treten.

→ Für ein und dasselbe Arbeitspaket wird der Termin immer wieder verschoben.

→ Sie bekommen von den Projektbeteiligten keine verbindlichen Terminzusagen und Aufwandsschätzungen. Und wenn doch, werden sie nicht eingehalten.

Wenn Ihr Projekt so läuft, haben Sie ein Problem: Die Kommunikation und die Zusammenarbeit im Projekt laufen falsch. Schwierigkeiten, die im Projektverlauf auftreten, können so immer schlechter erkannt und behoben werden. Ihre Projektmanagement-Werkzeuge verlieren an Wirkung und unklare Kommunikation macht Sie handlungsunfähig. Unter solchen Umständen steuern Sie auf einen Abgrund zu – aber auch das heißt noch nicht, dass alles verloren ist.

•••

SO VERSCHAFFEN SIE SICH EINEN ÜBERBLICK

Um die Klarheit in der Kommunikation wieder herzustellen, müssen Sie sich selbst erst einmal klarmachen, wie es um das Projekt steht. Nehmen Sie sich dazu die Startbedingungen und Vorgaben des Projekts vor und vergleichen Sie den Istzustand mit dem Sollzustand. Dann stellen Sie eine genaue Kalkulation auf und rechnen die bisher aufgetretenen Probleme hoch bis zum Projektabschluss. Wenn die Probleme exponentiell zunehmen, mit wie viel Verspätung, mit welcher Budgetüberschreitung wird das Projekt fertig? Wird es überhaupt fertig? Welchen Anteil der Projektziele erreichen Sie wahrscheinlich nicht mehr?

•••

Nach dieser Analyse wissen Sie, wie es um das Projekt bestellt ist. Erst dann können Sie auch die anderen Beteiligten dazu bewegen, der Realität ins Auge zu sehen und ehrlich miteinander zu kommunizieren.

2. Schluss mit Kosmetik

Kennzeichen der Arbeitshaltung in gefährdeten Projekten: Die Beteiligten wollen nicht wahrhaben, wie es wirklich steht. Sie wissen zwar, wie dringend es ist, sich auf die wichtigen Projektmaßnahmen zu konzentrieren. Aber sie haben das Gefühl, sowieso schon verloren zu haben. Ohnmächtig zu sein. Das frustriert. Deswegen weichen sie aus. Statt die Probleme anzugehen, versuchen sie mit Wohlfühlaktionen die Stimmung zu heben.

Der Tisch steht in einer Nische am Rand der großen Halle, eine kleine Gruppe von Menschen sitzt um den Beamer und diskutiert. In zwei Wochen müssen die Ergebnisse des Projekts präsentiert werden. Das Problem: Es gibt keine. Seit drei Jahren versucht das Projektteam, den Prototyp für das neue Zeiterfassungssystem des Konzerns zu erstellen. Von Anfang an war unklar, welche Anforderungen das neue Zeiterfassungssystem überhaupt erfüllen soll. Kein Wunder, dass bisher noch nicht viel entwickelt wurde. Aber die Präsentation ist groß angekündigt worden, sie darf nicht verschoben werden. Als Rettungsmaßnahme hat man mich als externe Beraterin ins Projektteam berufen. Meine Aufgabe ist es, Steuerungsinstrumente für das Projekt aufzusetzen, die sollen es richten.

Die Atmosphäre in der Halle, durch die dauernd Menschen laufen, finde ich nicht gerade optimal für konzentriertes Arbeiten. Bei so einem kritischen Projektstand hätten die auftraggebenden Führungskräfte wenigstens Projekträume und einen eigenen Besprechungsraum organisieren können. Aber immerhin schauen jetzt mal alle auf das Bild, das der Beamer an die Wand wirft: Eine Pizza in leuchtenden Farben, das Werbebild eines Pizzadienstes. Seit anderthalb Stunden wird die zentrale Frage diskutiert: „Salami oder Schinken?"

Wahnsinn. Da steht ein Projekt kurz vor dem Untergang und die Beteiligten haben nichts Besseres zu tun, als anderthalb Stunden lang Pizza zu bestellen. Wenn Sie jetzt ungläubig schauen, kann ich nur sagen: So ging es mir auch. Mit neun Beteiligten kamen so siebenundzwanzig Stunden vergeudete Arbeitszeit zusammen. Und das nur, weil die Betriebskantine an diesem Tag geschlossen hatte.

Klar, gute Stimmung im Team ist nett. Aber das reicht nicht. Gute Arbeit ist wichtiger – besonders, wenn das Projekt Schieflage hat. Deswegen: Sorgen Sie für Klarheit! Sagen Sie den Beteiligten, wie es steht. Ohne Schönfärberei. Wenn Sie den Offenbarungseid leisten, dann komplett. Sagen Sie nicht: „Wir sollten allmählich an die Arbeit gehen", sondern „Sie müssen ab sofort jeden Tag Ihre Prioritäten einhalten, sonst kann das Projektziel in absehbarer Zeit nicht erreicht werden". Das ist im ersten Moment ein Schock. Aber ein wohltuender, denn die Teammitglieder werden damit aus ihrer Lethargie gerissen. Nur eindeutige Kommunikation macht es möglich, die Arbeit im Projekt klar und zielführend zu organisieren.

SO BRINGEN SIE KLARHEIT INS PROJEKTTEAM

→ Schaffen Sie verbale Weichmacher ab: etwa, könnte, sollte, relativ, ein wenig, man, irgendwie ...

→ Formulieren Sie alle Angaben präzise und eindeutig und vereinbaren Sie mit den Mitgliedern des Projektteams, dass dies in beide Richtungen gilt.

→ Schaffen Sie relative Angaben ab (nächste Woche) und verwenden Sie nur noch absolute (am Dienstag, den 20.8.).

→ Jemand ist niemand. Für Aufgaben benennen Sie einen Verantwortlichen mit Namen.

→ Verzichten Sie auf Selbstbetrug à la „Wir schaffen das schon irgendwie".

Machen Sie die neue, klare Arbeitsstruktur für alle sichtbar, visualisieren Sie sie also. Beispiele, wie das gehen kann: Bestätigen Sie Vereinbarungen per Mail. Bei Besprechungen skizzieren Sie am Flipchart, wo das Projekt im Verhältnis zum Plan steht. Schaffen Sie eine gemeinsame Ablage für Projektdokumente. Führen Sie zudem, falls es die noch nicht gibt, eine systematische Namensgebung ein, damit jeder sofort weiß, welches Dokument das aktuellste ist. Informieren Sie die Projektbeteiligten, wenn es neue Informationen gibt, die angeschaut werden sollen.

Information und Kommunikation sind die Währung der Projektarbeit. Sorgen Sie dafür, dass der Goldstandard eingehalten wird.

3. Wie sag ich's meinem Chef?

Der Main-Donau-Kanal. Ein Prestigeprojekt. Gebaut für die Ewigkeit. 171 Kilometer Wasserstraße, die den Schiffsverkehr zwischen Nordsee und Schwarzem Meer ermöglichen. Über die europäische Wasserscheide hinweg, 28 Staustufen überwinden den Höhenunterschied. Den Schiffsverkehr sollten ursprünglich 28 Schleusenwärter regeln, an jeder Staustufe einer. Selbstverständlich würde der Andrang gewaltig sein und geballte Arbeitskraft erfordern. Inzwischen sitzen tagsüber zwei, nachts ein einzelner Schleusenbediener in der Schaltzentrale vor dem Computer, um alle 28 Schleusen auf einmal zu regeln. Das reicht, denn auf dem Kanal passiert nichts, er wird nicht gebraucht. Der Personenverkehr läuft mit Flugzeug, Auto und Bahn, der Güterverkehr per Lastwagen oder Güterzug. Aber immer noch hoffen die Verantwortlichen, dass bald die Containerschiffe in langen Kolonnen den Main-Donau-Kanal befahren werden.

Wunschdenken ist ein trügerischer Antrieb, es verleitet Projektverantwortliche, Auftraggeber und Führungskräfte dazu, sich die Realität schönzuträumen. Es darf einfach nicht sein, dass ein teures Projekt, das so einen gewaltigen Nutzen haben sollte, nichts bringt. Oder dass es scheitert. Um das zu verhindern, wird zum Beispiel der Projektleiter ausgetauscht. Einmal, zweimal. Das Budget wird erhöht. Einmal, zweimal. Dem Projektleiter wird ein Coach an die Seite gestellt. Der soll dann aus Regenwürmern Schmetterlinge machen und ihnen das Fliegen beibringen.

Für die Initiatoren ist das Problem damit erledigt. Sie haben einen Coach eingestellt oder einen externen Projektleiter – jetzt muss das doch funktionieren! Es fällt schwer, solche Hoffnungen zu zerstören, schlechte Nachrichten überbringt niemand gerne. Aber dafür werden Sie schließlich bezahlt. Ihr Honorar ist zu hoch, als dass Sie sich dieser Sicht der Dinge anschließen könnten. Wenn sich die Auftraggeber etwas vormachen, ist es Ihre Aufgabe, ihnen die Augen zu öffnen. Dabei gehen Sie gezielt vor.

WER SIND IHRE ANSPRECHPARTNER?

Bei einem Projekt gibt es oft mehrere Auftraggeber – interne sowie externe von verschiedenen Unternehmen. Ihre Bezugspersonen sind aber nur diejenigen, mit denen die Kommunikation vereinbart wurde.

➜ Wenn bei Projektstart unklar war, wer wann worüber informiert werden soll und wer welche Entscheidungsbefugnisse hat, klären Sie das jetzt.

➜ Die Entscheider informieren Sie vor jedem Projektschritt, über den Sie nicht selbst entscheiden können, schriftlich, welche Handlungsalternativen bestehen. Bei jeder geben Sie die Folgen in genauen Zahlen an, zudem formulieren Sie eine Empfehlung.

➜ Wenn Sie den Eindruck haben, dass niemand wahrhaben will, wie ernst es um das Projekt steht, bestehen Sie auf einem Gespräch.

➜ Geben Sie Klarheit – und verlangen Sie Klarheit. Benennen Sie konkret, wie viel Personal und Budget Sie benötigen, und bestehen Sie auf einer eindeutigen Zusage oder Ablehnung.

➜ Verlangen Sie eine eindeutige Definition, bis wohin Ihre Entscheidungsvollmacht reicht, ab wann Sie wen konsultieren müssen und welche Entscheidungen nur die Projektauftraggeber treffen können.

•••

Sobald Sie diesen Schritt gegangen sind, wissen alle Beteiligten, wie es aktuell steht. Jetzt ist es an Ihnen, zu retten, was zu retten ist. Glauben Sie mir, die Chancen stehen nicht schlecht. Ich habe es selbst erlebt: Da, wo die Verzweiflung groß ist, gibt es Grund zur Hoffnung. Da liegt den Menschen etwas an dem Projekt, sodass sie mit Engagement dabei sind. Und das führt oft zum Erfolg. Wenn sich das Schiff dann wieder in ruhigeren Fahrwassern bewegt, können Sie immer noch Pizza bestellen. Aber erst mal reißen Sie das Ruder herum.

Kapitel 2

Aufbruchsfieber - Die Mutter allen Scheiterns

Aufbruchsfieber, das: bezeichnet den euphorischen Moment kurz vor einer Expedition oder zu deren Start. Der Tatendrang, die Vorfreude auf das Gipfelerlebnis und das kollektive Bedürfnis, sofort aufzubrechen, stellen sich automatisch ein, sobald sich eine Bergsteigergruppe versammelt hat. Doch diese Euphorie birgt auch die Gefahr der ungenügenden Vorbereitung. Wichtige Teile der Ausrüstung werden vergessen, Ziel und Route sowie die Umgebungsbedingungen sind nicht klar definiert oder es werden nur ungenügende Strategien für Notfälle vereinbart. Ein zu eiliger Aufbruch kann den Erfolg der gesamten Expedition gefährden.

Die Wette gilt. „Und ... los!" Eifrig beugen sich zehn Schreibende über ihre Blätter. Nichts ist im Raum zu hören als das Kratzen der Federn auf dem Papier. Allmählich füllen sich die Seiten in Schönschrift. Ab und zu steht einer der Schreibenden auf und legt ein Blatt auf den schweren Holztisch an der Eingangstür. Wer würde innerhalb von drei Stunden die ersten drei Kapitel des Buchs Genesis häufiger vervielfältigen?

Aus dem Nebenraum dringt leises Klackern. Ein junger Mann mit fliegenden Händen setzt dort Bleilettern zu Zeilen zusammen. Das breitere oder das schmalere „m"? Die Buchstabenbreite muss genau auf die Textmenge in der Zeile abgestimmt sein, damit der Satzrand nicht flattert. Eine hohe Kunst. Johannes Gensfleisch zu Gutenberg, wie der konzentrierte Herr sich nennt, greift den schmaleren Buchstaben und fügt ihn ein. Neben ihm steht dunkel und massiv seine Druckerpresse. Zwei Gehilfen warten geduldig, um Papier einzulegen und die Spindel zu drehen, die den Druckstock auf das Papier presst. Die Regeln der Wette schreiben vor, dass sie nur hierbei helfen dürfen, nicht beim Setzen. Irgendwann sind zwei von den drei Stunden um. Die Druckergehilfen treten von einem Fuß auf den anderen und linsen immer wieder durch die Tür hin zu den eifrigen Schreibern. Aber Gutenberg ändert nichts an seiner Vorgehensweise. Mit stoischer Ruhe füllt er einen Druckrahmen nach dem anderen. Das ist der einzige Stapel, der bei ihm wächst. Während sich auf dem Holztisch der Schreiber die Blätter immer höher türmen, hat Gutenberg noch keine einzige gedruckte Seite vorzuweisen.

Es ist die natürlichste Sache der Welt: Wenn ein Projekt beginnt, wollen alle Beteiligten am liebsten sofort loslegen. Besonders wenn sie dabei kreativ sein und etwas Neues gestalten können. Keine Frage: Schöpferische Arbeit ist impulsiv und spontan. Wenn die Ideen sprudeln und noch die Neugier auf bisher unbekannte Kollegen oder ein ungewohntes Arbeitsumfeld hinzukommt, will jeder im Team seine Idee ausprobieren, tüfteln, optimieren. Und das ist auch gut so. Schließlich wollen alle schnell erste Ergebnisse sehen, der Auftraggeber wie die Teammitglieder. Also machen sie sich an die Arbeit, um möglichst bald Handfestes vorzuweisen.

Ist das nicht großartig? So viel Engagement kann dem Projekt nur guttun, könnte man meinen. Das sehe ich aber anders. Engagement im Projektteam ist eine tolle Sache. Stimmt. Aber nur, wenn es nicht in blinden Aktionismus mündet. Sonst bewirkt die geballte Tatkraft das Gegenteil von dem, was beabsichtigt war. Ein Projektteam, das sich zu früh an die Arbeit macht, ist wie ein 400-Meter-Läufer, der lossprintet, noch bevor er sich die Schuhe zugebunden hat. Das Ergebnis? Mit Sicherheit kein neuer Rekord.

In der Anfangseuphorie kann es ganz schnell passieren, dass das Team aufbricht, bevor überhaupt die nötigen Vorbereitungen getroffen wurden. Und das kann allen später schwer zu schaffen machen …

Das Hey-Joe-Prinzip: Arbeiten auf Zuruf

Ich erinnere mich gut: Wenn meine Mutter einen Kuchen backte, machte ich als Kind möglichst einen weiten Bogen um die Küche. Denn ich wusste genau, wenn sie mich vorbeikommen sah, war die nächste halbe Stunde gelaufen. Ich wurde zum Helfen eingespannt und kam nicht mehr los, bevor das Blech im Ofen war.

„Andrea, hol mir doch mal eben das Mehl aus dem Keller!" Da konnte ich schlecht nein sagen. Also ging ich in den Keller und holte das Mehl. Als ich schon wieder drei Viertel der Treppe oben war, rief meine Mutter mir zu: „Und Butter brauche ich auch noch." Ich stellte also das Mehl auf der vorletzten Treppenstufe ab, rannte wieder hinunter, angelte die Butter aus dem Regal und lieferte sie zusammen mit dem Mehl in der Küche ab. „Ach ja, und schau mal, ob du die große Kuchenform findest."

Diese Art zu arbeiten nenne ich das Hey-Joe-Prinzip. „Hey Joe" ist ein Kinderspiel, bei dem alle auf Zuruf die Bewegung nachmachen, die der Spielleiter vorgibt. „Hey Joe, hast du gerade nichts zu tun? Dann zieh mal diesen Hebel und drück auf diesen Knopf." Dann ziehen alle an einem unsichtbaren Hebel und drücken virtuelle Knöpfe. Bis gleich darauf die nächste Ansage kommt. Ein richtig gutes Spiel, um rasche Reaktion zu üben.

Aber was passiert, wenn Sie das Hey-Joe-Prinzip auf die Arbeit übertragen? Das bedeutet, auf Zuruf von Kollegen sofort einzuspringen, wenn sie Hilfe brauchen. Das ist zwar sehr sozial, aber für das Projekt alles andere als optimal. Sie rennen los und haben gar keine Chance zu planen. Sie wählen nicht die sinnvollste Reihenfolge der Arbeitsschritte aus, sondern folgen derjenigen, die sich gerade ergibt. Sie können Tätigkeiten nicht bündeln und niemand weiß genau, ob nicht ein anderer im Team ein ähnliches Problem schon mal gelöst hat. Jeder Mitarbeiter muss praktisch das Rad neu erfinden, so entsteht doppelte und dreifache Arbeit. Mit anderen Worten: Statt Energie zu sparen, wird sie verschwendet.

Aber das ist nur der Anfang. „Hey Joe" bei der Arbeit zu spielen kann weitaus schwerwiegendere Folgen haben. Das Projektteam rennt munter los – nur leider in die falsche Richtung. Wieso? Weil das Ziel nicht klar war!

Stellen Sie sich vor, Sie arbeiten im Rahmen eines Projekts im Team intensiv an einem Konzept für einen Firmen-Newsletter. Nach vier Wochen und zwei Pilotausgaben stellt sich allerdings heraus, dass dieser Newsletter nur ein Teilaspekt der Projektaufgabe war. In Wirklichkeit ging es darum, die gesamte Außenkommunikation der Firma auf das neue, dynamischere Leitbild auszurichten. Oder noch schlimmer: Eigentlich ist das Ziel, über Web-2.0-Werkzeuge in direkten Kontakt mit den Kunden zu kommen. Und dafür ist der Newsletter gar nicht das geeignete Werkzeug. Dumm gelaufen. Vor allem deshalb, weil Anfangsfehler mit der Zeit nicht verschwinden, sondern nur größer werden.

Wer es sich spart, einen Prozess oder ein Produkt zu überprüfen, der übersieht Fehler. Das Prüfen am Anfang und das Beheben des Fehlers kosten vielleicht 1.000 Euro. Wenn das Produkt oder der Prozess fehlerhaft weiterläuft, werden die Folgen jedoch immer größer. Aus 1.000 Euro werden dann 10.000 oder 100.000 Euro, die in den Sand gesetzt sind. Mit anderen Worten: Fehler und Versäumnisse am Anfang eines Projekts prägen den ganzen Projektverlauf. Der Zeit- und der finanzielle Aufwand, den man am Anfang glaubte einzusparen, kosten später ein Vielfaches an Arbeitsstunden, Budget und Nerven.

Wenn Johannes Gutenberg beim Bibelsetzen geschludert hätte, wären erst in den fertigen Seiten die Druckfehler entdeckt worden. Er hätte dann noch einmal von vorne anfangen müssen. Aber er ließ sich nicht unter Druck setzen, weder durch den wachsenden Stapel handbeschriebener Bibelseiten noch von seinen nervösen Helfern. Nach zweieinviertel Stunden spannte er den Druckrahmen in die Presse, Schlag auf Schlag entstanden wunderschön gesetzte, gestochen scharfe Druckseiten. Als die drei Stunden um waren, hatten Gutenberg und seine beiden Helfer dreimal so viele Bibelseiten geliefert wie die flinken Schreiber.

Was ich Ihnen damit sagen möchte: Zeit, die Sie in die Vorbereitung eines Projekts investieren, ist keine Verschwendung, sondern gut angelegt. Auch wenn zunächst kein Output sichtbar ist. Wenn der Zug einmal auf den Schienen steht und Kraftstoff aufgefüllt ist, fährt er in die richtige Richtung und mit der richtigen Geschwindigkeit.

Okay, Sie haben diesen Punkt verstanden und planen von Anfang an gründlich. Was aber tun, wenn Sie erst mitten im Projekt feststellen, dass Sie bestimmte Weichenstellungen versäumt haben? Dass zu Beginn eines Projekts nicht an alles gedacht wird, ist schließlich menschlich und kann selbst erfahrenen Projektleitern passieren. Folgende Situationen können sich ergeben:

→ Im Verlauf eines Projekts bemerken Sie, dass sich die Probleme häufen. Bei der Ursachenanalyse stoßen Sie auf einen Fehler, der gleich zu Beginn gemacht wurde.

→ Sie kommen neu zu einem bereits laufenden Projekt dazu und machen erst einmal eine Bestandsaufnahme. Dabei stellt sich die Schieflage heraus.

→ Frische Informationen verbreiten sich und lassen alles in einem neuen Licht erscheinen.

Schlechte Nachrichten also. Ist es in solchen Fällen zu spät, etwas zu ändern? Haben Sie als Projektleiter nur die Wahl, zuzusehen, wie der Zug in die falsche Richtung fährt, oder aber eine Vollbremsung hinzulegen und alles zum Stillstand zu bringen? Nein. Auch wenn das Projekt schon eine ganze Weile läuft, können Sie immer noch nachholen, was am Anfang versäumt wurde. Zu spät ist es nie! Und das ist die gute Nachricht.

Den zweiten Anlauf wagen

Natürlich können Sie den Start eines Projekts nicht wiederholen. Da will ich Ihnen gar nichts vormachen. Sie können die verlorene Zeit nicht aufholen und auch nicht das Geld zurückbekommen, das in Fehlentwicklungen investiert wurde. Ist das ein Grund, weiterzumachen wie bisher? Sicher nicht! Wenn Sie bemerken, dass etwas schiefläuft, wäre es unverantwortlich, das Projekt einfach so weiterlaufen zu lassen. Die Frage ist nicht, ob Sie etwas unternehmen, sondern was Sie unternehmen. Da gibt es eine ganze Bandbreite von Möglichkeiten – von der leichten Kurskorrektur bis zur radikalen Reform.

Verlockend ist es zu sagen: Wir korrigieren unseren Kurs, und zwar so, dass wir möglichst viel von dem bisher Geschaffenen beibehalten können. So ist der Frust nicht zu groß und auch nicht die Verlegenheit darüber, das Geld des Auftraggebers vergeudet zu haben. Diese Strategie kann sinnvoll sein, denn manchmal genügt wirklich eine leichte Kurskorrektur, um genau ins Ziel einzulaufen. Aber nicht immer. Oft muss man die ganze bisherige Entwicklung unter „Lehrgeld" verbuchen und von vorne anfangen.

Um genau festzustellen, welche Änderungen in einem Projekt nötig sind, müsste ich die Details kennen – und Sie auch. Das ist der Punkt: Bevor Sie anfangen, über das richtige Maß an Kurskorrektur zu entscheiden, schauen Sie sich erst einmal die Fakten an. Ich habe immer wieder die Erfahrung gemacht, dass Probleme, die sich im Verlauf eines Projekts massiv auswirken, nicht vom Himmel fallen. Sie sind vom Start weg vorhanden und liegen meist darin begründet, wie das Projekt begonnen wurde. Darin, dass die Beteiligten aus lauter Eifer zu schnell losgelaufen sind. Es ist deshalb wichtig, einen gründlichen Blick auf den Anfang des Projekts zu werfen, auch wenn es schon weit fortgeschritten ist. Wenn Sie wissen, an welcher Stelle Sie falsch abgebogen sind, gibt Ihnen das Hinweise für die notwendigen Kurskorrekturen.

Gefährlich: Unklarheiten mit fataler Wirkung

Wenn ein Projekt von Anfang an schiefläuft, liegt es meist nicht daran, dass die Verantwortlichen nicht wüssten, wie man ein Projekt organisiert, oder bei ihrer Arbeit nachlässig waren. Sondern daran, dass wichtige Parameter unklar geblieben sind.

PROJEKT IN GEFAHR

Der Erfolg eines Projekts ist gefährdet, wenn folgende Elemente nicht eindeutig definiert sind oder nicht im Fokus der Projektteammitglieder stehen:

→ Das Ziel
→ Der Nutzen
→ Der Kontext

Unklarheiten in Bezug auf diese drei Kernpunkte können fatale Auswirkungen haben.

Ankommen - aber wo eigentlich?

„Meine Damen und Herren, die einheitliche Definition der Prozessschritte war ein voller Erfolg, der die Arbeit wesentlich rationeller macht. Dazu passend haben wir eine IT-Struktur entwickelt, die die einheitlichen Prozessschritte abbildet." Der Beamer leuchtet auf und zeigt einen Desktop mit systematisch arrangierten Ordnern. „Sehen Sie, jeder Prozess hat einen eigenen Ordner, zu jedem Arbeitsschritt gibt es einen Unterordner, in dem die Beteiligten alle zugehörigen Dokumente ablegen können. So sind sie jederzeit für jeden verfügbar. In diesem Ordner hier sind die Vorlagen abgespeichert." Der Projektverantwortliche blickt erwartungsvoll in die Runde. Am Konferenztisch herrscht Schweigen. Zehn Sekunden, 20 Sekunden. Einer der Anwesenden scharrt mit dem Stuhl, ein anderer räuspert sich. Schließlich spricht es der Kollege von der Marketing-Abteilung aus: „Das sieht ja aus wie jeder Standard-Explorer! Und dafür haben Sie ein Jahr gebraucht?"

Wenn der Wunsch, alles gründlich und richtig zu machen, sich mit Aufbruchsfieber verknüpft, kommt Gefährliches heraus. Im Klartext: unnötige Arbeit. Das Projektteam verwendet Zeit für Dinge, von denen es annimmt, dass sie einfach dazugehören, ohne überhaupt zu fragen: „Brauchen wir das wirklich?". Manches braucht man eben nicht. Weil es für denselben Zweck schon eine ganz ähnliche Lösung gibt, die nur ein bisschen angepasst werden muss. Oder weil ein Detail für dieses spezielle Projekt gar nicht erforderlich ist. Um kein Missverstandnis aufkommen zu lassen: Insgesamt kann ein

Projekt, das nach gewohntem Muster abläuft, durchaus erfolgreich sein. Das Hauptprojektziel wird erreicht. Dort aber, wo es direktere Wege gäbe als das altbewährte Schema F, werden Zeit und Ressourcen auf Nebenschauplätze verschwendet.

Solche Situationen entstehen häufig, wenn das Projektziel unklar ist, es zu schwammig, zu groß oder eben gar nicht definiert wurde. Das gilt, wenn es zum Beispiel nur heißt: „In diesem Projekt soll ein System entwickelt werden, das die einzelnen Arbeitsschritte im Bereich X einheitlich definiert und übersichtlich und nachvollziehbar dokumentiert". Denn dann bleibt völlig unklar, was genau die Lösung „können" muss, um das Ziel zu erreichen. Es gibt keine Kriterien, mit denen das Projektteam feststellen kann, welche Elemente unbedingt zum Projekt gehören und welche nicht.

Leider fällt es oft gar nicht auf, dass Formulierungen schwammig sind. Auf den ersten Blick sieht es so aus, als sei das Projektziel klar und eindeutig festgelegt. Erst wenn das Team mitten in der Arbeit steckt und seine Fortschritte überprüfen will, stellt sich heraus, dass vieles unklar geblieben ist. Daher gilt: Wenn Sie als Projektleiter ein Ziel formulieren, sollten Sie stets als Erstes überprüfen, ob es alle nötigen Angaben enthält und diese eindeutig genug sind.

●●●

DER ZIEL-CHECK

Mit diesen Fragen schaffen Sie es, jedes Projektziel auf Stichhaltigkeit hin zu überprüfen:

→ Wozu ist das Projektziel nützlich?
→ Wem soll das Projektziel nutzen?
→ Was genau ist das Ergebnis, der Liefergegenstand?
→ Wie messen Sie, ob das gewünschte Ergebnis erreicht ist?

●●●

Lässt sich auch nur eine dieser Fragen nicht beantworten, sollten Sie nachhaken, falls Ihnen dazu noch Informationen fehlen. Aber selbst wenn alles klar und eindeutig formuliert ist, sind Sie nicht auf der sicheren Seite. Denn auch ein eindeutig definiertes Projektziel schützt ein Team nicht davor, sich unterwegs eventuell zu verrennen ...

Des Kaisers neue Kleider

„Welche Möglichkeiten gibt es, die Internetpräsenz des Verlags zu verbessern? Eine Vorschlagsliste zusammenstellen." Das Projektziel klingt klar und eindeutig. Mit Eifer macht sich das Team an die Arbeit und untersucht die hauseigene Website. Dort findet sich vieles, was noch zu verbessern wäre: Zum Beispiel gibt es keine Möglichkeit, Filme oder einen Blick ins Buch einzubinden. Reihen können nur als Einzeltitel dargestellt werden, nicht im Überblick. Von der Buchinformation aus gibt es keinen direkten Link zur Bestellfunktion. Und so weiter. Man müsste also am Content-Management-System der Website arbeiten, um all diese Funktionen zu ermöglichen.

Bei der dritten Sitzung des Projektteams ist die Liste schon gute 15 Punkte lang, die Arbeit scheint beinahe abgeschlossen. Da stellt ein Teammitglied die Frage: „Moment mal! Was heißt das eigentlich, die Internetpräsenz des Verlags zu verbessern? Die besteht doch nicht nur aus unserer Website! Was ist mit Facebook, Bannerwerbung auf anderen Seiten und so weiter? Gehört das auch zu unserem Aufgabenbereich? Kurz: Geht es darum, die hauseigene Software für die Homepage zu verbessern, oder geht es um ein umfassendes Konzept fürs Online-Marketing?"

Der Projektleiter hält Rücksprache mit dem Verlagsleiter. Dabei stellt sich heraus: Der Zweck des Projekts ist es, den Verlag im Netz bekannter und attraktiver zu machen – es geht also um einen umfassenden Marketing-Ansatz. Aus dem formulierten Ziel allein war das nicht ersichtlich, deshalb war das Projektteam mit Feuereifer auf dem falschen Dampfer unterwegs. Puh, gerade noch rechtzeitig gemerkt.

Selbst wenn ein Ziel eindeutig benannt ist: Was das für die Organisation des Projekts im Einzelfall bedeutet, kann erst abgeschätzt werden, wenn der angestrebte Nutzen ebenfalls klar ist. Der Nutzen des Projekts ist der erhoffte Vorteil für das Unternehmen und für die Kunden. Hingegen beschreibt das Projektziel den Liefergegenstand und Liefertermin, also quasi die Ziellinie des Rennens, an der überprüft wird, ob der Nutzen erreicht wurde. Diese genaue Unterscheidung ist mir deshalb so wichtig, weil ich immer wieder erlebe, dass die beiden Begriffe in der Praxis verwechselt werden. Mit schlimmen Konsequenzen.

Die Projektbeteiligten konzentrieren sich ganz auf das Ziel und vergessen den Nutzen. Dabei laufen sie Gefahr, etwas zu erschaffen, das nur scheinbar nützlich ist. So wie des Kaisers neue Kleider. Das Ergebnis solcher Luftnummern macht zwar den Schneider berühmt, wärmt aber den Kaiser nicht. Hoffentlich traut sich dann jemand, auf diese Tatsache aufmerksam zu machen!

Wer ein Bild aufhängen will, überlegt sich, welches Werkzeug er braucht. Hammer und Nagel, klar. Aber wenn er sich allein darauf konzentriert, liegt er falsch. Das Ziel besteht darin, einen Nagel in die Wand zu schlagen, aber das ist nicht der Nutzen der Aktion. Der Nutzen ist, dass das Bild hängt und die Wohnung schöner aussieht.

Diese Feststellung wirkt sich darauf aus, wie ein Projekt organisiert wird. Wer den Nutzen eines Projekts kennt, kann das Ziel hinterfragen und wenn nötig korrigieren. Um beim Bild zu bleiben: Wenn es um das Aufhängen eines großen, schweren Kunstobjekts geht, wird dieser Nutzen vielleicht besser mit Schraube, Dübel und Bohrer erreicht. Wenn es um ein Druckposter geht, sind Reißzwecken, Klebestreifen oder Posterecken das Mittel der Wahl.

DER NUTZEN-CHECK

Wie schaffen Sie es, sich nicht allein auf die Zielebene zu fixieren und den Sinn des Projekts immer im Blick zu behalten? Indem Sie sich vor jeder Aufgabe diese drei Fragen stellen:

→ Was soll mit dem Projekt erreicht werden?

→ Welchen Nutzen haben das Unternehmen, der Projektauftraggeber und die Kunden davon?

→ Ist das angestrebte Projektziel überhaupt geeignet, diesen Nutzen zu erreichen?

Um vom Ziel des Projekts zum Nutzen zu kommen, ist es nötig, die eigene Perspektive auszuweiten. Doch damit ist es immer noch nicht getan.

Im Netz der Beziehungen

Kein Projekt steht allein auf weiter Flur. Eigentlich weiß das jeder, es ist aber im Alltag nicht immer leicht, dies im Auge zu behalten. Wer ein Haus baut, kann den Kran nicht einfach auf die Straße stellen. Sonst kommen die Nachbarn nicht mehr mit ihren Autos vorbei und es gibt einen Riesenärger. Ein Bauherr muss die Bedürfnisse seiner Nachbarn berücksichtigen und sich mit ihnen absprechen. Genauso muss ein Projektverantwortlicher darauf achten, was im Unternehmen parallel abläuft. Er muss über andere Projekte, die von seinem abhängen, Bescheid wissen, weil zum Beispiel ein Ergebnis benötigt wird. Oder umgekehrt: Für das eigene Projekt werden die Ergebnisse anderer gebraucht. Daher können die Projekte nicht einfach völlig losgelöst voneinander betrachtet und durchgeführt werden.

Die Zusammenarbeit über Projekte hinweg erfordert organisatorische Kompetenz, wobei sich innerhalb eines Unternehmens die gegenseitigen Abhängigkeiten noch relativ leicht bestimmen lassen. Viel schwieriger ist es, im Auge zu behalten, ob und wann der externe Kunde das Projektergebnis für weitere bereits geplante Projekte braucht. Das kündigt er in der Regel bei der Auftragsvergabe nicht immer von selbst an.

Oft geht es auch darum, dass verschiedene Projekte um dieselben Mitarbeiterressourcen konkurrieren. Solange Herr Meyer an der IT-Struktur für das eine Projekt arbeitet, kann er nicht das Content-Management-System für ein anderes Projekt anpassen. Die Mitarbeiter sind in den meisten Fällen sowieso in verschiedene Projekte eingebunden, doch sie können sich nicht zweiteilen; oder sie haben jeweils nur eins, das zunächst abgeschlossen werden muss, bevor sie frei werden für das nächste Projekt. Dasselbe gilt für die materiellen Ressourcen. Ein Besprechungsraum kann nur entweder vom Projektteam A oder vom Projektteam B belegt werden. Jedes Projekt ist Teil eines Beziehungsnetzwerks aus anderen Projekten, Interessengruppen und Abhängigkeiten.

DER KONTEXT-CHECK

Bevor Sie sich an die Arbeit machen, sollten Sie zunächst die Lage checken. Erst wenn Sie gesichert wissen, in welchen Abhängigkeitsbeziehungen Ihr Projekt mit anderen Projekten zusammenspielt, können Sie gesamtunternehmerisch sinnvolle Entscheidungen treffen. Um den Kontext und seinen Einfluss auf die notwendigen Aktivitäten und die Organisation Ihres Projekts einzuschätzen, helfen Ihnen folgende Fragen:

→ Welche anderen Projekte liefern Teilergebnisse, die für mein Projekt relevant sind oder weiterverwendet werden?

→ Welche anderen Projekte benötigen die Ergebnisse meines Projekts?

→ Wofür will der Auftraggeber die Ergebnisse meines Projekts weiterverwenden?

→ Welche Mitarbeiter arbeiten – gleichzeitig oder im Anschluss – in anderen Projekten?

→ Welche Ressourcen, die in meinem Projekt gebunden sind, werden auch von anderen Projekten verwendet?

→ Welche Auswirkungen hat es auf andere Projekte, wenn der Zeitplan meines Projekts überzogen wird?

Eckdaten, wie Terminvorgaben oder Meilensteine, sind also nicht immer deshalb nötig, weil der Nutzen des Projekts dies erfordert, sondern weil sie mit dem Umfeld und den Randbedingungen zusammenhängen. Wer den Kontext nicht im Auge behält, für den sind Zeitvorgaben nur abstrakte Größen. Sie werden leichter überschritten, wenn unklar ist, was das für Folgen haben kann. Im Endeffekt heißt das: Ein Projekt, bei dem zwar die Ziele und der Nutzen erreicht werden, aber der Kontext außen vor bleibt, kann unter Umständen dem Unternehmen und seinen Kunden insgesamt mehr schaden als nutzen.

Notwendig: Fragekultur ohne Angst

Das habe ich mir selbst zuzuschreiben, dachte ich, während ich mich verbissen über das Arbeitsblatt beugte. Schließlich war Latein eines meiner Wahlfächer. Die Klausur jedenfalls hatte es in sich. Jedes dritte Wort kam mir unbekannt vor. Und verflixt, was hatte der Ablativ an dieser Stelle zu bedeuten? Oder war es vielleicht doch ein Dativ?

Links und rechts von mir hörte ich die Klassenkameraden stöhnen. In der Bank vor mir hatte meine Freundin das Heft resigniert von sich geschoben – und das zehn Minuten nach Beginn der Klausur. Offenbar war ich nicht die Einzige, die solche Schwierigkeiten hatte. Unser Lehrer Herr Doktor Bodenried hatte das Niveau der Klasse völlig überschätzt. Jetzt ließ er seinen Blick über die rauchenden Köpfe schweifen – und kam zu einem Entschluss. „Jeder von Euch kann jetzt nach vorne kommen und mir Fragen zu der Klausur stellen. Ich gebe euch bis zu acht Vokabeln und erkläre euch drei Satzkonstruktionen. Überlegt euch gut, was ihr fragen wollt."

Ein erleichtertes Aufatmen ging durch die Klasse. Einer nach dem anderen gingen meine Mitschüler zu Herrn Doktor Bodenried und stellten ihre Fragen. Nur ich blieb auf meinem Platz. In einer Klausur um Hilfe zu bitten, das wäre ja oberpeinlich!, so dachte ich. Deshalb blieb ich verkrampft sitzen. Zum Glück hatte unser Lehrer sich gemerkt, wer alles schon zu ihm gekommen war. „Andrea, hast du denn keine Fragen?" Da gab ich mir einen Ruck und ging nach vorne.

Etwas nicht zu wissen ist peinlich. Jedenfalls dann, wenn man glaubt, etwas eigentlich wissen zu müssen. Diese Peinlichkeit kann so groß und erdrückend sein, dass Unwissende es bevorzugen, im Nebel zu bleiben – aus Angst, dass sie sonst als inkompetent gelten. Ich kenne diese Angst gut. Damals bei der Lateinklausur hätte sie mich beinahe davon abgehalten, mein Ziel zu verfolgen. Erst die zweite Aufforderung des Lehrers überzeugte mich, dass ich wirklich fragen durfte. Dabei hätte mich ein Sechser garantiert die Versetzung gekostet.

Heute finde ich: Dinge nicht zu wissen ist nicht schlimm. Im Gegenteil, es ist normal, dass in der Kommunikation manches unklar bleibt oder missverstanden wird. Schlimm ist es, wenn nicht nachgefragt wird, denn dann bleibt die Unwissenheit. Statt sich eindeutige Informationen zu verschaffen, hofft die betreffende Person darauf, dass sich die Frage von selbst klären wird, vielleicht weil die Auftraggeber noch einmal auf das Thema zu sprechen kommen. Bis dahin versucht sie, sich ihre eigenen Antworten zusammenzureimen. Damit werden die Wissenslöcher aber nur oberflächlich überdeckt – einer Belastungsprobe hält das ebenso wenig stand, wie die Gipsverfüllung in einem Bohrloch einen schweren Spiegel tragen kann.

Machen Sie sich deshalb klar: Die Kompetenz eines Projektleiters liegt nicht darin, dass er ohne zu fragen alles weiß. Im Gegenteil: Sie zeigt sich darin, dass er genau weiß, was er wann und wen fragen muss. Denn gegen all die Fehler und falschen Weichenstellungen, die im Aufbruchsfieber zu Beginn eines Projekts entstehen können, hilft dieses ganz einfache Mittel: fragen. Diese Lösung liegt so nahe, dass sie oft übersehen wird. Wenn manche Nachfragen am Anfang des Projekts versäumt wurden, holt der Projektleiter sie eben später nach.

Das bedeutet natürlich nicht, sich darauf auszuruhen, dass die anderen Beteiligten Bescheid wissen, und mehrmals dieselbe Frage zu stellen. Wer das tut, zeigt, dass er beim ersten Mal nicht zugehört oder die Antwort nicht notiert hat – dass es ihm also wohl nicht so wichtig war. Das wäre wirklich inkompetent. Ebenso wenig ist es zielführend, nur vage und unspezifische Formulierungen zu verwenden. „Was genau ist das Ziel des Projekts?" oder „Welche Auswirkungen hat es, wenn wir uns verspäten?" sind gute Fragen für den Anfang. Die ersten Antworten werden sicher nicht immer präzise genug sein, um die Situation zu klären. Geben Sie sich also damit nicht zufrieden, sondern fragen sie weiter, wenn es notwendig ist – solange, bis Sie genau das wissen, was Sie wissen wollen. Formulieren Sie dazu Ihre Fragen so konkret wie möglich. „Welche Kriterien muss das Projektergebnis unbedingt erfüllen, damit das Ziel erreicht ist?" oder „Um wie viel verschiebt sich der Zeitplan des abhängigen Projekts, wenn unsere Lieferung sich um zwei Tage verzögert? Kann es dann noch seinen Zweck erfüllen?".

Doch nicht nur der Projektleiter muss gezielte Fragen stellen, gefordert ist dies von allen Projektbeteiligten – sowohl gegenüber dem Projektleiter als auch den Kollegen. Der Projektleiter hat zudem die Aufgabe, den Überblick zu behalten und dafür zu sorgen, dass jedem einzelnen Beteiligten zum richtigen Zeitpunkt die für ihn nötigen Informationen zur Verfügung stehen. Ständig zu überprüfen, wie der Wissensstand im Team ist, gelingt aber nicht immer. Daher muss der Projektleiter dafür sorgen, dass sich seine Leute die Informationen, die sie brauchen, selbst besorgen können. Für diesen Informationsaustausch muss er die Basis schaffen, zum Beispiel indem er alle relevanten Informationen an einem zentralen Ort bereitstellt.

Was Sie tun sollten, ist also klar: Animieren Sie die Beteiligten, dass sie sich die Informationen selbstständig dort holen, wo Sie sie bereitgestellt haben. Klingt einfach, ist in der Umsetzung aber eine richtig harte Nuss. Denn trotz aller Ermunterung gibt es immer wieder Mitarbeiter, die sich scheuen, nachzufragen. Die offene Fragen vergessen. Oder die einfach nicht realisieren, dass es in ihrer eigenen Verantwortung liegt, sich die Informationen zu holen, die sie brauchen.

Wie können Sie also damit umgehen, wenn Ihre Bitte, zu kommunizieren, zwar gehört, ihr aber nicht nachgekommen wird? Nun ja, ein einmaliger Appell reicht nicht. Sie bringen die Mitglieder Ihres Teams nur dann miteinander ins Gespräch, wenn Sie kontinuierlich daran arbeiten, eine Fragekultur zu schaffen. Als Projektleiter geben und leben Sie diese Kultur vor – indem Sie ein System einrichten, wer wann wen was fragt, und vor allem indem Sie selbst mit gutem Beispiel vorangehen und fragen, fragen, fragen.

• •

SO ETABLIEREN SIE EINE LEBENDIGE FRAGEKULTUR

→ Machen Sie deutlich, dass Klarheit im Projekt wichtig ist.

→ Etablieren Sie ein System, wer wann wen was fragt.

→ Fragen Sie die Mitarbeiter immer wieder, ob sie noch Fragen haben oder Unklarheiten bestehen.

→ Stellen Sie selbst Fragen, wenn Ihnen etwas unklar ist – sowohl innerhalb des Projektteams als auch gegenüber den verschiedenen Interessengruppen des Projekts.

• •

Also ist das Motto: Fragen stellen. Und die Mitarbeiter dazu ermutigen, Fragen zu stellen. Alles klar. Alles klar? Nein. Denn man muss nicht nur fragen, sondern auch hinterfragen.

Achtung, Projekte im Blindflug

Ein Koffer voller Papier. 221 Seiten, dicht mit sauberer Kurrentschrift bedeckt. Tabellen über Tabellen, Rechnungen, Gleichungen, Anmerkungen. Und Zeichnungen, die wie komplizierte Mandalas anmuten: einander schneidende Kreise und Linien, nur mit Zirkel und Lineal erstellt.

Felix Klein, Mathematikprofessor in Göttingen, blättert vorsichtig durch die Seiten. Seine Augen werden immer größer. Ihm gegenüber sitzt Johann Gustav Hermes, Mathematiklehrer in Königsberg. „Seit zehn Jahren, seit meiner Dissertation über die Kreisteilung im Jahr 1879, habe ich mich damit beschäftigt", erklärt er stolz. „Und es ist mir gelungen: Dieser Koffer enthält die Konstruktion eines regelmäßigen 65.537-Ecks!"

„Das ist – ein gewaltiges Werk. Unglaubliche Präzisionsarbeit", antwortet Professor Felix Klein. Er zögert einen Moment, bevor er fortfährt. „Aber bitte sagen Sie mir: Wozu? Dass die Konstruktion eines regelmäßigen Vielecks von jeder Fermat'schen Primzahl möglich ist und damit auch die eines 65.537-Ecks, hat Gauß doch schon vor fast 100 Jahren bewiesen!"

Hermes wusste wohl, dass seine Arbeit nur mäßigen wissenschaftlichen Erkenntnisgewinn bringen würde. Trotzdem hat er sich das 65.537-Eck ausgesucht und seine Berechnungen hartnäckig zu Ende gebracht. Warum, das weiß heute niemand mehr. Vielleicht war es ihm eine persönliche Befriedigung, eine schwierige Aufgabe mit Fleiß und Geduld zu lösen. Vielleicht wollte er eine intellektuelle Herausforderung haben jenseits des anstrengenden und oft eintönigen Lehreralltags, so wie andere Menschen 10.000-teilige Puzzles legen. Ein Hobby, das er in seiner Freizeit verfolgte. Aus eigenem Antrieb.

Ich nenne so etwas ein Projekt ohne verbindlichen Auftrag. Es kommt auch heute immer wieder vor, dass komplizierte und langwierige Projekte in

Angriff genommen werden, ohne dass sicher ist, ob die Auftraggeber wirklich dahinterstehen. Sie finden sozusagen im Blindflug statt.

Häufig läuft es ungefähr so. Eine Führungskraft biegt um die Ecke und sagt: „Wir brauchen xy, das ist jetzt Ihr Projekt." Maximal fünf Minuten sind noch Zeit, um Fragen zu stellen, dann eilt die Führungskraft zur nächsten Sitzung. Und schon sind Sie Projektleiter. Ganz ohne offiziellen Projektauftrag, ohne klar definierte Projektziele, ohne Klärung des Budgets, doch mit einer Zeitvorgabe, die in der Regel nicht eingehalten werden kann. Möglicherweise ist das Projekt einer gründlichen Strategieplanung entsprungen und wurde einfach nur flüchtig übergeben. Es kann aber auch sein, dass sein Nutzen nicht hinterfragt wurde. Und dass sich in zwei Wochen, wenn Sie Ihre Ergebnisse abliefern, niemand mehr so richtig daran erinnert, warum Sie das überhaupt machen sollten. Warum für so etwas Zeit aufgewendet wurde.

In einem Unternehmen, das wirtschaftlich arbeiten will, ist das nicht tragbar. Projekte dürfen nie ohne vorherige Überprüfung des Nutzens durchgeführt werden. Auch dann nicht, wenn eine Führungskraft den Auftrag dafür erteilt. Hier ist es Aufgabe des Projektleiters, den Nutzen zu hinterfragen. Vorsicht also vor Projekten ohne verbindlichen Auftrag!

• •

WORAN SIE EIN BLINDFLUG-PROJEKT ERKENNEN

→ Der Projektauftrag ist nicht schriftlich dokumentiert.
→ Die Ziele des Projekts sind nicht oder nur unklar formuliert.
→ Die Anforderungen an das Projektergebnis sind nicht beschrieben.
→ Das Budget wird entweder nicht definiert oder es wird ein fixes Budget genannt, ohne dass es geprüft wurde.
→ Der Zeitrahmen für das Projekt ist starr vorgegeben, ohne dass berücksichtigt wurde, was überhaupt zu tun ist.

• •

Wenn Sie ein Blindflug-Projekt ohne verbindlichen Auftrag identifiziert haben, gehen Sie am besten damit um, wie im Folgenden beschrieben.

1. Sie stellen Fragen und klären so viele Details wie möglich zu Projektzielen, Projektnutzen, Liefergegenständen sowie zu Inhalt und Umfang des Projekts. Führen Sie eine Stakeholderanalyse durch.
2. Ihre Ergebnisse dokumentieren Sie schriftlich. Dann stimmen Sie Ihre Ergebnisse mit Ihrem Projektauftraggeber im Rahmen eines Auftragsklärungsgesprächs ab und bitten ihn, den von Ihnen formulierten Projektauftrag zu bestätigen. So sorgen Sie für Verbindlichkeit.
3. Hinterfragen Sie die Notwendigkeit und den Nutzen des Projekts. Fragen Sie auch, auf welcher Basis, zum Beispiel auf Grundlage einer Kosten-Nutzen-Analyse, entschieden wurde, das Projekt durchzuführen.

Zum ersten Punkt: Unabhängig davon, ob Sie Ihren Projektauftrag schriftlich oder nur mündlich erhalten haben, überprüfen Sie ihn gründlich. Formulieren Sie immer, wenn sie etwas nicht verstehen, Fragen. Es ist normal, dass der eine oder andere Punkt offen bleibt. Zu viele Unklarheiten sind aber ein deutlicher Hinweis darauf, dass der Projektauftrag nicht gründlich durchdacht wurde.

Stellen Sie zu jedem unklaren Punkt Ihre präzise formulierte Frage. Wenn die Antworten nicht ausreichend Klarheit bringen – Vorsicht! Das könnte ein Anzeichen dafür sein, dass den Projektauftraggebern selbst nicht völlig klar ist, was der Nutzen des Projekts sein soll. Dann sollten Sie dem Vorhaben skeptisch gegenüberstehen und weiterfragen.

Zum zweiten Punkt: Wenn Ihnen ein Projekt nur mündlich übergeben wird oder Sie die Informationen dazu einzeln einholen müssen, ist das unbefriedigend. Aber es bietet sich auch eine Riesenchance. Die Chance, dass Sie selbst einzelne Aspekte klarer definieren können, als Ihre Führungskraft das in einem schriftlichen Auftrag tun würde. Schreiben Sie dazu am besten eine Bestätigungsmail! Die muss gar nicht lang sein. Fassen Sie Projektziel, Nutzen sowie den Zeit-, Personal- und Kostenrahmen zusammen und bitten Sie um Bestätigung, zum Beispiel so:

„Sehr geehrter Herr Müller,
    wie gerade besprochen haben Sie mir das Projekt anvertraut, den Umzug des Firmenarchivs in die Kellerräume zu prüfen. Ziel ist eine Analyse, ob die vorgesehenen Räume genügend Platz für das Archivmaterial der nächsten

zehn Jahre bieten, sowie eine Zusammenstellung der Kosten für den Umzug. Nutzen dieser Untersuchung ist es, eine Lösung für ein langfristig übersicht- liches Archiv zu finden. Diese Untersuchung wird einen Aufwand von zehn Stunden in Anspruch nehmen. Neben meinen übrigen Aufgaben benötige ich dafür eine Woche. Ich plane das Projekt für KW 47 ein. Dabei werden mich Frau Meyer und Herr Woerle mit einem Zeitaufwand von ebenfalls jeweils zehn Stunden unterstützen. Für das Projekt wird neben dem Zeitbudget kein weiteres Budget geplant.

Ich bitte Sie um eine kurze Rückinformation, ob Sie dem Projektauftrag zu- stimmen."

Sobald Sie die Bestätigung bekommen haben, verfügen Sie über einen schrift- lichen Auftrag mit allen notwendigen Eckdaten. Und Sie laufen nicht Ge- fahr, dass Sie Zeit in eine flüchtige Idee investieren, an die sich zwei Wochen später niemand mehr erinnert.

Zum dritten Punkt: Hier hinterfragen Sie die Notwendigkeit des Pro- jekts. Dadurch können Ihre Auftraggeber selbst noch mal dessen Nutzen überprüfen – und zu einem eindeutig positiven oder eindeutig negativen Ergebnis kommen, jedenfalls einem verbindlichen. Das ist gut so, denn Sie haben ja die Pflicht, das ihnen übertragene Projekt erfolgreich zum Abschluss zu bringen. Die Verantwortung eines Projektleiters geht sogar noch weiter. Er hat auch die Aufgabe, dafür zu sorgen, dass ein Projekt seinen Nutzen erfüllt. Tut es das nicht, ist es besser, dass es gar nicht erst startet. Insofern: Trauen Sie sich, zu hinterfragen. Teilen Sie Ihren Auftraggebern Ihre Zweifel mit!

Einfach ist das nicht, erst recht nicht beim ersten Mal. Dennoch können Sie auch als „Anfänger" Ihrer Führungskraft gegenüber stark auftreten. Dazu brauchen Sie vor allem eins: Ein neues Verständnis Ihrer Rolle als Projekt- leiter.

Wenn das Eckige ins Runde soll

„Diese Vorgabe ist doch unter den gesetzten Rahmenbedingungen unerfüll- bar! Dazu haben wir doch gar nicht die Mittel, geschweige denn die Zeit ...

Ist das dem Auftraggeber klar?!" Doch die Aufregung währt nicht lang; eine halbe Stunde, nachdem ihre Führungskraft ihnen eine unrealistische Projektidee auf den Schreibtisch geschoben hat, sind die meisten Projektleiter schon beim nächsten Punkt auf der Agenda. „Na gut, wenn der das so will ... Was soll ich schon groß dagegen sagen?" Kurz: Viele Projektleiter fühlen sich als Spielball der Umstände.

Wenn ich solche Fälle erlebe, spreche ich die Auftraggeber auf den Missstand an. Ganz oft bekomme ich die Reaktion: „Warum hat er/sie mir das denn nicht gesagt?" Den Führungskräften ist häufig gar nicht bewusst, dass sie unrealistische Vorgaben gemacht haben. Sie waren einfach in der Materie nicht tief genug drin, um realistisch einschätzen zu können, was das bedeutet. Daher sind Projektauftraggeber darauf angewiesen, dass der Projektleiter seine Aufgabe selbstbewusst erfüllt und auf Fehleinschätzungen hinweist.

Kommen Sie raus aus der Jammerfalle! Sie sind kein runder Spielball, der vom Schicksal hierhin und dorthin gerollt wird. Geben Sie stattdessen mit Ecken und Kanten dem Projekt ein Fundament, auf dem es sich entfalten kann. Jeder kann Realitäten schaffen, nicht nur Ihre Führungskräfte, auch Sie. Sie tun das, indem Sie klar Position beziehen und in Ihren E-Mails an die Projektauftraggeber die Folgen jeder Entscheidung eindeutig aufzeigen. Und indem Sie den Auftraggebern empfehlen, die Vorgaben, die sie gemacht haben, zu hinterfragen.

Die Spielregeln für das Verhältnis zwischen Ihnen und den Entscheidern gelten ebenso innerhalb des Projekts. Auch Sie selbst können nicht alles bemerken, was irgendwo in einer Ecke liegen bleibt und zu Problemen führen wird. Sie sind auf die Hinweise der Projektmitarbeiter angewiesen. Deswegen: Ermutigen Sie das Projektteam zur Kritik und Richtigstellung! Stellen Sie von Anfang an klar: Wenn Sie unrealistische Vorgaben machen oder Aufgaben verteilen, die sinnlos erscheinen, erwarten Sie von den Projektmitarbeitern, dass sie Sie darauf hinweisen. Laut und deutlich.

Wenn solche Hinweise kommen, nehmen Sie sie bitte ernst. Selbst wenn sie sachlich unbegründet sind, gehen Sie auf das Gesagte ein und erklären, warum Sie an Ihrer ursprünglichen Meinung festhalten. Und bedanken Sie sich für jeden einzelnen Hinweis. Nur so bringen Sie Ihr Team dazu, Ihr Handeln zu hinterfragen. Wenn Sie das konsequent durchhalten und durch

Ihr Vorbild zeigen, dass auch Sie selbst Ihre Auftraggeber auf Zweifelhaftes hinweisen, wird es Ihnen gelingen, im Projekt eine Hinweiskultur zu etablieren. Die ist fürs Projekt genauso wichtig wie die Fragekultur.

Wenn das alles nichts hilft und das Projekt weiterhin mit unerfüllbaren Vorgaben belastet wird, müssen Sie Konsequenzen ziehen. Lehnen Sie es ab, die Verantwortung für das Projektergebnis zu übernehmen! Klar, das wird zu Konflikten führen. Im Endeffekt werden Sie dadurch aber nur gewinnen: Sie haben gezeigt, dass Sie verantwortungsbewusst handeln und den Überblick behalten. Und sind sich selbst treu geblieben. Wenn Sie sich den Konflikten nicht stellen, so sind Sie mit hundertprozentiger Sicherheit der Verlierer.

Wo sind die Notausgänge?

Bei jedem Flug eine Selbstverständlichkeit: Bevor es losgeht, wird der Notfallplan über alle denkbaren Kommunikationskanäle übermittelt. Ein Film zeigt das richtige Verhalten bei einer Notlandung oder Notwasserung, die Stewardessen demonstrieren, wie die Schwimmwesten bedient werden, und es wird auf Karten mit übersprachlich verständlichen Piktogrammen verwiesen, die jeder Passagier an seinem Platz findet. Vielflieger können den immer gleichen Ansagetext im Schlaf wiederholen und denken vielleicht genervt: „Was soll das? Die Wahrscheinlichkeit, dass wir abstürzen, ist doch verschwindend gering!"

Ja, ist sie. Auf eine Milliarde in Flugzeugen zurückgelegte Personenkilometer kommen jährlich 0,4 Unfalltote – deutlich weniger als im Straßenverkehr. Trotzdem: Nur weil der günstige Ausgang der Normalfall ist und das Scheitern die absolute Ausnahme, heißt das nicht, dass Notfallpläne vernachlässigt werden können. Die Strategie der Fluggesellschaften ist goldrichtig: Die Notfallpläne werden so oft wiederholt, bis jeder Fluggast sich auch noch halb bewusstlos oder in Panik daran erinnert. Im Ernstfall kann so das Schlimmste verhindert werden.

Das Gleiche gilt für Projekte. Der Normalfall ist, dass alle Rahmenbedingungen, das Projektziel, der Projektnutzen und das Umfeld von Anfang an klar sind. Der Normalfall ist, dass alle Beteiligten miteinander reden können.

Der Normalfall ist, dass Probleme innerhalb des Projektteams besprochen und gelöst werden können. Nur: Ein verantwortungsbewusster Projektleiter verlässt sich nicht darauf, dass das immer so ist, sondern rechnet auch mit Schwierigkeiten.

Die treten zum Beispiel auf, wenn sich plötzlich herausstellt, dass das scheinbar so klare Ziel missverstanden wurde. Wenn Konflikte im Projektteam ausbrechen, die eine sinnvolle Zusammenarbeit stören. Oder wenn ein Problem auftritt, über das Sie als Projektleiter keine Entscheidungsbefugnis haben.

In einer solchen Situation kochen oft die Emotionen hoch und die Zeit, um eine gute Lösung zu finden, ist knapp. Wenn Sie erst in diesem Moment anfangen, eine Notfallstrategie zu erarbeiten, werden Sie von den Geschehnissen überrollt. Klären Sie also gleich von Anfang an, wo die „Notausgänge" bei Ihrem Projekt sind! Ich nenne das: Eskalationswege klären. Zum Beispiel: Wer ist der nächste Ansprechpartner, wenn es innerhalb des Projekts zu Schwierigkeiten kommt, über die Sie nicht selbst entscheiden können?

• •

WICHTIG: DER NOTAUSGANG

Für den Akutfall müssen Sie Folgendes klären:
→ Wer ist Ihr unmittelbarer Ansprechpartner?
→ Wer ist der Vertreter, falls dieser Ansprechpartner nicht erreichbar ist?
→ Welche Regelung gilt für den Fall, dass beide nicht da sind? Können Sie dann selbst entscheiden? Wenn ja, in welchem Rahmen?

• •

Schlagen Sie Ihren Vorgesetzten zu Beginn eine konkrete Notfallregelung vor und holen Sie sich dafür deren Commitment ein. So lässt sich vermeiden, dass Krisen zu Konflikten führen, da Sie jederzeit angemessen reagieren und im äußersten Notfall Entscheidungen im Sinne des Projekts treffen können.

DIE ENTSCHEIDENDEN WEICHENSTELLUNGEN

→ Klären Sie die Ziele des Projekts.
→ Klären Sie den Nutzen des Projekts.
→ Klären Sie den Kontext, in dem das Projekt steht.
→ Etablieren Sie eine Fragekultur.
→ Etablieren Sie eine Hinweiskultur.
→ Klären Sie Eskalationswege.

Wenn all diese Dinge, um die es in diesem Kapitel geht, geklärt sind, haben Sie das Aufbruchsfieber erfolgreich vermieden und die Voraussetzungen geschaffen, um das Projekt zum Erfolg zu führen. Jetzt geht es an die eigentliche Projektorganisation. Als Erstes verteilen Sie die Rollen und Aufgaben an die Teammitglieder.

Kapitel 3

Im Basislager - Wen Sie wirklich brauchen, wenn es steil wird

---

Basislager, das: bezeichnet eine Zeltstadt, die am Fuße eines Berges aufgebaut und als Ausgangspunkt für mehrtägige Expeditionen genutzt wird. Das Basislager bildet das logistische Zentrum, von dem aus die Etappen geplant, die Ressourcen zugeteilt und die Aufgaben an die Expeditionsmitglieder vergeben werden. Neben der koordinatorischen Funktion dient das Basislager als Versorgungsstation und als Rückzugsort bei schlechtem Wetter. Ein gut aufgestelltes, sicheres Basislager ist unabdingbare Voraussetzung, um Konflikte und äußere Herausforderungen zu meistern.

Vielleicht werde ich Sie jetzt enttäuschen. Aber ich sage Ihnen in diesem Kapitel nicht, wen Sie alles in Ihrem Projektteam brauchen und wen nicht. Da Sie in der Regel die Projektteammitglieder nicht frei auswählen können, wäre das auch gar nicht zielführend. Ich werde Ihnen keine Liste der Aufgaben liefern, die Sie verteilen müssen, und keine Empfehlungen aussprechen, mit welchen Persönlichkeiten Sie welche Rollen besetzen sollten.

Das mache ich aus gutem Grund nicht. Denn für die Zusammensetzung eines Projektteams gibt es keine Pauschallösung. Diesen Ansatz möchte ich Ihnen auch nicht mit einem Beispiel vorgaukeln, das Sie einfach leicht abgewandelt verwenden können. Das wäre gefährliche Zeitverschwendung und überflüssig. Welche Aufgaben es in Ihrem Projekt zu verteilen gibt, wissen schließlich Sie selbst am besten.

Mir geht es nicht darum, Ihnen Rezepte an die Hand zu geben, mit denen Sie, ohne groß nachzudenken, die Aufgaben in Ihrem Team verteilen. Sondern mir geht es darum, Ihnen zu zeigen, wie Sie es schaffen, die Rollen der am Projekt Beteiligten so aufeinander abzustimmen, dass jeder seine Aufgaben kennt und erledigen kann. Was Sie als Projektleiter nicht brauchen, ist die hundertachtundfünfzigste Methode, mit der Sie Ihre zahlreichen To-dos schneller bewältigen als bisher. Sondern Sie brauchen eine Strategie, wie Sie die Anzahl Ihrer Aufgaben reduzieren.

Bezogen auf ein Projekt heißt das konkret: Die Grundlage für Erfolg sind Projektmitarbeiter, die genau wissen, was ihre Rolle im Projekt ist, welche Rollen die anderen haben – und die selbstverantwortlich ihre Aufgaben erledigen. Wie Sie diesen Wandel hinbekommen, schildere ich in diesem Kapitel. Auf alle Fälle ist eine eindeutige Aufgabenverteilung das A und O jedes Projekts. Am deutlichsten wurde mir das im Jahr 1998, als ich bei einem Unternehmen als Projektleiterin eingestellt war.

Eines Tages kam in dieser Firma ein Problem daher, in einem freundlichen, lockeren, bunten Gewand. Über den E-Mail-Server. „Sieben Gründe, warum Schokolade besser ist als Sex" oder „tierisch gut", stand in den Betreffzeilen der E-Mails und im Mailanhang waren Powerpoint-Präsentationen mit witzigen Bildern und coolen Sprüchen. Wie damals in vielen Firmen gab es auch hier Mitarbeiter, die immer wieder E-Mails dieser Art über den internen Verteiler weiterleiteten, um den Arbeitsalltag aufzulockern und damit die Kollegen was zum Lachen hatten.

Nur die IT-Abteilung lachte nicht, sondern fluchte über die Datenlast der zigfach gespeicherten Powerpoint-Präsentationen. Und das war noch der geringste Teil des Problems. „Mit solchen E-Mails werden häufig Computerviren verschickt, die massiven Schaden anrichten können", erklärte der Leiter der IT-Abteilung der Geschäftsführung. „Deswegen ist es dringend nötig, einen Virenscanner zentral auf den E-Mail-Server, der die E-Mails verteilt, zu integrieren."

„Kostenpunkt?"

„5.000 DM."

„Das ist aber ganz schön viel Geld, das wir anderswo besser investieren können. Sollen die Leute halt vorsichtig sein und E-Mails mit verdächtigem Inhalt gar nicht erst öffnen."

Natürlich passierte es dann doch: Ein Mitarbeiter öffnete völlig unbedarft eine Mail, die einen Virus enthielt. Der verbreitete sich rasend schnell und brachte alle Arbeiten im Firmennetzwerk zum Stillstand. Die IT-Abteilung musste daraufhin sämtliche Rechner vom Netz trennen, um weiteren Schaden zu verhindern. Dann wurde eine saubere Bootdiskette mit einem Virenscanner erstellt, damit wiederum wurde jeder einzelne Computer gestartet und der Virus entfernt. Ein sehr großer Aufwand. Die Mitarbeiter der IT-Abteilung arbeiteten bis in die Morgenstunden hinein, alle anderen Mitarbeiter wurden für den Rest des Tages heimgeschickt. Ein kompletter ausgefallener Arbeitstag für den gesamten Betrieb und zusätzliche Kosten für die Überstunden – und das, weil man den Rat des IT-Leiters beiseite gewischt hatte, um 5.000 DM zu sparen.

Unklare Rollenverteilung? In den meisten Projekten besteht hier gar kein Problem, denn sie ist, zumindest theoretisch, völlig eindeutig. So wie in dieser Firma klar war, dass der IT-Leiter für die Sicherheit des Netzwerks zuständig war. Darum hatte er sich ja auch verantwortungsbewusst gekümmert. Nur die Geschäftsführung nahm ihre eigene Entscheidungsmacht wichtiger als die Fachkompetenz und Verantwortung des Mitarbeiters – obwohl sie ihn genau deshalb eingestellt hatte.

Dasselbe Phänomen zeigt sich in Projekten: Fehler und Probleme häufen sich nicht, weil sie nicht wahrgenommen werden, sondern weil die Rollen der Beteiligten nicht ernst genommen werden. Von den Projektauftraggebern nicht, von den Teammitgliedern nicht und von denjenigen nicht, die für bestimmte Aufgaben zuständig sind. Eine fatale Sache mit schwerwiegenden Folgen.

→ Die Projektbeteiligten werden kein echtes Team: Dann herrscht Kompetenzgerangel oder ein Einzelner versucht, alle Aufgaben selbst zu erledigen oder ist der Meinung, dass nur die anderen zuständig sind.
→ Das Ziel des Projekts gerät außer Acht. Denn die Energie wird dafür verschwendet, immer wieder die Rollen zu klären und Me-too-Redebeiträge einzubringen.
→ Das kreative Potenzial der Projektmitarbeiter wird nicht ausgeschöpft.

Na prima! Da bringt man intelligente Menschen zusammen, die alle in ihrem Bereich top sind, und das Ergebnis des Teams ist schlechter, als wenn alle im Einzelkämpfermodus unterwegs gewesen wären ... Genau das ist die große Gefahr, wenn Rollen nicht eingehalten werden: Die Vorteile, die Projektarbeit gegenüber in Abteilungen organisierter Arbeit hat, werden nicht genutzt. Das ist, als würde ein Sanierungsunternehmen bewusst auf Autos verzichten und Backsteine, Mörtel oder Sand vom anderen Ende der Stadt mit der Schubkarre zur Baustelle bringen. Eine völlig unnötige Ressourcenverschwendung!

Doch immer wieder passiert es, dass im Projektteam Aufgaben und Rollen nicht eindeutig abgestimmt, ausgefüllt oder ernst genommen werden. Was läuft da schief? Hier spielen verschiedene Ursachen eine Rolle, für jede gibt es Lösungen.

Team ohne Undercover-Hierarchie

Projekte liegen quer zur Hierarchie in einem Unternehmen und zu seinem Organigramm. Sie sind aus der Linienorganisation herausgelöst, die üblichen Zuständigkeiten und Entscheidungsketten gelten hier nicht. Das bedeutet, dass die Rollen im Projekt andere sind als die festen Positionen in der Linienorganisation des Unternehmens. Das ist notwendig, um ein Projekt erfolgreich durchzuführen. Doch in der Praxis zeigt sich, dass Mitarbeiter unglaublich oft in formalen Zuständigkeiten der Linienorganisation verharren. Das gilt zum Beispiel, wenn ein Angestellter einer Abteilung ein Projekt leitet, in dem sein Abteilungsleiter – oder auch der Leiter einer anderen Abteilung – als Projektmitarbeiter beteiligt ist.

Häufig habe ich in Projekten, bei denen ich hinzugezogen wurde, erlebt, dass solche Schattenkräfte am Werk waren. Dass die Teammitglieder neben ihren Projektrollen ihre Hierarchie- und Abteilungsstrukturen mitgebracht hatten. Das Organigramm des Unternehmens schlich sich ein ins Projekt, obwohl es da nichts zu suchen hatte.

Keine Frage: Es fällt nicht leicht, über Jahre praktizierte Verhaltensmuster für die kurze Dauer eines Projekts abzuschütteln. Da kommt es schon einmal vor, dass ein Abteilungsleiter, der bei dem Projekt gar nicht beteiligt ist, dem Projektleiter, also seinem Mitarbeiter sagt, was er als Nächstes wie zu tun hat. Genauso kommt es vor, dass ein Projektmitarbeiter Informationen nicht zuerst an den Projektteamkollegen, den sie angehen, oder an den Projektleiter weitergibt, sondern an denjenigen, der im Arbeitsalltag seine Führungskraft ist.

Läuft ein Vorhaben nach Plan, gelingt es den meisten ganz gut, sich auf die Rolle im Projekt zu konzentrieren und das Organigramm der Firma auszublenden. Sobald sich aber Probleme häufen, führt Stress dazu, dass alte Rollenmuster wieder aufleben. Naheliegend, aber kontraproduktiv. Denn so kommen manche Informationen nicht bei demjenigen an, der sie braucht. Noch viel schlimmer: Wenn die Meinung oder ein Lösungsvorschlag eines Abteilungsleiters mehr zählt als die Ansicht des Experten. Denn dann fallen vielleicht einige richtig gute Ideen unter den Tisch. Wenn das ein paar Mal passiert, gibt sich das Projektteam bald auch keine große Mühe mehr, gute Lösungen zu entwickeln, da sie ja doch nicht anerkannt werden.

Was in einem Projekt wirklich zählt

Die Lösung ist eindeutig: Die Linienhierarchien im Projekt müssen abgeschafft werden. Und zwar nicht nur diejenigen, die aus dem Arbeitsalltag mitgenommen wurden, sondern auch solche, die vielleicht mit der Rollenverteilung im Projekt assoziiert werden. Denn auch hier besteht die Versuchung, eine Hierarchie zu bauen: Der Auftraggeber steht an der Spitze, unter ihm der Projektleiter, dann kommen die Mitarbeiter nach Wichtigkeit der Aufgabe, zum Beispiel ist der Ingenieur wichtiger als der Protokollant. Schließlich hat der Dipl. Ing. die fachliche Expertise, das Know-how. Protokollieren dagegen kann jeder, oder?

Nein, und um diese Unterschiede geht es nicht. Ganz im Gegenteil: Im Projekt sind alle Rollen gleich wichtig und alle Projektbeteiligten sind gleichwertig. Jeder einzelne Beitrag zählt. Der Projektleiter hat keine wichtigere Funktion als der Protokollant. Wie sollten denn Ergebnisse nachverfolgt werden, wenn das Ergebnis der Besprechungen nicht festgehalten wird?

Es ist wie beim Schachspiel: Der Läufer bewegt sich nach anderen Regeln als der Turm. Aber beide haben zentrale, wichtige Funktionen. Wer jetzt sagt: „Aber die Dame ist doch wichtiger als ein Bauer", der hat zwar teilweise recht. Doch auch der Bauer trägt entscheidend zum Spielgewinn bei. Er macht die Strategie des Schachspielers erst möglich, indem er den König oder andere Figuren deckt. Und manchmal erreicht ein Bauer die andere Seite des Spielfelds – und kann so zur Dame werden …

Deswegen gilt: Die verschiedenen Rollen im Projekt stehen in keiner Rangfolge, sondern dienen dazu, jedem klarzumachen, welche Aufgaben er hat. Und welche nicht. Wenn das geklärt ist, sind keine Hierarchien und Anweisungen mehr nötig. Jeder kennt seinen Zuständigkeitsbereich, schaut, was dort zu tun ist – und tut es. Dann brauchen Sie als Projektleiter keine Aufgaben mehr zu verteilen, weil jedes Teammitglied weiß, was es zu tun hat.

●●●

SCHAFFEN SIE RAUM FÜR EIGENE ENTSCHEIDUNGEN

Indem Sie klar und eindeutig benennen, wer wofür verantwortlich ist, entziehen Sie allen Überbleibseln von Hierarchiedenken den Boden. Jedes Teammitglied hat dann einen eigenen Bereich in der Projektlandschaft, in dem er oder sie allein verantwortlich ist – ohne Chef und Untergebene. Es gibt Absprachen, natürlich. Aber jeder trifft die auf das Projekt abgestimmten Entscheidungen im Rahmen seines eigenen Verantwortungsbereichs selbst.

●●●

Klingt das zu schön, um wahr zu sein? Ich kann Ihnen versichern: Wenn jeder im Projektteam Verantwortung übernimmt, funktioniert die Zusammenarbeit einwandfrei. Problematisch wird es nur, wenn Außenstehende, die eigentlich nicht am Projekt beteiligt sind, mitreden wollen.

Wie sag' ich es meinem Chef?

Ein klassischer Fall: Der Projektleiter beruft eine Teamsitzung ein, natürlich kommt der Chef dazu. Er hört sich die Ideen der Mitarbeiter eine Weile an – eher kürzer als länger – und befindet nach wenigen Minuten: So und so machen wir es. Ein Auftritt wie ein Wirbelwind. Damit sind alle anderen Lösungsvorschläge vom Tisch, ohne richtig abgewogen worden zu sein. Und die Projektstruktur ist ganz eindeutig unterlaufen. Nominell hat der Chef zwar, als er das Projekt eingerichtet hat, das Ruder abgegeben – aber so ganz losgelassen hat er dann doch nicht.

Nun ist es nicht zielführend, einer solchen Führungskraft zu sagen, dass sie sich bitte nicht einmischen soll. „Es nervt total, dass Sie mir immer reingrätschen" – so einen Satz behalten Sie besser für sich. Auch wenn Sie sachlich recht haben: Wenn Sie Ihre Führungskraft überzeugen wollen, brauchen Sie etwas mehr Fingerspitzengefühl und Diplomatie. Argumentieren Sie mit den Vorteilen für die Führungskraft!

• •

SO BEKOMMT IHRE FÜHRUNGSKRAFT DIE RICHTIGE ROLLE IM PROJEKT

Sie als Projektleiter müssen sich darum kümmern, dass jeder seine Rolle einhält und keiner eine Aufgabe übernimmt, zu der er gar nicht berufen ist. Dazu gehört auch, dass Ihre Führungskraft beziehungsweise Ihr Auftraggeber, wenn er oder sie nicht zum Projektteam gehört, es unterlässt, die Führung Ihres Projekts zu übernehmen. Doch wie sorgen Sie dafür, dass das Steuer immer in Ihrer Hand bleibt? Indem Sie die Initiative übernehmen und das Gespräch mit der betreffenden Person suchen. Auch in der alltäglichen Kommunikation können Sie mit subtilen Formulierungen klarstellen, dass so viel Engagement von der anderen Seite gar nicht nötig ist.

→ Wenn Sie ein Meeting einberufen, laden Sie Ihre Führungskraft „optional" ein. So signalisieren Sie, dass ihre Anwesenheit zwar gerne gesehen ist, aber nicht unbedingt nötig. Ihr Unterbewusstes weiß dann: Da habe ich keine Funktion, nur eine Beobachterrolle.

→ Alternativ können Sie verabreden, dass Sie sie anschließend in einem kurzen Gespräch über die Ergebnisse informieren. Das ist ihr vielleicht sogar lieber – schließlich spart dies Zeit.

→ Die alleinige Führung sichern Sie sich, indem Sie das Meeting als „Arbeitstreffen" oder „fachliche Besprechung" bezeichnen. Damit machen Sie deutlich, dass es auf der operativen Ebene stattfindet, die klar von der Entscheiderebene abgegrenzt ist. Also ist die Anwesenheit der Entscheider gar nicht nötig.

Mit dieser Kommunikationsstrategie geben Sie Ihrer Führungskraft die richtige Rolle: die des Projektauftraggebers, für den die Ergebnisse relevant sind, aber nicht der Prozess. Deshalb muss sie auch nicht überall dabei sein.

• •

Der blinde Fleck des Projektleiters

Außer Ihrer Führungskraft gibt es noch jemanden, der unbedingt im Projekt die richtige Rolle einnehmen muss, damit alle anderen das auch können: Sie selbst. Das hört sich selbstverständlich an, ist aber gar nicht so einfach.

• •

FALSCHE ENTSCHEIDUNG

Es findet ein Projektmeeting statt, der Projektleiter steht am Flipchart und spricht zu seinem Team: „Es geht darum, Ideen zu sammeln, wie wir die hohen Energiekosten des Firmengebäudes ohne allzu hohe Investitionen reduzieren können. Ich bitte um Vorschläge."

Erst zögerlich, dann immer schneller rufen die Teammitglieder ihre Ideen in den Raum. Der Projektleiter schreibt eifrig mit.

„Eine Zeitschaltung für die Flurbeleuchtung, damit das Licht nach einer Minute automatisch ausgeht."

„Die Fenster isolieren, da zieht es immer kalt rein."

„Manche lüften aber auch immer noch mit ständig gekippten Fenstern. Man müsste eine Broschüre zu energiesparendem Verhalten an die Mitarbeiter verteilen."

„Solarzellen auf dem Dach installieren."

Beim letzten Beitrag stutzt der Projektleiter. „So viel Budget haben wir nicht. Und außerdem: Solarzellen müssen 20 Jahre laufen, bis die Investition wieder drin ist – und wenn die Subventionen weiter gekürzt werden, rechnet sich das nie. Den Vorschlag schreibe ich gar nicht erst auf."

• •

Auch der Projektleiter ist in Gefahr, seine Rolle im Projekt mit seiner Rolle in der Unternehmenshierarchie zu verwechseln. Zum Beispiel, wenn er als Experte die Vorschläge der Mitarbeiter bewertet – und manche davon gar nicht weiterverfolgt. Oder indem er ihnen Vorgehensvorschläge und Lösungswege aufdrängt. Er kennt sich ja am besten aus ... Genau das ist das Problem.

Wer wird Projektleiter? Logisch, der Spezialist, der sich fachlich am meisten hervorgetan hat. Da ist die Versuchung groß, auch als Projektleiter die Expertenrolle zu übernehmen; besonders wenn man das Gefühl hat, mit dem eigenen Fachwissen das Projekt vor Irrgängen bewahren zu können. Aber das ist nicht die Rolle des Projektleiters. Ein Projektleiter moderiert, koordiniert, kommuniziert. Er ist sicher nicht derjenige, der allein entscheidet. Und die fachliche Arbeit ist nicht Teil seiner Aufgabe. Die fachliche Lösung für Probleme zu finden, verschiedene Lösungsvorschläge gegeneinander abzuwägen – dafür sind Experten im Team da. Wenn der Projektleiter die Rolle eines Experten übernimmt, erfüllt er eine Doppelfunktion. Das kann für das Projekt schädlich sein, wenn ihm dies nicht bewusst ist:

→ Es entsteht Unklarheit bei der Rollenzuordnung, die sich auch auf andere Rollen im Projekt überträgt.
→ Wenn sich der Projektleiter angewöhnt, noch andere Rollen zu übernehmen, macht er bald alles selbst – so wird das Projekt zu einer One-Man-Show.
→ Andere Projektmitarbeiter werden frustriert und verlieren die Eigeninitiative.

Der Projektleiter ist der Projektleiter ist der Projektleiter

Die Lösung in einer solchen Situation ergibt sich aus der Rollenbezeichnung: Trennen Sie die Aufgaben im Projekt eindeutig und widerstehen Sie der Versuchung, als Projektleiter zusätzlich fachliche Funktionen zu übernehmen. Ziel ist, dass Sie sich voll und ganz auf die Projektleiterrolle konzentrieren. Etwas anderes gilt zum Beispiel, wenn eine bestimmte Rolle im Projekt nicht besetzt ist. Wenn es niemanden gibt, der eine fachliche Aufgabe übernehmen kann, für die Sie die notwendige Expertise haben, müssen Sie das wirklich selber machen. Und wenn Sie merken, dass Ihr fachkundiger Rat dringend nötig ist, um das Projekt zu einem guten Ergebnis zu führen, wäre es unsinnig, zu schweigen und das Projekt ins Leere laufen zu lassen.

Wichtig ist dabei eins: Machen Sie sich selbst und auch Ihrem Projektteam zu jeder Zeit klar, in welcher Funktion Sie gerade aktiv sind. Zum Beispiel: „Ich spreche jetzt nicht als Projektleiter, sondern als Ingenieur und möchte meine persönliche Meinung zu dem Entwurf sagen." So wird deutlich, dass Ihre fachlichen Beiträge auf Augenhöhe diskutiert werden dürfen und den gleichen Wert haben wie die der anderen Teammitglieder.

Es gibt Experten für Projektmanagement, die der Überzeugung sind, dass ein Projektleiter gar keine fachliche Expertise zu dem Thema haben muss, um das es im Projekt geht. Er muss nur im Projektmanagement kompetent sein. Ein guter Projektleiter kann genauso gut ein Bauprojekt auf die Beine stellen wie ein IT-Projekt oder eine Marketingmaßnahme. Fachkompetenz sei sogar hinderlich, weil sie den Projektleiter dazu verleitet, eine zusätzliche Rolle zu der des Projektleiters zu übernehmen. Daran glaube ich nicht. Ein Projektleiter, der fachlich dem Projektthema völlig fernsteht, kann zwar seine Projektmanagement-Methoden anwenden. Aber ihm fehlt der Wissenshintergrund, um einen Überblick zu haben und die richtigen Fragen zu stellen. Er kann nicht im Voraus erkennen, wo eventuell Probleme auftauchen können, und wird deshalb nicht bewusst die optimale Vorgehensweise wählen.

Deshalb gilt meiner Meinung nach: Fachkompetenz beim Projektleiter ist unbedingt nötig! Er darf sie aber nicht einsetzen, um fachlich an der Lösung der Projektaufgabe zu arbeiten, sondern nur, um das Projekt optimal zu strukturieren. Sie sind ein Projektleiter mit Fachkompetenz – nicht ein Fachspezialist, der zufällig auch noch das Projekt leitet.

SO VERMEIDEN SIE ONE-MAN-SHOWS

Ihr Team ist auf dem Holzweg, aber Sie sollen sich fachlich nicht in die Problem-lösung einmischen? Wie kann das ein Projektleiter bloß aushalten? Um dieses Dilemma zu lösen, hilft Ihnen folgende Herangehensweise:

➜ Machen Sie sich bewusst: Ihre Rolle ist es nicht, die Projektaufgabe fachlich zu lösen, sondern das Team zur bestmöglichen Lösung zu führen.

➜ Wenn Sie doch einmal einen fachlichen Vorschlag machen: Stellen Sie klar, dass Sie jetzt gerade nicht als Projektleiter sprechen, sondern als Experte.

➜ Bügeln Sie Vorschläge aus dem Team, die Sie aufgrund Ihres Fachwissens für nicht zielführend halten, nicht von vornherein ab. Lassen Sie sie ebenso wie die anderen Vorschläge vom Team überprüfen.

Everybody's Darling

Dass Sie als Projektleiter zusätzliche Aufgaben übernehmen, also zu viele Rol-len haben, ist die eine Gefahr. Es gibt allerdings auch noch das gegenteilige Risiko: dass Sie die Rolle des Projektleiters nicht richtig ausfüllen, also gar keine Rolle haben. Ich will beileibe niemandem unterstellen, dass er nicht engagiert genug wäre oder von seiner Aufgabe überfordert. Ich meine etwas ganz anderes: Gerade die besondere Teamfähigkeit von Projektleitern kann dazu führen, dass sie manchmal nicht entschlossen genug auftreten.

Projektrollen sind teamorientiert, ja. Das heißt aber noch lange nicht, dass es immer harmonisch zugehen muss. Im Gegenteil, Projekte bergen jede Menge Konfliktpotenzial. Wenn Verabredungen nicht eingehalten werden, wenn in Meetings endlos diskutiert wird, ohne dass Ergebnisse herauskom-men, wenn Mitarbeiter sich dauernd verspäten und dadurch die Zeit aller vergeuden, ist es vorbei mit der angenehmen Atmosphäre. Und dann muss der Projektleiter eingreifen. Eindeutig und entschlossen.

Ja, aber demotiviert man als Projektleiter so nicht das Team? Verärgert man nicht die Mitarbeiter? Und vor allem: Macht man sich nicht fürchterlich un-beliebt? Diese Befürchtungen halten Projektleiter davon ab, klare, auch mal harte Worte zu sagen. Dieses Zurückschrecken ist verständlich, von anderen gemocht werden zu wollen, ein natürliches menschliches Bedürfnis. Und ein harmonisches Teamklima ist sicher besser als Dauerstreit im Büro. Bloß kann das Bedürfnis nach Harmonie den Erfolg eines Projekts gefährden.

Wenn aus dem Wunsch heraus, Konflikte zu vermeiden, kritische Themen nicht oder nur sehr leise und vorsichtig angesprochen werden, bleiben manche Probleme ungelöst. Sie als Projektleiter bringen sich damit in eine immer schlechtere Position: Je länger Sie zögern, Konfliktpunkte anzusprechen, desto länger können sich schlechte Gewohnheiten verfestigen – und desto gereizter reagieren die Betroffenen, wenn Sie das Thema dann doch ansprechen. Auch bei Ihnen staut sich der Ärger auf und entlädt sich irgendwann umso gewaltiger. Damit ist nichts gewonnen, im Gegenteil. Oft wird so nur noch mehr zerstört.

Also doch besser die Klappe halten und zu sich selbst sagen: „Ich hätte das gleich zu Anfang ansprechen sollen, jetzt ist es zu spät"? Nein. Zu spät ist es nie. Außerdem verschwinden Konflikte nicht, wenn Sie sie unterdrücken, sie schwelen im Untergrund weiter. Harmonie darf keinesfalls zu Denk- und Sprechverboten führen. Sie darf kein Selbstzweck werden. Der Auftrag des Projektleiters ist nicht, dass ihn alle lieb haben, sondern, dass das Projekt zu einem guten Abschluss kommt. Das heißt nicht, dass Sie bei Konflikten gleich rabiat werden müssen. Indem Sie cholerisch reagieren, bringen Sie die Teammitglieder sicher nicht dazu, das zu tun, was Sie von ihnen wollen. Auch sich an reine Anordnungen und Formalismen zu klammern nützt nichts. Doch was hilft?

Angst vor Konflikten?

Machen Sie sich klar: Das idealtypische Projekt, in dem das Team in vollkommener Harmonie zielstrebig auf die Lösung der Projektaufgabe zusteuert, gibt es nicht. Konflikte sind normal. Sie müssen sich nicht über die Maßen den Kopf darüber zerbrechen, warum sie aufgetreten sind. Wohl aber gründlich darüber nachdenken, wie Sie sie lösen.

Es ist einfach gesagt, aber nicht immer leicht getan: Das Einzige, was in Konfliktfällen hilft, ist, Fehler ruhig und sachlich anzusprechen. Und dabei klarzustellen, dass Ihre Kritik nicht der Person gilt, sondern ihrer Vorgehensweise. Der Art, wie sie ihre Rolle im Projekt ausfüllt. Bewahren Sie sich dabei eine wertschätzende Haltung gegenüber den Teammitgliedern und ihren Rollen.

→ Wenn Sie aktiv Kritik äußern müssen: Achten Sie darauf, mit welchen Worten Sie das tun. Formulieren Sie neutral und ohne Schuldzuweisung. Beispielsweise sagen Sie statt „Fehler" besser „kritische Situation".

→ Auch wenn es Ihnen mal nicht gelungen ist, ruhig und sachlich zu bleiben, nehmen Sie das bitte nicht tragisch. Jedem reißt mal der Geduldsfaden. Dann gibt es halt Streit – nicht schön, aber auch kein Weltuntergang. Wichtig ist, dass Sie hinterher wieder zur sachlichen Ebene zurückfinden und sich gegebenenfalls entschuldigen.

→ Finden Sie gemeinsame Lösungen für die anstehenden Probleme und fordern Sie dafür vom Team Commitment ein, zum Beispiel mit Sätzen wie: „Können wir vereinbaren, dass ab jetzt alle zu den Meetings pünktlich kommen?".

Übrigens: Was für Ihren Umgang mit dem Projektteam gilt, gilt umgekehrt ebenso. Wenn jemand Sie kritisiert, dann meint er damit nicht Sie persönlich, sondern die Art und Weise, wie Sie Ihre Rolle als Projektleiter ausfüllen. Er sieht also ein Defizit in Ihrer Rollenausübung. Vielleicht hat er damit recht, vielleicht auch nicht. In jedem Fall brauchen Sie seine Kritik nicht als Angriff zu sehen, sondern als Aufforderung für eine Überprüfung.

Wenn Sie es schaffen, so gelassen zu reagieren und die Ruhe zu bewahren, werden Sie Ihrer Rolle als Projektleiter gerecht. Und Sie können Probleme lösen, ohne dass gleich ein riesiger Streit entsteht.

Von Ersatzspielern und einsamen Helden

Na super! Zehn Leute sitzen im Meeting und nur vier Leute reden – die restlichen sechs bleiben stumm. Sie haben zu dem Thema einfach nichts zu sagen. Man fragt sich, warum sie überhaupt da sind. Noch schlimmer wird es, wenn diese sechs Leute sich dann doch noch munter ins Gespräch einbringen, nur um sich nicht überflüssig vorzukommen. Ganz klar, hier sind mehr Leute im Team, als Aufgaben zu erledigen sind.

Es gibt aber auch den anderen Fall. Den, dass Sie von einer Aufgabe zur nächsten hetzen und kaum noch wissen, wo Ihnen der Kopf steht. Sie können aber auch nichts an ein anderes Teammitglied delegieren, denn allen anderen geht es genauso. Oder die Überlastung betrifft nur einen Teilbereich des Projekts: Es sind zwar genügend Marketingspezialisten und Organisatoren im Team, aber der IT-Spezialist weiß kaum, wie er seine Aufgaben erledigen soll, ohne seine Arbeitszeit auf 70 Stunden pro Woche auszuweiten. Ganz klar, hier ist das Team zu klein.

Sowohl zu große als auch zu kleine Teams bringen Gefahren mit sich.

Wenn das Team zu viele Mitglieder hat,

➜ wird die Terminfindung für Meetings ein logistisches Großprojekt.

➜ werden Meetings zur Bühne. Statt um Ergebnisse geht es den Beteiligten um Selbstdarstellung.

➜ werden Besprechungen zu Tagesworkshops, weil jeder einen Redebeitrag leisten will, um zu zeigen, dass er auch eine wichtige Funktion im Projekt hat.

➜ greift das Prinzip der vielen Schultern: Wenn mehrere für denselben Bereich zuständig sind, fühlt sich am Ende niemand wirklich verantwortlich und wichtige Aufgaben bleiben liegen.

Wenn das Team zu wenige Mitglieder hat,

➜ müssen manche Teammitglieder mehrere Funktionen übernehmen.

➜ wird es schwierig abzugrenzen, in welcher ihrer Funktionen die Teammitglieder gerade handeln.

➜ sind die Teammitglieder gestresst und können keine ihrer Rollen mehr richtig ausfüllen.

➜ bleiben manche Aufgaben liegen.

Oft werde ich gefragt, wie groß denn ein ideales Projektteam ist. Inzwischen habe ich Hunderte Projekte begleitet, aber ich weigere mich weiterhin, eine Hausnummer zu nennen. Die richtige Größe eines Teams hängt nun mal ganz eindeutig von der Größe des konkreten Projekts ab. Statt einer pauschalen Antwort biete ich Ihnen deshalb zwei grundsätzliche Gedanken an:

➜ Das Projektteam muss so groß sein, dass jede Aufgabe erfüllt werden kann.

➜ Gleichzeitig darf es keine überflüssigen Aufgaben geben. Was nicht unbedingt für das Projektergebnis nötig ist, wird nicht gemacht – dann ist dafür auch kein Teammitglied nötig.

In der Praxis heißt das: Erstellen Sie zu Projektbeginn eine Liste, welche Aufgaben für das Projekt nötig sind. Legen Sie jede Aufgabe genau fest, und zwar so, dass es sie nur einmal gibt. Ich meine damit nicht, dass es nur einen Programmierer, einen Produktgestalter, einen Kommunikator im Team geben sollte. Sondern dass nur so viele Programmierer ins Team gehören, wie es Aufgaben gibt. Der eine hat dann die Aufgabe „X programmieren", der andere „Y programmieren". So vermeiden Sie Konflikte zwischen Personen mit verwandten Aufgaben.

Erst wenn Sie genau wissen, welche Rollen zu übernehmen sind, überlegen Sie sich, wer diese am besten ausfüllen kann. Dabei lassen Sie das Unternehmensorganigramm völlig außer Acht und gehen rein nach Kompetenz. Im Idealfall.

Machen wir uns nichts vor: Nur selten kann man sich die Mitarbeiter für ein Projekt ganz frei aussuchen. In der Regel spielt neben der Kompetenz ein viel banalerer Aspekt eine entscheidende Rolle: Wer hat zum Zeitpunkt des Projektstarts Kapazitäten frei? Manchmal können Sie für eine Projektaufgabe nicht den Mitarbeiter einsetzen, der sie am besten beherrscht, sondern müssen denjenigen wählen, der unter den Ihnen zur Verfügung stehenden Kollegen am ehesten geeignet ist. Aber keine Sorge: Ein Entwickler mit zwei Jahren Berufserfahrung, der Zeit für Ihr Projekt hat, ist besser als einer mit fünf Jahren Berufserfahrung, der seine zusätzlichen Aufgaben nur in Hetze und nebenher erledigen könnte.

Einmal Marketingchef, immer Marketingchef

Teammitglieder bringen nicht nur Hierarchien mit ins Projekt, sondern auch ihren fachlichen Hintergrund sowie ihre Zugehörigkeit zu einer Abteilung mitsamt den Zielen, die dort verfolgt werden. Da ist beispielsweise der Marketingchef, der sich im Projekt berufen fühlt, ständig auf die Auswirkungen der einen oder anderen Lösungsvariante auf das Firmenimage hinzuweisen.

Dabei hat er innerhalb des Projekts die Funktion, die Teammitglieder im Umgang mit Social Media zu schulen. Da sind die beiden Kolleginnen aus der Produktentwicklung, die bei den Meetings ständig zusammensitzen und sich in erster Linie miteinander unterhalten. Dabei sind sie verschiedenen Teilprojekten zugeordnet und haben ihren jeweils eigenen unmittelbaren Kollegenkreis, mit dem die Kommunikation deutlich zu kurz kommt. Da ist der Ingenieur, der alle Entwürfe des Entwicklungsteams auf ihre technische Machbarkeit hin überprüft. Dabei ist dafür ein anderer Kollege zuständig und er selbst ist eigentlich als Kontaktperson zum Zuliefererbetrieb an Bord. Zudem wird unterschwellig die Rivalität zwischen den Kollegen aus der Niederlassung München und denen aus der Niederlassung Frankfurt spürbar.

Alles nachvollziehbar. Alles verständlich. Wenn Teammitglieder aber zu sehr an ihre Abteilungen gebunden sind, kann das zu Konflikten führen und dazu, dass manche Rollen doppelt ausgefüllt werden – oder einige gar nicht.

Die Profile aller Beteiligten kennen – und bekannt machen

Dass einzelne Mitarbeiter aus ihrer eigentlichen Rolle im Projekt heraustreten, können Sie vermeiden, indem Sie die Aufgaben jedes Einzelnen in einer Rollenbeschreibung ganz klar machen. Erst einmal sich selbst und dann allen Mitgliedern des Projektteams. Und zwar sowohl denen, die die Aufgabe erfüllen müssen, als auch allen anderen, damit jeder weiß, wer wofür zuständig ist, und sich nicht unabsichtlich in die Kompetenzen anderer einmischt.

Nehmen Sie sich die Zeit dafür, eine schriftliche Rollenbeschreibung zu erstellen. Sie haben ja bereits festgelegt, was im Rahmen des Projekts zu tun ist, da fehlt gar nicht mehr viel: Sie müssen nur noch festlegen, wer welche Aufgabe erfüllt, und diese Aufgabe kurz beschreiben. Ganz nüchtern und auf den Punkt, das muss gar nicht ausführlich sein. Stellen Sie also zusammen:

→ Wer erfüllt im Projekt welche Aufgabe?
→ Was muss er/sie tun, um seine Aufgabe komplett zu erledigen?

Es kostet nicht viel Zeit, das zu verschriftlichen. Sie sparen sich damit aber im Endeffekt viel Ärger und Nerven. Spätestens beim dritten Projekt, bei dem Sie Ihre einmal erstellte Rollenbeschreibung wieder verwenden, werden Sie feststellen, dass Sie nicht immer wieder von vorne anfangen müssen. Sie können einiges aus älteren Aufstellungen herauskopieren und nur die Namen sowie einige Spezialanforderungen des neuen Projekts verändern.

• •

VON DER ROLLENBESCHREIBUNG ZUR ROLLENÜBERNAHME

Die schriftliche Beschreibung der Rollen im Projekt ist die Grundlage dafür, dass jedes Teammitglied seine eigene Rolle und die der anderen genau kennt – und dass jeder dies akzeptiert. Nur wenn Klarheit herrscht, wird jeder Einzelne seine Aufgaben selbst verantworten. Und so sorgen Sie dafür:

→ Stimmen Sie mit jedem Projektmitglied die schriftliche Beschreibung seiner Aufgaben im Projekt ab. Nutzen Sie dafür zusätzlich die Aufstellung der Arbeitspakete des Projekts.

→ Sprechen Sie mit jedem Projektmitglied darüber, ob alles klar ist und ob es mit dieser Rollenbeschreibung einverstanden ist. So holen Sie sich dessen Commitment für seine Rolle.

→ Legen Sie die schriftlichen Beschreibungen der Rollen und Arbeitspakete zentral an einem Ort ab, auf den alle Zugriff haben. So können die Teammitglieder jederzeit nachschauen, wer wofür zuständig ist.

→ Ermutigen Sie die Teammitglieder, sich gegenseitig an ihre Rollen zu erinnern und darauf zu bestehen, dass jeder seine Aufgabe erfüllt.

• •

Auf diese Weise tragen Sie dazu bei, dass die Projektmitglieder ihre alten Unternehmensrollen und Abteilungszugehörigkeiten hinter sich lassen und sich voll auf ihre Rolle im Projekt konzentrieren. Dann werden Rollen nicht mehr nur verteilt, sondern auch angenommen.

Teamzusammensetzung mal anders

Klarheit in Bezug auf die Aufgaben und Verantwortungsbereiche im Projekt trägt enorm zu einem glatten und erfolgreichen Ablauf bei. Aber sie reicht noch nicht. Denn außer den funktionalen Rollen im Projekt gibt es noch andere, von der jeweiligen Persönlichkeit abhängige, die ebenfalls erheblichen Einfluss auf den Projektverlauf haben.

„Hey Leute, ich hatte gestern Abend eine klasse Idee, wie wir auf der Messe auf uns aufmerksam machen können! Also, wir stellen vor unserem Stand einen Tisch mit Modellbau-Elementen auf, die genau wie unsere Regalteile geformt sind und aus denen die Kunden Hochregale im Miniaturformat bauen können. Das weckt den Spieltrieb und überzeugt die Kunden, ohne dass sie es merken, von der ausgereiften und stabilen Konstruktion unserer Möbel!"
„Super! Machen wir die Modellbau-Elemente aus Pappe, Plastik oder Blech? Ich glaube, Plastik hat das beste Verhältnis zwischen Kosten und Stabilität. Ich google gleich mal nach Plastikgussfirmen und lasse uns Kostenvoranschläge kommen."
„Moment mal, nicht so schnell. Die Promotion-Idee klingt ja nett, aber ist sie auch mit unserem seriösen Ruf vereinbar? Und ist sie innerhalb des Messebudgets umsetzbar?"

Im Projektteam sind es immer wieder dieselben Leute, die mit kreativen Ideen kommen, die Pläne in die Tat umsetzen oder jeden Vorschlag erst einmal kritisch überprüfen. Unabhängig von der Funktion jedes Einzelnen im Projekt besteht also eine parallele Rollenverteilung, die genauso wichtig ist: die der Charaktere. Ob Neuerer, Macher oder kritischer Beobachter – wer welche Rolle übernimmt, ist in der Persönlichkeit angelegt. Der englische Teamexperte Meredith Belbin hat acht Rollen identifiziert, die sich in Teams herauskristallisieren:

→ Der Neuerer bringt neue Ideen ein.
→ Der Wegbereiter knüpft nützliche Kontakte.
→ Der Koordinator fördert Entscheidungsprozesse und verteilt Aufgaben.

→ Der Macher überwindet Hindernisse.
→ Der Beobachter untersucht Vorschläge auf ihre Machbarkeit hin.
→ Der Teamarbeiter sorgt für gute Zusammenarbeit und Harmonie.
→ Der Umsetzer setzt Pläne methodisch und effizient in die Tat um.
→ Der Perfektionist vermeidet Fehler und achtet auf Details.

Um Missverständnissen vorzubeugen: Niemand verkörpert eine dieser Charakterrollen in Reinform. Die meisten Menschen tragen Elemente mehrerer oder sogar aller Rollen in sich, aber zu verschiedenen Anteilen – eine oder maximal zwei Rollen überwiegen deutlich und prägen das Verhalten in der Gruppe.

Jeder Einzelne leistet einen positiven Beitrag, nicht nur auf fachlicher Ebene – das sind die Aufgabenrollen –, sondern auch auf Ebene der Gruppendynamik. Projektteams sind nun mal keine Buchhaltervorgänge. Vielmehr handelt es sich um dynamische Systeme, in denen sich die Charaktertypen gegenseitig ergänzen und korrigieren. Und wie in jedem dynamischen System ist es gut, wenn möglichst verschiedene Elemente daran beteiligt sind. Eine allzu einseitige Besetzung der Charakterrollen ist genauso fatal, wie wenn ein Projektteam für die Entwicklung eines Flugzeugtriebwerks nur aus Materialspezialisten bestünde und keinen Aerodynamik-Experten hätte.

Ein Team, das überwiegend oder nur aus Neuerern besteht, produziert laufend Ideen – und gibt sie bald wieder auf, weil es immer neue, bessere gibt. Ein reines Beobachter-Team fängt vor lauter kritischem Abwägen gar nicht erst mit der Umsetzung an. Besteht ein Team nur aus Machern, läuft es Gefahr, voller Energie in die falsche Richtung zu stürmen. Und ein Team aus Perfektionisten kommt zu keinem Abschluss, weil es immer noch hier und da und dort eine Kleinigkeit zu verbessern gibt.

Ideal für ein Projekt ist es, wenn alle acht Charaktertypen im Team vertreten sind; aber auch wenn der eine oder andere fehlt, lässt sich ein Projekt noch ganz gut durchführen. Schwierig wird es, wenn die Rollenbesetzung einseitig wird. Das tut weder der Atmosphäre in der Gruppe gut noch dem Vorhaben, das Projektziel zu erreichen.

Wenn Sie die Chance haben, schon bei der Besetzung des Projektteams neben der fachlichen Qualifikation für die Aufgaben auf eine möglichst ausgewogene Besetzung der Charakterrollen zu achten – preisen Sie sich glücklich und nutzen Sie die Gelegenheit. Zum Beispiel, indem Sie von zwei möglichen Textern denjenigen ins Team einladen, der die noch fehlende Rolle ergänzt – also nicht den Perfektionisten, wenn im Team schon vier davon vertreten sind, sondern den Neuerer oder den Macher.

Das ist der Idealfall. Manchmal gibt es diese Chance aber nicht, weil Sie die Teammitglieder nicht frei wählen können, sondern die nehmen müssen, die zur Verfügung stehen, oder weil Sie zu einem bestehenden Team dazustoßen. Noch viel grundlegender: Wenn das Team schlicht zu klein ist, zum Beispiel nur aus fünf Leuten besteht, können unmöglich alle acht Charakterrollen besetzt sein.

Ausgleich durch „Bildung am Nachmittag"

Indem Sie das Verhalten der Teammitglieder im Meeting beobachten, bekommen Sie schnell heraus, wer welchem Charakter entspricht. Und es gibt Tests, mit denen Sie sowohl die Selbsteinschätzung jedes Einzelnen als auch die Einschätzung der Kollegen abfragen können. Auf welche Weise Sie auch immer zu Ihrer Einordnung kommen: Was tun Sie, wenn Sie feststellen, dass dem Team ein Macher fehlt? Oder ein Umsetzer? Oder ein Beobachter? Den Projektauftraggeber können Sie schlecht bitten, weiteres Personal zu bewilligen, wenn bereits operativ alle Funktionen besetzt sind. Das ist auch gar nicht nötig.

Ich hatte vor etwa zehn Jahren eine Stabsstelle inne und verantwortete einen bestimmten Bereich. Außerdem hatte ich zwei Kolleginnen und einen Kollegen, die ihrerseits für ihren Bereich alleine verantwortlich waren. Jeder machte für sein Projekt die konzeptionelle Arbeit und war dabei auf sich selbst gestellt; ohne einen Sparringspartner, mit dem zusammen er hätte Ideen entwickeln und überprüfen können. Wir waren also lauter Einzelkämpfer – ungewollt.

Also führten wir etwas ein, das wir „Bildung am Nachmittag" nannten. Jeden Nachmittag um 15:00 Uhr setzten wir uns, sofern kein anderer Termin anstand, in unserem Büro für fünf Minuten zusammen. Das ist die Zeit, die man braucht, um gemeinsam eine Tasse Kaffee oder Tee zu trinken. In dieser Zeit besprachen wir unsere Arbeitsthemen miteinander als Sparringspartner.

„Hier habe ich ein paar Folien mitgebracht von dem neuen Konzept, das ich am Freitag in der Konferenz vorstellen will. Schaust du sie dir mal an?"

„Ich habe mir überlegt, eine Eventagentur mit der Organisation des Firmen-Jahrestags zu beauftragen. Was hältst du davon?"

Und so weiter. Dieser Austausch half enorm. Dabei stand nicht so sehr das Fachliche im Vordergrund, denn wir arbeiteten in ganz verschiedenen Themenfeldern und waren für die Inhalte der anderen keine Experten. Es ging um die Ergänzung der Rollen. Ich als Koordinatorin war froh um den kritischen Blick der Beobachterin und den enormen Schwung des Machers. Und die anderen beiden wiederum waren froh über meine Haltung, dass alles machbar ist, wenn man es richtig angeht.

Ergänzende Charakterrollen müssen nicht unbedingt fest im Team verankert sein, sie können auch zeitweise externe Berater hinzuziehen. Dafür können entweder feste regelmäßige Treffen eingeplant werden, so wie unsere „Bildung am Nachmittag", oder Sie gehen informelle Wege. Wenn beispielsweise in Ihrem Projekt ein Beobachter fehlt und Sie wissen, dass Ihr Kollege Frank einen guten Blick für Risiken und Nebenwirkungen eines Konzepts hat, dann bitten Sie ihn zu einer Projektsitzung mit dazu. Oder fragen Sie ihn einfach, ob Sie ihm in der Kaffeepause kurz die Idee des Projektteams vorstellen dürfen, und bitten ihn um seine Meinung. Das nenne ich das „Außenbordmotor-Prinzip".

● ●

SO SCHAFFEN SIE EIN AUSGEWOGENES ROLLENVERHÄLTNIS

→ Beobachten Sie, welche Rollen im Team vertreten sind und welche fehlen.
→ Ziehen Sie für die fehlenden Rollen externe Berater hinzu.
→ Richten Sie einen regelmäßigen Termin mit einem oder mehreren Sparringspartnern ein.
→ Bitten Sie informell einen Kollegen um seine Meinung.

● ●

Damit haben Sie nun die Leute im Team, die Sie brauchen. Sowohl um die Aufgaben des Projekts zu erfüllen, als auch um ein Team mit guter Gruppendynamik zu bilden. Und was benötigen Sie sonst noch? Welches Equipment, welche Infrastruktur ist für Ihre Projekt-Hochgebirgstour erforderlich?

Kapitel 4

Der Equipment-Check - Was Sicherheit gibt

Equipment-Check, der: Als Equipment bezeichnet man alle Ausrüstungsgegenstände fürs Klettern oder für die Überwindung von Eispassagen, die dazu dienen, die Sicherheit der Bergsteiger zu erhöhen: Seile, Gurte, Felshaken, Karabiner, Spezialschuhe, Steigeisen, Eispickel, Helme etc. Lebensrettend sind jedoch nicht die einzelnen Ausrüstungsgegenstände, sondern das übergeordnete System an Sicherungsmethoden und seine korrekte Anwendung. Vor Beginn der Bergtour muss daher nicht nur überprüft werden, ob alle Ausrüstungsgegenstände in funktional einwandfreiem Zustand sind, sondern vor allem, ob alle Teammitglieder sie zweckdienlich anwenden können.

17. Januar 1912. Erschöpft kämpfen sich Robert Falcon Scott und seine vier Begleiter durch den eisigen Wind der Antarktis. Die Briten tun alles, um ihren Rivalen zu übertreffen und als Erste den Südpol zu erreichen. Mit Brustgurten zerren sie ihren letzten Vorratsschlitten hinter sich her. Die Ponys, die die übrigen Schlitten ziehen sollten, sind alle erfroren, die meisten Schlittenhunde gegessen. Die Hunde zu verzehren war eigentlich erst für den Rückweg eingeplant. Aber das schlechte Wetter und der Verlust einiger Vorratsladungen haben die Expeditionsteilnehmer gezwungen, zeitiger als geplant an ihre Notvorräte zu gehen. Alle fünf Expeditionsteilnehmer haben Erfrierungen, sind ausgehungert und leiden unter Skorbut. Aber sie haben ihr Ziel vor Augen: Der Südpol ist nicht mehr weit.

Und tatsächlich: Am nächsten Tag erreichen sie ihn! Aber die Freude währt nicht lang. Am Pol finden sie das Zelt ihres Konkurrenten Roald Amundsen und dessen Brief an den norwegischen König Haakon VII. Den Briten wird klar: Sie haben das Wettrennen um 35 Tage verloren.

Während Scott und seine Mannschaft sich frustriert und kraftlos auf den Rückweg machen, sind die Norweger schon in Sicherheit. Ihre Expedition war so vorausschauend geplant, dass das Team stets unter besten Bedingungen weitergewandert ist. Bereits ein Jahr vor der Expedition haben die Norweger Depots auf der Route platziert. Um sicherzustellen, dass auch bei leichten Abweichungen von der geplanten Route kein Depot verfehlt werden kann, haben sie auf einer zehn Kilometer langen Ost-West-Linie in regelmäßigen Abständen Markierungen angelegt, die die Richtung zum Vorratslager zeigen. Mit diesem System haben Amundsen und sein Team den Pol schon vor einem Monat erreicht und sich drei Tage später auf den Rückweg gemacht. Alle vier bis fünf Tage stößt das norwegische Expeditionsteam auf ein vorbereitetes Depot mit Lebensmitteln und Brennstoff. Am 26. Januar 1912 erreichen die Pioniere ihr Schiff in der Bucht der Wale, die Fram.

Und die Briten? Wie kommen sie wieder nach Hause? Nachdem Evans an einer Kopfverletzung gestorben war, die er sich beim Sturz in eine Gletscherspalte zugezogen hatte, ging Oats in den Freitod, um seine Kameraden nicht länger mit seinen erfrorenen Füßen aufzuhalten. Scott, Wilson und Bowers verhungerten oder erfroren am 19. März 1912 in einem Schneesturm – lediglich 18 Kilometer entfernt von ihrem südlichsten Vorratslager.

Amundsen und Scott waren exzellente Bergsteiger. So exzellent, dass sie beide als Erste am Südpol hätten stehen können – wenn Scotts Gruppe nicht das strategische Geschick gefehlt hätte … Es war nicht ausschließlich die persönliche Leistung Amundsens, die ihn zum Entdecker des Südpols gemacht hat, sondern auch die gründliche Vorbereitung der Expedition durch sein Team.

In mehreren Expeditionen vom Basislager aus legten die Norweger systematisch Vorratsdepots bis weit in den Süden hinein an. Ihr ausgeklügeltes System garantierte, dass die Depots später auch zu finden waren. So konnte Amundsen sich mit relativ leichtem Gepäck auf den Weg zum Südpol machen und hatte dennoch die Sicherheit, bis zum Schluss gut versorgt zu sein. Außerdem hielt er sich strikt an seinen Plan: Wenn die Gruppe bei gutem Wetter schnell vorankam und bereits mittags die vorgesehene Kilometerzahl zurückgelegt hatte, dann schlugen sie eben mittags schon ihr Lager auf. So konnten sie sich ausruhen und hatten Kraftreserven für die Perioden, in denen Schneestürme das Vorankommen erschwerten. Und das Team im Basislager wusste immer, wo das Expeditionsteam sich aufhielt.

Robert Scott dagegen war von Anfang an verunsichert, denn er erfuhr erst auf dem Weg zum Südpolarmeer, dass er Konkurrenz bekommen hatte. Er brach daher spontan von seinem Basislager auf, obwohl die Expedition nicht optimal vorbereitet war: Seinem Team war es zum Beispiel nicht gelungen, auf 80 Grad Süd ein Vorratsdepot anzulegen, sondern es lag 56 Kilometer weiter nördlich. Das ist Ironie des Schicksals: Hätte es am ursprünglich geplanten Ort gestanden, so hätten sich zumindest die letzten drei Überlebenden der Gruppe retten können. Scott jedoch vertraute auf den Vorteil, den ihm die Ausstattung mit Motorschlitten und eine bereits größtenteils erforschte Route zu geben schienen. Zudem ließ er seine Truppe bei gutem Wetter über die geplante Strecke hinaus marschieren, bis die Uhr die Nachtruhezeit ankündigte. So kamen zwar alle am Südpol an, waren aber völlig erschöpft.

Ob sie überhaupt lebend nach Hause kommen würden? Daran hatte Scott bereits Zweifel, als die Gruppe am Südpol aufbrach, wie ein Expeditionstagebuch beweist. Auch sein Unterstützungsteam konnte nicht rechtzeitig zur Rettung aus dem Basislager aufbrechen, da niemand wusste, wo sich das Expeditionsteam jeweils befand. Mit anderen Worten: Vom Anfang bis zum Schluss war Scotts Expedition geprägt von tiefer Unsicherheit.

Manche Projekte verlaufen wie solche Himmelfahrtskommandos. Früher oder später kommen die Mitarbeiter zum Schluss: Egal was wir machen, es kann gar nicht klappen. Das ist die einzige Sicherheit, alles andere ist offen, unklar, unsicher. Jedenfalls empfindet das der Projektleiter so. Mit jedem Tag, der vergeht, wächst bei ihm das Gefühl, dass ihm das Projekt entgleitet: Auf die Zusagen seiner Teammitglieder kann er sich einfach nicht verlassen. Und über den Projektstand und die Strategie weiß offenbar niemand Bescheid. Also muss sich der Projektleiter persönlich um alles kümmern, bevor sein Vorhaben im Ungewissen verläuft. Kurz: Sind Sie als Projektleiter davon betroffen, werden Sie vom unguten Gefühl geplagt, dass das Projekt nicht ins Laufen kommt, sondern immer auf Schlingerkurs bleibt. Ständig müssen Sie improvisieren. Und nach einigen Rettungseinsätzen fühlen Sie sich nur noch dem Chaos ausgeliefert. Irgendwie haben Sie die Kontrolle verloren.

Unabhängig davon, ob dieses Gefühl der Realität entspricht oder nicht: Es beeinflusst die Art, wie Sie das Projekt führen, ungut. Denn Ihre Unsicherheit überträgt sich auf die Teammitglieder und am Ende weiß wirklich keiner mehr, was er wann machen soll und ob eine Absprache vorläufig oder definitiv ist. Mangelnde Sicherheit im Projekt ist eine sich selbst erfüllende Prophezeiung.

VERRÄTERISCHE SÄTZE

Werden Sie aufmerksam, wenn Sie von Ihren Teammitgliedern Sätze hören oder sich selbst bei Formulierungen ertappen wie:

→ „Es wird schon irgendwie gehen, es muss ja."
→ „Das ergibt sich dann, wenn wir so weit sind."
→ „Ich gehe davon aus, dass diese Information bis Freitag vorliegt."
→ „Hoffen wir, dass es diesmal klappt mit dem Termin."

Solche Sätze sind ein deutlicher Hinweis darauf, dass Hoffnung die Gewissheit ersetzt hat und Ihnen die Kontrolle übers Projekt entglitten ist.

Sobald Sie erkennen, dass die Verlässlichkeit im Team abhandengekommen ist, wird es Zeit, dass Sie Ihr Equipment überprüfen. Mit Equipment meine ich nicht Laptops, Flipcharts und Kaffeemaschinenpads. Auch nicht die Projektmanagement-Software oder die Anzahl der verfügbaren Personentage. Mit Equipment meine ich diejenigen Organisationsstrukturen im Projekt, die Ihnen Sicherheit geben. Die Sicherheit, dass alle nötigen Informationen ausgetauscht werden, Zusagen verbindlich sind und Pläne eingehalten werden. Kurz: die Infrastruktur.

Diese Organisationsstruktur kann verschiedene Schwachstellen haben. Aber keine Sorge: Sobald Sie sie gefunden haben, können Sie sie verstärken und die Sicherheit wieder herstellen.

Echtes Commitment statt „Ja, aber ..."

„Sorry, ich kann das Arbeitspaket für unser Projekt diese Woche doch nicht abschließen. Ich muss zuerst noch den Rechnungsbericht für unsere Abteilung schreiben."

„Sicher, das habe ich zugesagt, aber mein Chef hat für diese Woche zwei Tage freigenommen. Kurzfristig. Es geht nicht anders, da muss ich ihn vertreten."

„Ich kann diesmal leider nicht zur Projektbesprechung kommen – unsere Abteilungsbesprechung ist wegen des Feiertags vom Donnerstag auf Mittwochnachmittag vorverlegt worden."

Ein Projektleiter, der wiederholt solche Sätze zu hören bekommt, fängt leicht an, am Commitment seiner Projektmitarbeiter zu zweifeln. Ihre Mitarbeit scheint unverbindlich zu sein. Ich nenne dies das „Ja-aber-Phänomen": Zusagen werden gemacht, aber dann doch nicht eingehalten. Es gibt keine Verbindlichkeit mehr im Projekt, das verursacht starke Unsicherheit. Der Projektleiter weiß nicht, ob er damit rechnen kann, dass ein Arbeitsschritt zu einem bestimmten Termin beendet sein wird. Und ob der Mitarbeiter dann, wenn er ihn eingeplant hat, auch tatsächlich zur Verfügung steht. Das zwingt dazu, mit viel Puffer zu planen. Damit wird wertvolle Zeit vergeudet, denn zwischen zwei Arbeitsschritten werden immer einige Tage freigehalten, falls der erste Mitarbeiter nicht zum vorgesehenen Zeitpunkt seinen Beitrag liefert.

Die naheliegende Lösung wäre, den Projektmitarbeitern ins Gewissen zu reden und auf verbindlichen Zusagen zu bestehen. Und immer wieder zu betonen, dass das Projekt genauso wichtig ist wie die Arbeit in der Abteilung. Aber das ist nicht unbedingt die sinnvollste Lösung. Denn da sind noch andere Kräfte am Werk.

Natürlich sollten Sie sich das Commitment der Projektmitarbeiter holen. Das genügt aber nicht, denn über seine Zeit und seine Prioritäten bestimmt nicht allein der Mitarbeiter. Wenn sein Chef zu Herrn Maier sagt: „Mir egal, was die im Projekt sich da ausgedacht haben, ich brauche von Ihnen bis Mittwoch ein Ergebnis", dann kann Herr Maier schlecht nein sagen. Auch wenn Herr Maier voll und ganz hinter Ihrem Projekt steht, kann ein Punkt kommen, an dem seine Führungskraft über ihn entscheidet. Und beschließt, dass die Arbeitskraft von Herrn Maier im Moment vorrangig in einem anderen Projekt oder in der Abteilung eingesetzt werden soll.

Genau da liegt der Hase im Pfeffer: Sie als Projektleiter sind häufig nicht der disziplinarische Vorgesetzte Ihrer Projektteammitglieder. Sie haben keine disziplinarische Verantwortung für sie und können nicht frei über sie verfügen. Deshalb genügt das Commitment der Mitarbeiter nicht, Sie brauchen auch das Commitment der Führungskräfte. Das holen Sie sich idealerweise gleich zu Anfang. Sprechen Sie mit den betreffenden Führungskräften und erklären Sie, was das Projekt für das Unternehmen bringt.

Natürlich können Sie dabei auf Widerstand stoßen, in diesem Fall haben Sie zwei Möglichkeiten. Erstens: Sie vertrauen die Aufgabe, die Sie für Herrn Maier vorgesehen haben, einem anderen Mitarbeiter an. Zweitens: Ist Herr Maier der einzige Mitarbeiter im Unternehmen mit der speziellen Kompetenz, die Sie benötigen, können Sie sich nur an die Entscheidungsträger des Projekts wenden und um eine Priorisierung der Aufgaben bitten. Kann sein, dass Sie den Zeitplan anpassen und dem Entscheiderkreis die Folge der Verschiebung kommunizieren müssen. Aber eine dieser beiden Lösungen funktioniert immer. Letztendlich.

Die Freistellung eines Mitarbeiters, der bereits in andere Projekte eingebunden ist, erweist sich in der Praxis allerdings als arbeitsintensiv für den Projektleiter. Das liegt daran, dass die Entscheider nicht immer einen vollständigen Überblick über alle laufenden Projekte haben. Um die Relevanz der einzelnen Projekte genau einzuschätzen, bräuchten sie eine Roadmap – eine rollierende Gesamtplanung aller Projekte, in der verzeichnet ist, welche Projekte von welchen Ergebnissen anderer Projekte abhängen und um welche Ressourcen konkurriert wird. Diese Transparenz herzustellen ist nicht einfach, sonst würden das ja alle machen. Sie als Projektleiter können dieses Problem nicht lösen. Es ist auch nicht Ihre Aufgabe, jedes Projekt des Unternehmens im Detail zu kennen. Aber Sie müssen mit diesem Zustand umgehen. Das Beste, was Sie tun können, ist die Relevanz Ihres eigenen Projekts darzustellen und sich darauf zu verlassen, dass die anderen Projektleiter das für ihre jeweiligen Projekte auch tun. Nur dann kann sich die zuständige Führungskraft ein zutreffendes Gesamtbild machen und die Prioritäten sinnvoll einsetzen.

HOLEN SIE SICH DAS COMMITMENT DER CHEFS

Um sicherzustellen, dass die Teammitglieder ihren zugesagten Beitrag auch leisten können, genügt es nicht, sich deren Commitment zu holen. Sie als Projektleiter brauchen auch das der jeweiligen Führungskräfte, damit Ihnen die gewünschten Mitarbeiter zur Verfügung stehen.

→ Sprechen Sie mit der Führungskraft, erklären Sie die Relevanz Ihres Projekts und holen Sie sich die Zusage, dass sie ihre Mitarbeiter im nötigen Umfang dafür freistellen.

→ Idealerweise machen Sie das gleich zu Beginn des Projekts, wenn Sie das Team zusammenstellen.

→ Haben Sie es versäumt, sich das Commitment der Führungskraft einzuholen, holen Sie es nach – je früher, desto besser.

→ Wenn es mehrere Projekte und Arbeitsbereiche gibt, die um die Arbeitskraft einzelner Mitarbeiter konkurrieren, bitten Sie die Entscheider darum, Prioritäten zu setzen.

→ Suchen Sie nach Alternativlösungen oder passen Sie Ihren Zeitplan daran an, wann die Kapazitäten zur Verfügung stehen.

→ Holen Sie sich die Zusage, dass die Mitarbeiter zu diesem Zeitpunkt auch wirklich Zeit haben.

Wenn Sie diese Punkte beachten, können Sie sicher sein, dass Sie die Mitarbeiter dann einsetzen können, wann Sie sie eingeplant haben.

• •

Machen Sie sich keine Sorgen, Herrn Maier abzuwerten, wenn Sie mit seinem Chef über ihn sprechen. Sie tun das ja nicht, anstatt mit Herrn Maier zu sprechen, sondern zusätzlich. Sie drücken damit nicht aus, dass Sie Herrn Maier für unzuverlässig halten. Vielmehr zeigen Sie, wie wertvoll er für Ihr Projekt ist und dass Sie sicherstellen wollen, seine Arbeitskraft auch tatsächlich zu bekommen. Indem Sie sich das Commitment seines Chefs holen, verschaffen Sie Herrn Maier also optimale Arbeitsbedingungen. Sie geben ihm die Sicherheit, dass er für alle Aufgaben ausreichend Zeit hat. Und Sie stellen für Ihr Projekt sicher, dass der Zeitplan realistisch ist.

Von Botschaften, die richtig ankommen

Nicht nur Ihre Zeitplanung wird von den Chefs Ihrer Projektmitarbeiter beeinflusst. Wenn es unglücklich läuft, mischen sich die Führungskräfte noch stärker ein. Und zwar mehr, als es Ihrem Projekt guttut.

Wege der Kommunikation

Mark Zuckerberg beispielsweise hatte, zumindest in der Anfangszeit von Facebook, seinen Schreibtisch mitten im Großraumbüro stehen, in dem alle seine Angestellten arbeiteten. Er war also jederzeit ansprechbar und bekam unmittelbar mit, was seine Leute beschäftigte. So konnte er offen und direkt mit allen Mitarbeitern kommunizieren. Ich weiß nicht, ob das immer noch so ist, aber ich bin überzeugt: Verfolgt ein Vorgesetzter eine offene Kommunikationsstrategie, sorgt er nicht nur dafür, dass er jederzeit gut informiert ist und die Mitarbeiter von ihm rasch die Informationen und Entscheidungen bekommen, die sie brauchen. Er gibt auch ein Vorbild und bringt so die Mitarbeiter dazu, sich untereinander besser zu vernetzen.

Nun gut, die Großraumbürosituation mag bei Zuckerberg am Anfang gut funktioniert haben, als Facebook noch ein Wohnzimmer-Unternehmen war. Aber in größeren Unternehmen kann es sich kaum eine Führungskraft leisten, jederzeit ansprechbar zu sein. Das ist auch kein Problem, denn es muss gar nicht sein, dass der Chef mitten im Kommunikationsfluss der Projekte steht. Hauptsache, das trifft auf den Projektleiter zu. Hauptsache, das Team in sich ist gut vernetzt. Ich würde sogar so weit gehen zu sagen, dass es in Projekten ein schlechtes Zeichen ist, wenn Führungskräfte, die nicht operativ am Projekt beteiligt sind, über jedes kleine Detail Bescheid wissen. Das kann nur heißen, dass die Kommunikation innerhalb des Projekts nicht optimal läuft. Warum sonst sollten sich die Teammitglieder so intensiv nach außen wenden?

Wenn die Chefs der Projektmitarbeiter über die kleinsten Detailabläufe in Ihrem Projekt Bescheid wissen, bedeutet das häufig,

→ dass die Mitarbeiter Detailinformationen an ihren Chef weitergeben, weil sie nicht darauf vertrauen, dass die Information innerhalb des Projekts ausreichend Wirkung zeigt.

→ dass die Mitarbeiter Probleme mit ihrer unmittelbaren Führungskraft besprechen, weil sie nicht darauf vertrauen, dass das direkte Gespräch mit den Betroffenen im Projekt das Problem lösen kann.

Kurz: Die Projektmitarbeiter haben das Vertrauen in die projektinterne Kommunikation verloren. Das passiert, weil sie die Erfahrung gemacht haben, dass sie bestimmte Personen nicht zu sprechen bekommen, im Gespräch oder in E-Mails nicht das vermitteln können, was sie eigentlich sagen wollen, oder persönliche Befindlichkeiten die sachliche Ebene überlagern. Läuft die Kommunikation in einem Projekt nicht optimal, hat das fatale Konsequenzen:

→ Die Teammitglieder sind sich nicht sicher, woran andere Projektbeteiligte gerade arbeiten.

→ Sie sind sich nicht sicher, wofür sie selbst zuständig sind und was der Aufgabenbereich der Kollegen ist.

→ Sie sind sich nicht sicher, wann sie mit den Arbeitsergebnissen ihrer Kollegen rechnen können.

→ Sie sind sich nicht sicher, wann ihre eigenen Ergebnisse vom Kollegen benötigt werden.

Das hat gravierende Auswirkungen auf den Projektverlauf. Unter Umständen bleiben Arbeiten liegen, weil jeder damit rechnet, dass der andere sich ihrer annimmt. Mir ist das einmal bei einem Softwareprojekt passiert.

Kurz vor der Inbetriebnahme des neuen Kommunikationssystems beim Kunden sprach ich mit meinem Kollegen darüber, dass wir für die Mitarbeiter, die damit arbeiten sollten, die Zugänge einrichten müssten. Nach dem Gespräch ging er davon aus, dass ich das in Auftrag geben würde, und ich ging davon aus, dass er sich darum kümmern würde. Am Tag vor der Inbetriebnahme des Systems fragte ich ihn: „Sag mal, hast du eigentlich schon die Zugänge einrichten lassen?" „Nein, ich dachte, das machst du!" „Okay, dann mache ich das jetzt. Gut, dass uns das heute auffällt und nicht morgen …" Tatsächlich hätten wir keine zwei Stunden später dran sein dürfen, denn die Firma, die die Freischaltung machen sollte, hatte an diesem Tag ihre Weihnachtsfeier und um 16:00 Uhr Betriebsschluss. Mein Anruf um 14:00 Uhr kam gerade noch rechtzeitig, die Zugänge konnten bis zum nächsten Tag eingerichtet werden.

Die umgekehrte Situation ist auch nicht besser: Zwei Teammitglieder arbeiten parallel an derselben Sache, weil sie nicht mitbekommen haben, dass der andere das schon tut. Oder: Für eine bestimmte Aufgabenstellung wird eine alte, unpassende Lösung übernommen, weil den Mitarbeitern nicht klar ist, dass die Aufgabenstellung neue Aspekte aufweist. Oder: Es wird eine neue Lösung erarbeitet, obwohl eine bereits existierende die Anforderungen erfüllt hätte – von der aber niemand weiß.

All diese Beispiele laufen auf zwei Dinge hinaus: Unsicherheit und Zeitvergeudung. Die Produktivität im Projekt wird zusätzlich erschwert, wenn die Teammitglieder Entscheidungen bei ihren Führungskräften außerhalb des Projekts suchen. Damit entsteht ein Paralleluniversum, das die gesamte Projektstruktur aushebelt.

Ein guter Start

Wenn Sie sich fragen, wie es überhaupt so weit kommen kann, sind Sie schon sehr nah dran am Ursprung des Problems. Die Ursache für eine schlechte Kommunikation ist meist bereits am Anfang des Projekts zu finden: beim Kick-off-Meeting. Oder genauer gesagt in seinem Fehlen.

Das Kick-off-Meeting gehört zur Projektroutine. Teammitglieder aus den verschiedensten Bereichen oder an verschiedenen Standorten sollen miteinander arbeiten. Also treffen sie sich, um sich zunächst einmal kennenzulernen. Liegen die Standorte weit auseinander, scheuen in der Praxis einige Chefs den Aufwand. Sie denken, dass diese Formalität bei ihren professionellen Projektmitarbeitern doch überflüssig sei. Eine nachvollziehbare Haltung, doch ich bin vom Gegenteil überzeugt. Auch wenn die Mitarbeiter alte Hasen mit langjähriger Erfahrung auf ihrem Gebiet sind: In der speziellen Teamkonstellation sind sie Anfänger, weil die Beteiligten noch nie miteinander gearbeitet haben. Ein Kick-off-Meeting ist unbedingt nötig, um die Teammitglieder aufeinander einzustimmen und von Beginn an Transparenz zu schaffen.

• •

WARUM EIN KICK-OFF-MEETING SO WICHTIG IST

Ein Kick-off-Meeting schafft die Basis für gute Kommunikation und Zusammenarbeit im Projekt:

→ Die Projektmitarbeiter bekommen einen Überblick, wer in welcher Funktion beteiligt ist.

→ Sie stimmen sich auf das Projekt und seine Ziele ein.

→ Sie werden mit Menschen, die sie persönlich kennen, im Projektverlauf viel unkomplizierter kommunizieren.

Selbst wenn das Kick-off-Meeting zu Beginn des Projekts versäumt wurde, können Sie immer noch ein Kennenlern-Treffen aller Projektbeteiligten im Kernteam veranstalten. Nehmen Sie dazu beispielsweise eine wichtige Projektetappe zum Anlass: Die Planung ist fertig, jetzt geht's an die Umsetzung! Oder: Die Beta-Version des Produkts steht! Mit dem Treffen wird das Erreichte gefeiert und gleichzeitig der nächste Projektabschnitt in die Wege geleitet.

• •

Mit Statusmeetings das Projekt befördern

Dass sich die Teammitglieder persönlich kennen, ist Voraussetzung für eine gelungene Kommunikation im Projekt. Genauso notwendig sind regelmäßige Statusmeetings. Trifft sich Ihr Projektteam nur unregelmäßig oder sind die Meetings nicht effektiv, dann ... sorry, dass ich so direkt bin, aber dann ist die Projektkommunikation schlecht. Und das sage ich aus Erfahrung. Ich kenne viele alte Projekthasen, die beim Stichwort Statusmeetings stöhnen. Das liegt daran, dass sie zu viele davon erlebt haben, die so ähnlich abliefen wie das Folgende. Wenn Ihnen die Schilderung unbekannt vorkommt, preisen Sie sich glücklich!

Alle sind da zum Statusmeeting. Na ja, fast alle. Der Projektleiter Koslowski kommt wie jedes Mal fünf Minuten später. Mit einer gemurmelten Entschuldigung schlüpft er endlich durch die Tür. In der Zwischenzeit haben die Teammitglieder kleine Grüppchen gebildet und tauschen sich untereinander aus – über den Ärger mit dem bummeligen Lieferanten, über die Fußballergebnisse von gestern Abend. Diese Grüppchen lösen sich auch nach Koslowskis Ankunft nicht auf – zu viel ist noch zu besprechen. Nach weiteren fünf Minuten klopft der Projektleiter auf den Tisch: „Lassen Sie uns jetzt endlich anfangen. Was gibt es denn heute zu besprechen?"

Solche Meetings haben keinen festen Ablauf. Und das liegt nicht an den Moderationskünsten des Projektleiters. Stattdessen nimmt jeder der Mitarbeiter eine Rolle an und spielt sie – die Bühne ist ja frei. Da gibt es die Vielredner, die nur auf ihr Stichwort warten, um loszulegen. Es gibt ein Dreier- oder Vierergespann, das endlos über die optimale Strategie diskutiert, Szenarien entwirft und wieder verwirft, ohne je zu einem Ergebnis zu kommen. Und es gibt die Stillen im Lande, die nur dabeisitzen, sich möglichst unsichtbar machen und allenfalls mal nicken.

Der Protokollant stöhnt innerlich, und denkt sich: Eigentlich könnte ich das Protokoll für die Sitzung im Voraus schreiben, so vorhersagbar sind die Redebeiträge.

35 Minuten nach Beginn des Meetings fliegt die Tür auf, die Führungskraft des Projektleiters kommt herein. „Lassen Sie sich nicht stören, ich will nur mal sehen, wie es bei Ihnen so läuft." Aber natürlich kann sich der Vorgesetzte dann doch nicht zurückhalten und gibt zu jedem Thema seine Meinung kund. „Ich will Sie nicht beeinflussen, aber es ist doch ganz klar, was hier schiefgelaufen ist! Sie müssen viel früher mit den Qualitätskontrollen anfangen!"
Nach beinahe zwei Stunden endet das Meeting abrupt, weil drei Kollegen dringend zum nächsten Termin müssen. Mal wieder ist es nicht gelungen, alle zu jedem Projektbestandteil auf den neuesten Stand zu bringen. Und eine schlüssige Strategie wurde auch nicht erarbeitet. Es hat sich zwar eine Idee entwickelt, aber niemand weiß, ob sie beschlossen wurde oder nur zur Option steht.

Statusmeetings, die so verlaufen, sind vergeudete Zeit. Für alle Beteiligten. Kein Wunder, dass beim nächsten Meeting die Teammitglieder noch weniger motiviert sind, noch später kommen und noch schlechter vorbereitet sind. Ein Teufelskreis. Was kann man tun, um diese Abwärtsspirale zu durchbrechen? Die Statusmeetings aufzugeben ist keine Lösung, ohne regelmäßigen gegenseitigen Abgleich arbeiten alle im Blindflug. Keiner weiß mehr, wie es gerade um das Projekt steht. Und dem Projektleiter bleibt nur zu hoffen, dass der Plan dennoch irgendwie aufgeht. Nein, Austausch ist notwendig. Statusmeetings sind notwendig. Aber nicht weniger oder mehr, sondern bessere. Dann sind auch die Teilnehmer motiviert.

Ein Grund, warum Statusmeetings so unbeliebt sind, ist, dass sie oft länger dauern als geplant. Aber wann ufern Meetings aus? Immer dann, wenn Teammitglieder nicht pünktlich erscheinen. Klar: Wenn das Meeting eine Viertelstunde zu spät beginnt, endet es auch mindestens eine Viertelstunde später als geplant. Meist sogar noch später: Erst wird über das Zu-spät-Kommen diskutiert und dann braucht es einige Zeit, bis sich alle aufs Thema konzentrieren können. Für die pünktlichen Teammitglieder ist das extrem lästig.

Sie als Projektleiter sollten dafür sorgen, dass die Zeiten eingehalten werden. Leere Mahnungen helfen allerdings wenig, um das Team zu erziehen. Sie können aber Pünktlichkeit in die Meetingkultur bringen, indem Sie selbst Vorbild sind.

FÜR PÜNKTLICHKEIT IST ES NIE ZU SPÄT

Als Projektleiter haben Sie in Sachen Pünktlichkeit eine Vorbildfunktion. Deshalb gilt: Kommen Sie zu allen Meetings pünktlich. Punkt. Eigentlich einfach. Wenn der Termin in Ihrem Kalender steht, müssen Sie nichts anderes tun, als ihn einzuhalten. Und wenn Sie es tatsächlich einmal nicht schaffen, weil der Stau mehr Zeit frisst als Sie Puffer haben, rufen Sie unbedingt an und sagen Sie dem Team Bescheid. „Ich stehe im Stau und komme 20 Minuten später, bitte fangt ohne mich an." Sofern Sie das Meeting vorbereitet und eine Agenda versendet haben, sollte es kein Problem sein, dass ein Projektmitarbeiter das Projektmeeting moderiert. So signalisieren Sie Ihren Leuten: Pünktlichkeit ist nach wie vor wichtig. Außerdem stehlen Sie niemandem Zeit, das Meeting kann pünktlich beginnen, selbst wenn Sie nicht anwesend sind.

Vorbildlich zu sein reicht manchmal nicht aus, deshalb sollte das Thema Pünktlichkeit auch in den Sitzungsregeln fest verankert sein. Sie können am Anfang der Meetings die Anwesenheit überprüfen. Wer gar nicht erscheint oder wiederholt zu spät kommt, den sprechen Sie direkt darauf an. Fordern Sie bei unentschuldigtem Fehlen freundlich, aber bestimmt ein, dass der Teilnehmer Sie informiert, wenn er nicht zu einem Meeting kommen kann. Das Gleiche gilt für diejenigen, die sich verspäten. Das klingt zwar nach Grundschule, hat aber den Effekt, dass danach die meisten Teammitglieder in der Regel pünktlich sein werden. Meiner Erfahrung nach halten sich 80 Prozent der Zuspätkommer beim nächsten Mal an die ausgemachten Zeiten.

Erscheinen die Teammitglieder pünktlich, ist das noch keine Garantie dafür, dass ein Meeting effizient verläuft und zu einem guten Ergebnis führt. Dazu braucht es mehr. Eine gute Meetingkultur installieren Sie, indem Sie sich klar machen, dass solche Treffen keine Selbstläufer sind. Es ist Ihre Verantwortung, sie so vorzubereiten und zu leiten, dass sie gut laufen. Und eigentlich ist das gar nicht so schwierig, wenn Sie wissen, worauf es ankommt.

SO WERDEN STATUSMEETINGS EFFIZIENT UND EFFEKTIV

Gute Vorbereitung und eine konsequente Führung sind die wichtigsten Ingredienzien, um Statusmeetings effizient und effektiv zu machen. Konkret bedeutet das:

1. Es gibt eine Agenda, die mit der Einladung verteilt wurde.
2. In jedem Meeting wird der gegenwärtige Istzustand mit dem Istzustand beim letzten Meeting verglichen; ebenso mit dem Sollzustand, den der Plan für den jetzigen Zeitpunkt vorsieht.
3. Die Themen und Fragen auf der Agenda betreffen alle Anwesenden. Teilfragen und Details, die nicht alle Mitarbeiter etwas angehen, werden im direkten Gespräch zu einem später festgelegten Termin geklärt.
4. Das Meeting beginnt pünktlich.
5. Es sind nur diejenigen anwesend, die am Projekt aktiv operativ beteiligt sind. Entscheider dürfen dabei sein, doch sie sind eher fehl am Platz, da konkrete Arbeitsdetails besprochen werden.
6. Es gibt ein Ergebnisprotokoll, das hinterher an alle Beteiligten und die Entscheider verteilt wird.
7. Die Zeitdauer ist auf maximal eine Stunde begrenzt. Noch besser ist es, wenn Sie Ihre Planung auf eine Dreiviertelstunde ausrichten. Ein kurzes Meeting motiviert die Beteiligten, regelmäßig teilzunehmen, sich gut vorzubereiten und sich knapp zu fassen.
8. Wenn Fragen auftauchen, die nicht in der Agenda vorgesehen sind, geht der Projektleiter souverän damit um: „Wir stellen den Punkt an das Ende des Meetings, dann ist noch Zeit, darüber zu sprechen."
9. Nicht nur Fakten kommen zur Sprache; ein Meeting beeinflusst auch die Stimmung im Team. Erfolge werden gewürdigt – auch und gerade in Zeiten, in denen es um ein Projekt schlecht steht.

Ein Extra-Tipp: Halten Sie sich nach dem Statusmeeting zusätzlich eine halbe Stunde frei. Nicht, um das Meeting vorsätzlich zu überziehen, sondern um gleich im Anschluss noch die Themen zu besprechen, die nicht für alle Teilnehmer wichtig sind. So können Sie das offizielle Meeting pünktlich beenden und nötigenfalls spezielle Themen, die nur einen Teil der Runde betreffen, direkt klären.

Alle direkt am Projekt Beteiligten sitzen an einem Tisch, Schwierigkeiten bekommen Sie zeitnah mit und können angemessen reagieren. Statusmeetings verhindern daher den Stille-Post-Effekt – die Tatsache, dass Informationen über mehrere Stationen weitergegeben und dabei unbewusst gefiltert und verändert werden. Kurz: Der richtige Umgang mit den Statusmeetings gibt Ihnen die Sicherheit, dass Sie selbst die Kommunikation im Projekt lenken. Und die Teammitglieder können sich vergewissern, dass die Kommunikation gut läuft. Dass Ihre Mitarbeiter sich sicher fühlen, erkennen Sie daran, dass sie sich bei Schwierigkeiten zuerst an Sie wenden – und nicht an ihre Führungskraft außerhalb des Projekts.

Bleibt nur noch eine Frage: Was ist eigentlich der richtige Rhythmus für Statusmeetings? Eine Patentlösung möchte ich Ihnen nicht anbieten. Was im Einzelfall sinnvoll ist, hängt vom Zustand des Projekts ab. Steckt es in einer schwierigen Phase – weil Probleme aufgetaucht sind oder gerade die Hochphase der Aktivität erreicht ist –, müssen Sie die Frequenz erhöhen. Wenn das Tief überwunden ist, kann sich das Team wieder seltener treffen. Die Faustregel ist dabei immer: so oft wie nötig, so selten wie möglich. Jedes Meeting verbraucht kostbare Zeit. Wenn es aber das Projekt voranbringt, ist diese sinnvoll investiert.

Den Überblick und die Kontrolle über Ihr Projekt bekommen Sie durch gute Kommunikation. Die ist aber nicht der einzige Faktor. Wenn Sie trotz regelmäßigen und effektiv geführten Statusmeetings immer noch das Gefühl haben, den Wald vor lauter Bäumen nicht zu sehen, lohnt es sich, näher hinzuschauen. Vielleicht liegt das Problem ja tiefer, an der Wurzel.

Das Projektgedächtnis: Wie war das noch mal?

„Wo habe ich nur das Protokoll von der letzten Sitzung abgelegt? Ah, da ist es ja. Aber die Preise für den grafischen Entwurf stehen gar nicht drin. Die muss mir der Heinrich in einer Mail geschickt haben. Wann war das noch mal? Ich brauche die Zahlen doch für diesen verflixten Wochenbericht!"

Projektdokumentation kann ganz schön lästig sein, jedenfalls für die Kreativen unter den Projektleitern, denen Bürokratie zutiefst zuwider ist. Dieses Gefühl verstärkt sich in Unternehmen, die ein festes Dokumentationssystem haben und daran festhalten, egal ob das für jedes Projekt nötig ist oder nicht.

Ich habe mal als externe Projektleiterin in einer Firma gearbeitet, in der sehr strikt geregelt war, welche Dokumente ich wann zu erstellen hatte. Obwohl das Projekt nur wenige Wochen dauerte, musste ich Wochen- und Monatsberichte ausarbeiten. Dass 80 Prozent der Inhalte redundant waren, war noch das kleinere Übel. Viel schlimmer fand ich, dass in diesem Unternehmen Projekte anhand ihrer Dokumentation bewertet wurden – es ging also nicht um den Inhalt, sondern um die Form. Das Maß für ein gutes Projekt war, dass alle Vorgänge perfekt erfasst und abgelegt wurden. Offenbar ging man davon aus, dass ein sauber dokumentiertes Projekt automatisch ein erfolgreiches ist.

Die Wichtigkeit eines Stapels Papier wurde hier eindeutig überbewertet. Über die Qualität der Ergebnisse oder den Grad der Zielerreichung sagt ein Bericht erst einmal wenig aus. Aber in einem Punkt hatte diese Firma recht: Ohne systematische Projektdokumentation geht es nicht. Sie ist der einzige Weg, den Überblick zu behalten und alle Stakeholder – direkt Beteiligte, Auftraggeber und andere – über den Status des Projekts aktuell informiert zu halten.

Genau genommen haben Projektauftraggeber ein Recht darauf, über den Stand der wichtigen Meilensteine informiert zu sein. Sie brauchen nicht jedes kleine Detail zu wissen, aber alles, was die aktuelle Planung des Projekts betrifft. Daher müssen Sie als Projektleiter dafür sorgen, dass das, was für das Projekt relevant ist, vollständig dokumentiert und belegt wird:

→ Informationen über Verschiebungen im Zeitplan
→ Wichtige Zwischenergebnisse
→ Änderungen, die im Projekt beschlossen wurden
→ Nachweis der angefallenen Arbeitsstunden, Kosten und Leistungen für die Abrechnung der Projektergebnisse

Was sich Ihr Auftraggeber sonst noch in Bezug auf die Dokumentation wünscht, sollten Sie am besten bei Projektbeginn mit ihm abstimmen; das betrifft auch die Frequenz der Berichte. Aber das ist noch nicht alles. Mindestens genauso wichtig wie die „offizielle" Projektdokumentation sind Ihre eigenen Aufzeichnungen. Für diese müssen Sie genauso viel Sorgfalt aufwenden und ein genauso schlüssiges System anwenden. Ein Projektleiter, der das Projekt schlecht dokumentiert, verliert den Überblick:

➡ Er weiß nicht, welche Kosten bereits entstanden sind und welche noch auf das Projekt zukommen.
➡ Er verliert den Überblick über Termine.
➡ Er kann Absprachen nicht nachvollziehen.
➡ Er weiß nicht, welcher der Projektpläne gerade aktuell ist.

Kurz: Er gibt seine Steuerungsinstrumente aus der Hand und wird deshalb immer unsicherer.

In der Praxis habe ich noch nie einen Projektleiter erlebt, der wichtige Informationen gar nicht aufzeichnet. Ich glaube, wer so chaotisch ist, übernimmt gar nicht erst einen solchen Posten. Aber ich habe sehr wohl Projektleiter erlebt, die das Festgehaltene nicht wiederfinden. Nicht weil sie unordentlich sind, sondern weil sie gleichzeitig mehrere Systeme anwenden.

Der Terminkalender des Mailprogramms konkurriert mit dem auf dem iPad und mit dem kleinen Taschenpapierkalender. Die Planungswand im Konferenzraum mit ihren bunten Pappmarkern konkurriert mit der zentralen Datei, auf die alle Projektmitarbeiter Lesezugriff haben. Informationen, die der Projektleiter am Telefon bekommt, notiert er auf irgendeinem Zettel, den er gerade zur Hand hat. Später beginnt dann die Zetteljagd. Memos und dringende Arbeitsanweisungen an sich selbst notiert der Projektleiter auf Post-its und klebt sie an seinen Bildschirm.

Alles ist irgendwo notiert. Aber es gibt kein Gesamtsystem, das alle Informationen enthält, sondern nur zufällig zustande gekommene Ausschnitte. Auch wenn Sie sich unter solchen Umständen ab und zu die Mühe machen, alle Inhalte überallhin zu übertragen, können Sie nie ganz sicher sein, ob die

Dokumentation lückenlos und tatsächlich aktuell ist. Kurz: Die vielen Informationsquellen führen dazu, dass Sie den Überblick verlieren.

Mein Tipp für Sie: Setzen Sie auf ein einziges, einfaches Dokumentationssystem! Ich selbst benutze dafür ein schlichtes schwarzes Blankoheft, das ich immer bei mir trage. Darin notiere ich täglich den Stand meiner Projekte. Ich schreibe auf, an welchem Arbeitspaket ich wie viele Stunden gearbeitet und welche Absprachen ich mit wem getroffen habe. Mein Laptop kann schon aus sein, wenn ich eine bestimmte Information bekomme – das Heft habe ich immer zur Hand. Die Notizen darin sind gebündelt und gehen nie verloren. Diese Hefte archiviere ich als Projektdokumentation, so kann ich noch nach Jahren mit einem Griff nachvollziehen, was im März 2007 in einem bestimmten Projekt gelaufen ist. Ein solches Heft ist natürlich nur eine Möglichkeit von vielen. Genauso gut geeignet ist ein iPad oder ein anderes Dokumentationsmittel – ob digital oder auf Papier. Wichtig ist nur, dass Sie eine Methode anwenden, die Sie überall und jederzeit einsetzen können.

• •

SO BEHALTEN SIE DEN ÜBERBLICK

Egal, für welche Art der Dokumentation Sie sich entschieden haben, achten Sie bei Ihren Notizen auf Folgendes:

→ Datieren Sie jeden Eintrag.

→ Tragen Sie täglich den Projektstand ein.

→ Halten Sie die chronologische Ordnung ein.

→ Führen Sie nur ein Heft oder verwenden Sie einen Speicherort; lassen Sie keine Parallelwelten entstehen.

→ Halten Sie Ihre Einträge einfach, damit die Komplexität nicht zu groß wird.

→ Schreiben Sie die Namen derjenigen Personen auf, mit denen Sie Vereinbarungen getroffen haben.

→ Die Dokumentationen früherer Projekte oder bei langfristigen Projekten auch die einzelner Projektabschnitte benennen Sie systematisch und einheitlich und archivieren sie.

Dieses System ersetzt natürlich nicht die zentrale offizielle Gesamtprojektdokumentation, aber es hilft Ihnen, den Überblick zu bewahren. Wenn Sie den haben, fällt es zudem leicht, auch die zentrale Dokumentation rasch zu erstellen und aktuell zu halten.

●●

Pufferzonen für mehr Spielraum

Die Planung eines Projekts ist immer mit Unsicherheiten behaftet. Immer. Jedenfalls bei lernintensiven Projekten. Wie lange ein Arbeitsschritt dauert, den noch nie zuvor jemand gemacht hat, können Sie einfach nicht im Voraus wissen. Und selbst bei Aufgaben, für die Sie den Aufwand abschätzen können, kann noch Unerwartetes geschehen, das die Arbeit ausbremst: von der Komponente, die nicht rechtzeitig geliefert wird, sodass das Team gar nicht erst anfangen kann, über die Idee, die sich einfach nicht einfinden will, bis hin zum Mitarbeiter, der sich nicht konzentrieren kann, weil ihn sein frischer Nachwuchs seit Wochen jede Nacht dreimal weckt. Das Team kann sich nie sicher sein, ob es den Endtermin wirklich einhalten kann oder ob es mit Volldampf daran vorbeirast.

Jeder erfahrene Projektleiter plant deshalb Zeitpuffer ein für den Fall, dass ein Arbeitsschritt etwas länger dauert als gedacht oder etwas dazwischenkommt, was den Projektverlauf verzögert. Trotzdem geschieht es oft genug, dass die vorgesehene Zeit nicht reicht. Die natürliche Reaktion ist, beim nächsten Mal mehr Puffer einzuplanen. Was aber, wenn der dann wieder überschritten wird? Dieses Spiel könnte sich endlos fortsetzen – wenn Projekte keinen Endtermin hätten.

Der Puffer ist tendenziell immer zu klein, das ist jedenfalls der Eindruck der Projektbeteiligten. Meine Erfahrung zeigt: Das Problem ist nicht die Größe des Puffers, sondern der Umgang damit. Selbst wenn Sie als Projektleiter einen Puffer von drei Jahren einplanen – wenn Ihr Team damit nicht richtig umgeht, wird am Ende auch dieser Puffer aufgebraucht sein und die Deadline nicht eingehalten werden.

Hier geht es in erster Linie um ein psychologisches Phänomen. Stellen Sie sich vor, es gibt in einem Projekt drei Arbeitsblöcke, die parallel erledigt werden sollen und gleichzeitig in 14 Tagen fertig sein müssen. Ein Mitarbeiter bekommt einen Arbeitsblock, für den er voraussichtlich zwei Wochen benötigen wird, ein zweiter einen Block, der acht Tage Arbeit erfordert, und ein dritter einen Block, für den er nur zwei Arbeitstage braucht.

Wer von den dreien wird am meisten Schwierigkeiten haben, rechtzeitig fertig zu werden? In solchen Fällen ist es meist nicht der Mitarbeiter mit 14 Tagen Arbeit. Er weiß, dass seine Zeit knapp ist, also macht er sich sofort und hochkonzentriert an die Arbeit. Vielleicht macht er sogar Überstunden, um rechtzeitig fertig zu werden. Sehr wahrscheinlich fällt es demjenigen mit den zwei Tagen Arbeit am schwersten, den Termin zu halten. Er weiß, dass er noch viel Zeit hat, und kümmert sich daher zunächst um andere Aufgaben. Plötzlich steht der Abgabetermin vor der Tür und er hat noch nicht einmal angefangen. Der Mechanismus dabei ist interessant: Je größer der Puffer, desto größer ist auch die Versuchung, gemächlich an die Arbeit zu gehen und den Puffer von Anfang an voll aufzubrauchen.

Dem Mitarbeiter und den Zuliefererbetrieben besser einen früheren Termin nennen und für sich selbst noch ein paar Tage Puffer dazurechnen, das wäre eine Schlussfolgerung, wie sich solche Situationen vermeiden lassen. Klingt vielleicht logisch, ist aber psychologisch unklug. Denn solche Tricks gehen nach hinten los: Die Teammitglieder erkennen rasch, dass der Projektleiter einen gewissen Puffer hat, weil er sich nicht wirklich ärgert, wenn sie überziehen. So setzt sich in ihrem Unbewussten fest, dass die Termine nicht ganz definitiv sind, die dieser Projektleiter setzt; ein bisschen Spielraum ist immer noch drin. Sie rechnen schon mit einem verborgenen Puffer, wissen aber nicht, wie groß er ist. Die Gefahr ist dann, dass sie ihn vielleicht überschätzen. Und so gerät das Projekt in noch größere Schwierigkeiten, als wenn jeder genau wüsste: Wir haben zur Not eine Woche Puffer, mehr nicht.

Hinzu kommt, dass jeder einzelne Mitarbeiter für seinen eigenen Arbeitsschritt auch einen gewissen Zeitpuffer einplant. Das führt dazu, dass der nächste, der mit dem Zwischenergebnis weiterarbeiten muss, den Beginn seiner Arbeit erst nach Ablauf des Puffers ansetzt. Und er rechnet am Ende seines eigenen Arbeitsschritts wieder einen Puffer ein. Das setzt sich fort und so wird der Gesamtpuffer auf jeden Fall aufgebraucht – egal, ob es nötig war oder nicht.

Dieses System beruht auf einem grundlegenden Missverständnis, was ein Zeitpuffer eigentlich ist. Das Wort „Puffer" stammt aus dem Bahnverkehr: In Bahnhöfen findet sich am Ende der Gleise jeweils ein Puffer, der die überschüssige Energie des einfahrenden Zuges aufnimmt, sodass dieser nicht beschädigt wird und auch tatsächlich anhält. Demnach gehört der Zeitpuffer ans Ende des Projekts, er sollte nicht in kleine Teile aufgeteilt und über den Verlauf hinweg verstreut werden. Er ist dazu da, dass das Projekt nicht über das Zeitziel hinausschießt und Schaden nimmt. Nicht mehr und nicht weniger.

Wie funktioniert das dann mit der Zeitplanung für die einzelnen Arbeitsschritte? Mein Rat: Planen Sie sie kompakt und unmittelbar nacheinander. Schätzen Sie den Zeitbedarf für jeden Arbeitsschritt in Absprache mit den Beteiligten eher knapp ein. Das fordert die Mitarbeiter heraus, so schnell wie möglich fertig zu werden. Dabei sollten Sie realistisch bleiben. Denn wenn Sie Termine setzen, die nur mit viel Glück zu halten sind, ist das Team nur noch frustriert. Eine Faustregel, mit der ich immer gut gefahren bin: Nehmen Sie den Zeitaufwand, den der Arbeitsschritt erfahrungsgemäß benötigt, und steuern Sie die Aufgaben so, als hätte der betreffende Mitarbeiter zehn Prozent weniger Zeit. Auf diese Weise bekommen Sie ein ehrgeiziges, aber erreichbares Ziel.

• •

WIE SIE PUFFER RICHTIG NUTZEN

Der richtige Umgang mit Zeitpuffern bringt Gelassenheit ins Projekt. Gleichzeitig sorgt er dafür, dass alle Arbeiten so rasch wie möglich erledigt werden und Sie keine bösen Überraschungen erleben.

➜ Setzen Sie den Puffer immer ans Ende des Projekts.

➜ Kommunizieren Sie ehrlich, wie viel Puffer Sie einplanen – und dass er für alle Eventualitäten reichen muss.

➜ Planen Sie die Zeitdauer der einzelnen Arbeitsschritte knapp, aber realistisch: Steuern Sie so, als müssten Sie etwas früher fertig sein.

➜ Rechnen Sie genau mit, wie viel vom Puffer schon aufgebraucht wurde, und teilen Sie dies dem Team regelmäßig mit.

• •

Kapitel 5

Der Team-Check – Von Hitzköpfen und Quertreibern

Team-Check, der: bezeichnet die Überprüfung der geistigen Verfassung einer Expeditionsmannschaft. Zentrale Bedingung für das Gelingen einer Bergtour ist die reibungslose Zusammenarbeit im Team, sie muss deshalb schon vor Beginn der Tour sichergestellt werden. Mit Strategien, die dafür sorgen, dass eventuell vorhandene Konflikte innerhalb des Teams keine negativen Auswirkungen auf das Miteinander haben.

Ein Megaprojekt würde man heute dazu sagen: Das Hochhaus mit 47 Stockwerken, das gerade entsteht, ist das bis dato mit Abstand höchste Gebäude der Welt. Der Bau soll ein Wahrzeichen der Stadt werden, über Ländergrenzen hinweg bekannt und berühmt. So wurde für die Arbeit am Prestigeprojekt ein internationales Team aus Architekten, Ingenieuren und Bauspezialisten einberufen. Alle sind begeistert von dem Entwurf. „Diese klare, monumentale, diese schlichte Ästhetik ..."

Auch organisatorisch läuft es bestens: Die Finanzierung ist gesichert, für die Unterbringung und Verpflegung der Arbeitskräfte sowie zur Heranschaffung des Baumaterials ist eine eigene Infrastruktur errichtet worden; die Arbeiter sind eingeteilt, jeder kennt seine Aufgabe.

Stockwerk um Stockwerk wächst der Bau in die Höhe. Und dann, von einem Tag auf den anderen – keiner weiß so genau wieso –, verstehen sich die Beteiligten nicht mehr. Alle reden aneinander vorbei, überall bricht Streit aus. Schuldzuweisungen und Vorwürfe fliegen hin und her – ein paar Mal sogar Ziegelsteine.

Trotz aller Anstrengungen der Projektleitung kann die Situation nicht mehr gerettet werden. Ein missverstandener Schlichtungsversuch verschlimmert die Lage sogar noch. Am Ende läuft das Projektteam buchstäblich auseinander. Von dem ehrgeizigen Großprojekt bleibt nichts übrig als eine traurige Bauruine.

Das gestörte Miteinander

Vielleicht überlegen Sie gerade, welches Bauprojekt in Chicago oder New York im 19. Jahrhundert, als die ersten Wolkenkratzer entstanden, so bitter scheiterte. Doch ich spreche nicht von New York oder Chicago. Solche Megaprojekte gab es schon 3.000 Jahre zuvor. Die Rede ist vom Turmbau zu Babel. Dieses Vorhaben stellt für mich das Sinnbild eines Großprojekts dar, das an schlechter Kommunikation scheitert. In der Bibel wird ein göttliches Eingreifen geschildert, durch das die bis dahin vorhandene einheitliche Menschheitssprache in viele Einzelsprachen zerfiel. Dies steht symbolisch für eine Situation, in der die Leute einander nicht mehr verstehen.

Eine solche Situation ist für jede Art von Projektarbeit fatal. Wenn Teammitglieder nicht mehr miteinander reden und Konflikte nicht gelöst werden, sondern in Dauerstreit ausarten, können die Beteiligten am Ende keine Ergebnisse vorweisen, sondern stehen vor einer Ruine. Dabei sind die Voraussetzungen doch meistens so gut. Dennoch entsteht oft aus einem harmlosen Anlass ein Konflikt zwischen zwei Mitarbeitern. Dieser wird immer aggressiver und unsachlicher geführt, weitet sich auf andere Teammitglieder aus, wodurch weitere Konflikte entstehen – bis schlussendlich die Stimmung in der Mannschaft wie im Hexenkessel brodelt. Schade. Denn ein Team, in dem sich die Mitarbeiter grundsätzlich verstehen, hat immense Vorteile:

→ Es entstehen bessere Lösungen, als wenn jeder alleine vor sich hin brütet, weil es im Team einen gesunden, informellen Austausch gibt.
→ Informationen werden auch mal am Kaffeeautomaten weitergegeben und besprochen.
→ Die Leute verstehen einander blind, auch mit kurzen E-Mails.
→ Es gibt mehr Engagement und mehr Solidarität: Teammitglieder springen füreinander ein.
→ Fehlschläge können das Team nicht so schnell entmutigen, wenn die Grundstimmung gut ist: Falls ein bestimmter Lösungsweg nicht funktioniert, versucht man es auf eine andere Weise.

Kurz: Das Team ist belastbar und robust. Mit wenig Energieaufwand erzielt es sehr gute Ergebnisse. All diese Vorteile verlieren Sie, wenn das Projektteam sich in Konflikten verzehrt. Und es kommen gravierende Nachteile hinzu:

→ Die Kommunikation wird umständlicher und formeller, jedes Wort wird auf die Goldwaage gelegt. Sagt jemand etwas Missverständliches, könnte es ja als Aggression gedeutet werden.
→ Außerhalb der festgelegten Kommunikationswege, zum Beispiel bei Besprechungen, findet kein Austausch mehr statt.
→ Die Teammitglieder streben nicht mehr danach, gemeinsam die bestmögliche Lösung für alle zu suchen, sondern beharren auf ihrer Auffassung und ihren Ansprüchen.

→ Informationen und Ideen werden zum Teil bewusst zurückgehalten, weil niemand einsieht, sich mehr zu engagieren als die anderen.

→ Die Mitarbeiter bilden Lager, die gegeneinander arbeiten.

→ Die Kommunikation verlagert sich: Entweder sprechen nur noch die Mitglieder eines Lagers miteinander oder einzelne Projektteilnehmer sprechen mit Außenstehenden. Informationen erreichen nur noch einen Teil der Teammitglieder, so entstehen Parallelwelten.

→ Das Team ist mehr mit Schuldzuweisungen beschäftigt als mit dem Projektziel.

→ Der Energieaufwand dafür, auch nur einen kleinen Zwischenschritt zu erreichen, ist gewaltig.

Kurz: Die Zusammenarbeit ist wenig effektiv, im Extremfall sogar kontraproduktiv.

Sie als Projektleiter haben dafür zu sorgen, dass Ihr Projekt vorankommt. Nur: Wie schaffen Sie das unter den beschriebenen Umständen? Wenn Sie eine disziplinarische Führungskraft Ihrer Projektteammitglieder wären, könnten Sie auf den Tisch hauen und zu den Streithähnen sagen: „Entweder Sie reißen sich jetzt zusammen oder Sie bekommen eine Abmahnung. Ich will hier keinen Streit mehr hören." Diese Möglichkeit haben Sie aber nicht. Zum Glück nicht! Zwar kann man so oberflächlich gesehen und vorübergehend für Ordnung sorgen. Aber ein Streit, der per Anordnung unterdrückt wird, schwelt im Untergrund weiter und verhindert weiterhin eine konstruktive Zusammenarbeit.

Teams und ihre Zusammensetzung

Um Konfliktherde rechtzeitig zu erkennen, schauen Sie sich Ihr Team genauer an. Bei all den verschiedenen Persönlichkeiten, die bei einem Projekt zusammenkommen, gibt es immer mal wieder Mitarbeiter, die dem Projektleiter das Leben schwer machen: den Ehrgeizigen, der sich profilieren will und dabei vergisst, dass die Beiträge anderer Teammitglieder für den Gesamterfolg genauso entscheidend sind. Die Heißblütige, die aus dem geringsten Anlass explodiert. Den Verbohrten, der hartnäckig auf seinem Standpunkt beharrt und keinen rationalen Argumenten zugänglich ist. Die Vorgeschädigte, der es nicht gelingt, einen privaten Streit während der Projektarbeit auszublenden. Ich habe zum Beispiel mal ein Projekt geleitet, bei dem ein Mitarbeiter dem anderen die Frau ausgespannt hatte. Mit den beiden ein vernünftiges Gespräch zu führen war unmöglich. Die Konstellation war von Anfang an zum Scheitern verurteilt.

In solch einer schwierigen Situation ist es ganz natürlich, wenn Sie als Projektleiter den Wunsch verspüren, einzelne Mitarbeiter auszuwechseln, weil Sie das Gefühl haben, damit wären alle Probleme behoben. Doch glauben Sie mir: Das ist nicht der Fall. Ich habe in den ganzen Jahren meiner Projektarbeit noch nicht erlebt, dass das Auswechseln eines Projektmitarbeiters eine richtig gute Lösung für das Projekt war.

Erstens: Auch wenn es manchmal so scheint, als ob eine einzelne Person dem Projekt mehr schadet als nutzt, leistet sie trotzdem einen wertvollen Beitrag. Sie ist wegen einer besonderen Kompetenz ins Team berufen worden. Auf die können Sie nicht verzichten und zu ersetzen ist sie auch nicht so leicht.

Zweitens: Sie haben als Projektleiter in der Regel gar nicht die Möglichkeit, sich die mitarbeitenden Personen auszusuchen. Über die Teambesetzung entscheiden die Projektauftraggeber beziehungsweise die Führungskräfte. Die Option einer personellen Umbesetzung steht meist gar nicht offen.

Ich sage Ihnen daher: Am besten vergessen Sie diesen Wunsch. Und: Es gibt eine viel sinnvollere Art, mit Konflikten im Team umzugehen, als sie zu verbieten oder Konfliktparteien auszutauschen. Sie können …

Moment mal. Wieso sollten eigentlich Sie dafür zuständig sein, das Problem zu lösen? Ein Projekt, an dem erwachsene Mitarbeiter beteiligt sind, ist doch kein Kindergarten. Da kann man doch erwarten, dass die ihre Konflikte selbst klären können. Oder?

Schon als ich den Trainingsauftrag bekam, spürte ich die Spannung. „Bitte bringen Sie unseren Projektleitern bei, mehr Verantwortung zu übernehmen! Das machen die einfach nicht. Wenn sich Probleme abzeichnen, warten sie ab und hoffen, dass sich alles von alleine wieder löst. Wenn sie damit wenigstens zu uns kommen würden. Dann könnten wir als Führungskräfte noch mit den Kunden verhandeln. Meistens wäre noch eine Einigung möglich.

Aber die Projektleiter sagen uns nicht, wenn etwas nicht so läuft wie geplant. Bitte weisen Sie in Ihrem Seminar deutlich darauf hin, dass das so nicht geht."

Als ich in das Training kam, saßen dort zehn gestandene Projektleiter vor mir – und beschwerten sich bitter über ihre Führungskräfte.

„Eigentlich bin ich als Techniker eingestellt worden, jetzt soll ich plötzlich Projekte leiten. Und wissen Sie, was die Höhe ist, Frau Ramscheidt? Ich bekomme dabei überhaupt keine Unterstützung von meinem Chef. Der sagt mir nie, was Sache ist mit dem Projekt. Ich bekomme keine klaren Vorgaben und nie genug Ressourcen. Bitte machen Sie das unseren Führungskräften klar!"

„Haben Sie bei Ihrer Führungskraft denn wegen der nötigen Informationen und Ressourcen nachgefragt?", fragte ich die Projektleiter. Und die Führungskräfte fragte ich nach dem ersten Trainingstag: „Erkundigen Sie sich regelmäßig bei Ihren Projektleitern, wie es gerade um das Projekt steht?"

Bei beiden Gruppen die gleiche Reaktion: „Nein, wieso? Ist doch deren Aufgabe, uns zu sagen, wenn sie was von uns brauchen! Unsere Türen stehen immer offen, wir sind für ein Gespräch bereit."

So sieht eine echte Pattsituation aus, so etwas kann sich zwischen Projektauftraggebern und Projektleitern entwickeln, aber genauso zwischen einzelnen Teammitgliedern oder bestimmten Gruppierungen innerhalb des Projekts. Das Ergebnis ist immer das Gleiche: Jeder erwartet, dass der andere auf ihn zukommt und aktiv wird. Jeder sieht den anderen in der Bringschuld. Und so geschieht gar nichts. Außer dass alle Beteiligten sich immer mehr übereinander ärgern und der Konflikt schlimmer und grundsätzlicher wird.

Das eigentliche Problem besteht nicht darin, dass überhaupt Spannungen aufkommen, das ist ganz normal. Sondern darin, dass Konflikte viel zu selten gleich in ruhigem Tonfall angesprochen und aus der Welt geschaffen werden. Stattdessen wartet jeder darauf, dass der andere den ersten Schritt macht. Frei nach dem Motto: „Ich habe die Aufgabe doch verteilt, jetzt bin ich nicht mehr am Zug, bis ich eine Rückmeldung erhalte."

Es kann sogar sein, dass beiden Konfliktgruppen die passive Haltung der Gegenseite eigentlich gar nicht so unrecht ist. Denn sie stellt einen guten

Grund dafür dar anzunehmen, dass es keine Probleme im Projekt gibt. Und das führt wiederum dazu, dass nicht sofort nach Lösungen gesucht wird. Damit hat jeder die perfekte Ausrede, um sich selbst nicht verantwortlich fühlen zu müssen, wenn das Projekt nicht vorankommt. Natürlich ist das eine unbewusste Haltung, das ist ja das Tückische daran. Wenn den Beteiligten klar wäre, wie passiv sie sind und wie kontraproduktiv dies ist, würden sie sofort ihre Haltung ändern. Beide Seiten glauben einfach, dass der andere am Zug ist. Und deshalb passiert weiterhin nichts.

Als Projektleiter stehen Sie hilflos daneben, wenn so etwas passiert. Sie können das Thema zwar ansprechen, aber jede Einmischung wird sofort so gesehen, als ob Sie Partei ergreifen wollten. Das verstärkt den Konflikt nur. Sie können im Grunde gar nichts tun. Oder doch?

Wenn Sie sich bei solchen Gedanken ertappen: Werden Sie wachsam! Könnte es sein, dass Sie sich in den Konflikt nur deshalb nicht einmischen wollen, weil Ihnen das unangenehm ist? Oder weil Sie selbst unbewusst zu der Haltung neigen, dass derjenige den Konflikt lösen soll, der ihn angefangen hat? Weil Sie sich nicht wirklich dafür zuständig fühlen? Das Schlimmste, was Sie tun können, ist die Situation zu ignorieren. Denn dadurch wächst und gedeiht der Konflikt – und blockiert weiter die produktive Entwicklung des Projekts.

Ich sage es ganz deutlich: Sie sind der Projektleiter. Das heißt, Sie haben die Verantwortung! Wenn Sie sich nicht um die Konflikte im Team kümmern, wird es niemand tun. Doch wie gehen Sie am besten an die Sache heran? Schauen Sie erst einmal genau, was da eigentlich los ist.

Der feine Unterschied zwischen Streit und Konflikt

„Das ist schwierig" war sein Lieblingssatz. Herr Conradin liebte es, weitschweifig von Problemen im Projekt zu erzählen und sie als komplex, verworren, fast unlösbar darzustellen. Vor allem diejenigen Probleme, die in seinem Aufgabenbereich lagen – auch wenn sie meiner Ansicht nach ganz einfach zu beheben gewesen wären. In jeder Teamsitzung sorgte er damit für schlechte Stimmung, verschleppte die Diskussion und verzögerte ein effektives Herangehen an die Aufgaben. Damit ging er seinen Teamkollegen – und ich muss zugeben, auch mir – gehörig auf die Nerven.

Ich rätselte lange, warum Herr Conradin sich so verhielt. Wollte er beweisen, wie anspruchsvoll seine Aufgabe war, um mehr Anerkennung zu bekommen, wenn er die Probleme dann doch löste? Wollte er mögliche Konkurrenten abschrecken? Wollte er das Projektteam vor allen denkbaren Fallen warnen, um Pannen zu verhüten – war er also übervorsichtig? Oder war einfach seine Weltsicht pessimistisch? Ich habe es nicht herausgefunden. Für das Projekt war es im Grunde auch nicht so wichtig, was Herrn Conradin motivierte – wichtig war seine Wirkung.

Konflikte sehen an der Oberfläche immer gleich aus: Diskussionen, Sticheleien, genervte Blicke, formeller Umgang, die beteiligten Teammitglieder sprechen nur das Nötigste miteinander. Aber was dahintersteckt, ist nicht so leicht zu erkennen. Es kann alles sein: von unterschiedlichen Auffassungen über die beste Vorgehensweise, Prioritäten im Projekt, eine Konkurrenzsituation, die Projektrollen oder unvereinbare Arbeitsstile bis hin zu privaten Gründen wie der Zigarettengeruch, der dem anderen in den Kleidern hängt.

Ich unterscheide zwei Arten von Zwietracht: Konflikt und Streit. Ein Konflikt ist in erster Linie sachbezogen, hierbei geht es um unterschiedliche Auffassungen, wie das Projektziel am besten zu erreichen ist. Die Emotionen können hochkochen und die Stimmen laut werden. Doch die persönliche Beziehung wird davon kaum berührt.

Ein sachbezogener Konflikt ist für das Projekt nicht schädlich, im Gegenteil. Wenn er auftritt, spricht das dafür, dass die Teammitglieder mit Leidenschaft bei der Sache sind, dass sie mit Engagement und Herzblut nach der besten Lösung suchen. Das kann fürs Projekt sehr positiv sein. In einer leidenschaftlich ausgetragenen Diskussion entstehen manchmal die besten Lösungen. Nur wenn die Emotionen so stark werden, dass eine Verständigung unmöglich wird, kann ein Konflikt sogar schaden. Denn dann besteht die Gefahr, dass er von der sachlichen Ebene auf die persönliche übergreift. Das heißt: Aus dem Konflikt ist nun ein Streit entstanden.

Bei einem Streit geht es nicht mehr um das Sachthema, sondern um die persönliche Beziehung: Die ist schlecht. Unabhängig davon, ob der Streit aus einem sachlichen Konflikt entstanden ist oder von den Beteiligten aus einem privaten Anlass ins Projekt hineingetragen wurde, jetzt geht es nicht mehr um Themen – auch nicht, wenn es von außen so aussieht –, sondern um

Emotionen. Vorwürfe und Schuldzuweisungen beherrschen das Gespräch. Das Ziel der Beteiligten ist nicht, die Lösung durchzusetzen, die sie für die richtige halten, sondern schlicht: recht zu bekommen. Ganz zu schweigen davon, dass die schlechte Stimmung sich auf das ganze Team überträgt und die Zusammenarbeit erschwert. Deshalb ist ein Streit – und ich spreche hier bewusst von Streit, nicht von Konflikt oder Diskussion – immer schädlich fürs Projekt.

Der Umgang mit einem Streit ist anders als der mit einem Konflikt. Der Konflikt findet innerhalb des Projekts statt und kann, ja muss deshalb auch innerhalb des Projekts gelöst werden. Und der Streit? Es ist klar: Sie als Projektleiter können nicht die privaten Probleme lösen, die die Beteiligten miteinander haben. Sie sind schließlich kein Mediator und auch kein Psychotherapeut. Und sie können auch nicht so lange fragen, bohren und stochern, bis Sie die genauen Gründe für den Streit erfahren haben. Das ist nicht Ihre Aufgabe.

Entspannen Sie sich also: Der Konflikt geht Sie zwar etwas an, aber nicht die Ursache eines persönlichen Streits. Für Sie geht es nur um die Wirkung auf das Projekt. Ihre Aufgabe ist es, dafür zu sorgen, dass das Projekt zu einem guten Abschluss kommt. Nicht mehr und nicht weniger. Das heißt: Sie müssen nicht die Ursache des Streits herausfinden und dafür eine Lösung finden, sondern ihn wahrnehmen und in eine Form lenken, die das Projektziel schützt.

Die eigenen Versäumnisse erkennen

Seit Stunden durchsucht die Polizei das Hotelzimmer des Verdächtigen, aber der Brief ist nicht zu finden. Das hochbrisante Dokument wurde einer adligen Dame gestohlen, um sie zu erpressen. Der Täter steht fest und es ist unzweifelhaft, dass er den Brief in seiner Nähe aufbewahrt. Deshalb durchwühlen die Beamten jede Schreibtischschublade, suchen nach Geheimfächern in Tisch und Stühlen, heben die Matratze des Bettes an, stochern in den Kissen, lösen die Tapete von der Wand, schauen unter den Teppichen, heben Dielenbretter an. – Nichts. Der Polizeipräsident ist verzweifelt.

Erst der geniale Detektiv Dupin kommt auf die Lösung des Rätsels: Der intelligente Erpresser hat damit gerechnet, dass die Polizei in den raffiniertesten Verstecken suchen wird, und hat den Brief offen auf seinem Schreibtisch liegen lassen. Dort wurde er von allen Polizisten übersehen. Als er den Täter später allein besucht, lässt Dupin den Brief heimlich mitgehen – und übergibt ihn der Polizei.

In seiner Kurzgeschichte schilderte Edgar Allan Poe ein Phänomen, das auch im Alltag oft vorkommt: Gerade die naheliegendsten Erklärungen werden übersehen – weil wir glauben, Probleme sind nur schwer lösbar. Auch bei Konflikten ist die Gefahr groß, die Erklärung weit weg zu suchen. Sprich: bei den anderen. Und zu übersehen, dass man eventuell auch selbst zum Konflikt beigetragen hat. Psychologisch gesehen ist diese Haltung völlig nachvollziehbar: Wer entdeckt schon gern das eigene Fehlverhalten?

Viel leichter ist es, anderen ihre Versäumnisse vorzuhalten: Sie haben auf Anrufe oder E-Mails nicht reagiert, sie sagen nie, was los ist, sie haben ihre Aufgaben nicht erledigt. Sich zu fragen, ob man denn selbst den Kollegen die nötigen Informationen zur Verfügung gestellt hat oder einmal mehr bei der Kollegin nachzufragen, auf diese Idee kommt man gar nicht. Die Verantwortung für den Konflikt sehen wir meistens beim anderen. Doch wer sich so verhält, wälzt auch die Verantwortung für seine Projektaufgabe auf andere ab.

Wer den eigenen Beitrag zum Konflikt entdecken will, muss erst einmal seine bisherige Meinung und sein Verhalten infrage stellen. Das ist nicht einfach, aber nötig. Denn indem man die Ursachen des Konflikts immer nur bei den anderen sucht, löst man keine Probleme, sondern verschärft sie nur. Gehen Sie hier als Projektleiter mit gutem Beispiel voran. Machen Sie den ersten Schritt und fragen Sie sich: „Habe ich mit meinem Verhalten zum Konflikt beigetragen oder ihn sogar ausgelöst?" Fangen Sie mit dem Team-Check bei sich selbst an. Sie brauchen nicht jedes Wort und jede Geste der letzten Monate durchzugehen und sich den Kopf zu zerbrechen, was genau den Konflikt angeheizt haben könnte. Das ist überflüssig, denn wenn Sie jemanden verärgern, merken Sie es eigentlich sofort an der Reaktion. Es kann nur sein, dass Sie die nicht sehen wollten und verdrängt haben.

• •

SO ERKENNEN SIE SICH SELBST

Wenn Sie sich dabei ertappen, dass einer der folgenden Sätze in Ihrem Kopf herumschwirrt, ist das ein Hinweis darauf, dass Sie selbst am Konflikt nicht ganz unbeteiligt sind – und das bisher bloß nicht wahrhaben wollten:

➜ Ich habe ja gefragt.

➜ Ich habe meine Aufgaben erledigt.

➜ An mir liegt's nicht.

➜ Die haben sich noch nicht gemeldet.

➜ Ich habe doch schon alles probiert.

➜ Das ist nicht meine Aufgabe.

Diese Sätze sind deutliche Zeichen dafür, dass Sie Verantwortung von sich weisen.

• •

Haben Sie erkannt, dass Sie sich bislang etwas vorgemacht haben, untersuchen Sie genauer, worin Ihr Versäumnis lag. Gleichen Sie die Erwartungshaltung der anderen mit ihren eigenen Leistungen ab.

➜ Tue ich wirklich genau das, was meiner Aufgabe entspricht?

➜ Setze ich dabei die richtigen Prioritäten?

➜ Bekomme ich eine bestimmte Kritik nur in diesem Projekt oder auch in anderen? Vielleicht handelt es sich um ein grundlegendes Verhaltensmuster, das ich abwandeln kann.

Mit diesen Fragen finden Sie heraus, wie Sie Ihr Verhalten ändern können, um dem Konflikt die Grundlage zu entziehen. Damit übernehmen Sie auch wieder die Verantwortung fürs Projektergebnis und richten den Fokus auf die Zukunft.

Entschuldigen, aber richtig

Auch die anderen Projektteilnehmer müssen ihr Verhalten überdenken und dazu einen Blick in die Vergangenheit werfen. Denn will ein Team nach einem Konflikt konzentriert weiterarbeiten, muss jedes Mitglied zunächst zu seinem Teil der Verantwortung für den Konflikt stehen.

„Es ist möglich, dass wir uns durch etwas, was ich gesagt oder getan habe, missverstanden haben. Ich verstehe zwar immer noch nicht ganz, wodurch, denn wenn ich entschieden auftrete, meine ich das nicht als persönlichen Angriff, sondern es geht mir darum, das Projekt voranzubringen. An Ihrem Verhalten merke ich jedoch, dass Sie das anders wahrgenommen haben. Damit wir endlich wieder zu einer sachlichen Zusammenarbeit zurückkommen können, entschuldige ich mich hiermit für alles, was ich falsch gemacht habe."

Wer sich so vage entschuldigt, offensichtlich ohne sich einer Schuld bewusst zu sein, und dabei auch noch Vorwürfe anbringt, der kann damit nur das Gegenteil von dem bewirken, was er beabsichtigt. Der Gesprächspartner geht automatisch in Verteidigungsstellung und ist noch verärgerter. Eine sachliche Zusammenarbeit wird schwieriger denn je.

Ganz klar: Manchmal ist eine Entschuldigung nötig. Wenn Sie selbst an einem Konflikt beteiligt waren und hinterher versuchen, einfach zur Tagesordnung überzugehen, wecken Sie ungute Gefühle. Im schlimmsten Fall eskaliert die Sache: Der Mitarbeiter, mit dem Sie aneinandergeraten sind, beschwert sich bei seiner Führungskraft – und trägt die Angelegenheit damit aus dem Projekt heraus. Möglicherweise gibt seine Führungskraft die Beschwerde an Ihre Führungskraft weiter und dann müssen sich unnötigerweise weitere Personen mit dem Konflikt beschäftigen. Im schlimmsten Fall erhält Ihre Führungskraft eine umfangreiche Beschwerde über Sie, mit der Ihnen jegliche Kompetenz abgesprochen wird, sodass rundum Missstimmung herrscht. In diesem Fall können Sie den Schaden ohnehin nur durch eine Entschuldigung begrenzen. Also ist es einfacher, sich direkt beim Mitarbeiter zu entschuldigen. Dabei ist nicht nur das, was Sie sagen, entscheidend, sondern auch das Wie. Eine Entschuldigung, die gleichzeitig Schuld zuweist oder bewertet, richtet mehr Schaden an, als dass sie hilft. Die größten Fehler, die Sie beim Entschuldigen machen können, sind diese:

→ Sie entschuldigen sich nur aus strategischen Gründen. Der Mitarbeiter kann erkennen, dass Sie eigentlich kein Fehlverhalten bei sich sehen und die Entschuldigung nicht ehrlich gemeint ist.

→ Die Entschuldigung fällt pauschal aus, ohne dass Sie Bezug auf ein konkretes Ereignis nehmen. Entschuldigen Sie sich niemals dafür, dass es Sie gibt!

→ Die Entschuldigung ist gekoppelt mit dem unterschwelligen oder ausgesprochenen Vorwurf, dass der andere mindestens genauso viel zum Konflikt beigetragen hat wie Sie.

→ Sie lassen durchblicken, dass Sie vom Gegenüber ebenfalls eine Entschuldigung erwarten.

Eine gute Entschuldigung bezieht sich auf ein konkretes Verhalten, mit dem Sie ein Projektteammitglied verletzt haben. Sie begründet auf der Sachebene, was Sie getan haben, und macht es nachvollziehbar – verdeutlicht aber auch, dass Sie aus heutiger Sicht anders handeln würden. Wichtig ist vor allem, dass das, was Sie sagen, ehrlich ist. Entschuldigen Sie sich für das, was Sie tatsächlich bedauern. Nicht für mehr. Aber auch nicht für weniger.

• •

WAS MACHT EINE GUTE ENTSCHULDIGUNG AUS?

Eine gute Entschuldigung löst die Spannung im Projekt und ermöglicht wieder eine positive Zusammenarbeit. Die erforderlichen Eigenschaften:

→ Die Entschuldigung ist ernst gemeint.

→ Sie erklärt, wie es zum eigenen Verhalten gekommen ist, ohne es zu verteidigen.

→ Sie greift die heftigen Emotionen auf und leitet sie ab, sodass danach wieder ein sachliches Miteinander möglich ist.

→ Sie ist konkret und anlassbezogen formuliert: „Ich entschuldige mich dafür, dass ich in meiner letzten Mail so heftige Vorwürfe geäußert habe."

Und: Entschuldigen Sie sich nicht nur schriftlich, sondern führen Sie ein persönliches, klärendes Gespräch mit dem Gegenüber.

• •

Eine Entschuldigung tut Ihrer Würde als Projektleiter keinen Abbruch, im Gegenteil. Es zeugt von Souveränität, wenn Sie eigene Fehler zugeben können. Sie sind auch nur ein Mensch und das dürfen Sie zeigen. Damit wirken Sie auch als Vorbild für den Umgang der Projektmitarbeiter untereinander. Indem Sie sich auf angemessene Art entschuldigen, ermutigen Sie alle am Konflikt Beteiligten, ebenfalls Verantwortung zu übernehmen und sich in Situationen, in denen es erforderlich ist, zu entschuldigen. Damit sorgen Sie für einen Umgangston, mit dem nach Konflikten auch wieder zu einem kollegialen Umgang zurückgefunden werden kann.

Konflikte, die nicht ins Projekt gehören

Natürlich gibt es Konflikte, an denen Sie nicht beteiligt sind. Auch die können Sie nicht einfach ignorieren. Bevor Sie aber entscheiden, was Sie unternehmen wollen, schauen Sie sich die Situation ein wenig näher an.

„Wie, Ihre Versicherung zahlt das nicht? Es ist doch klar, dass Sie den Unfall verursacht haben! Da muss Ihre Kfz-Versicherung das doch übernehmen ...“
„Was? Sie haben Ihren Wagen doch so unpassend geparkt. Es war unmöglich, daran vorbeizukommen. Meine Versicherung sagt, Sie tragen zumindest eine Teilschuld.“
Diese Diskussion kocht schon seit Wochen immer wieder hoch. Genauer gesagt: Seit Herr Richardsen auf dem Weg zum Kick-off-Meeting das Auto von Herrn Borges gestreift hat. Vor und nach jeder Projektbesprechung kommen die beiden auf das Thema zu sprechen. Je komplizierter die Bestimmungen sind, die die Versicherungen vorlegen, desto gereizter wird die Stimmung. Bei jeder Besprechung muss der Projektleiter erst einmal zur Tagesordnung rufen, damit die beiden ihre Diskussion unterbrechen. Aber ein echtes Ende ist nicht in Sicht.

Es gibt Konflikte, die haben rein gar nichts mit dem Projekt zu tun. Dennoch tragen die Parteien solche Streitigkeiten, die ihren Ursprung woanders haben, innerhalb dieses Rahmens aus. Das kann ein fachlicher Disput sein

– der Kollege von der Abteilung Internetmarketing hat naturgemäß andere Vorstellungen davon, wie ein Produkt am besten zu vermarkten ist, als der Kollege vom Vertrieb. Es kann aber auch ein privater Streit sein, wie eben ein Autounfall auf dem Mitarbeiterparkplatz. Was beide Fälle gemeinsam haben: Der Grund des Konflikts ist nicht Gegenstand des Projekts. Die Beteiligten diskutieren nicht über die beste Vorgehensweise, um das Ziel zu erreichen; und es geht auch nicht um eine Konkurrenzsituation innerhalb des Projekts. Der Disput hat nichts mit dem Projekt zu tun und trägt deshalb auch nicht zu seinem Gelingen bei. Stattdessen raubt er wertvolle Zeit und Nervenkraft.

Ganz klar: Derartige Konflikte haben im Projekt nichts verloren, das müssen Sie als Projektleiter eindeutig klarstellen. Immer und immer wieder. „Herr Richardsen und Herr Borges, bitte diskutieren Sie das Thema später aus. Wir beginnen jetzt mit dem Projektmeeting." Ziehen Sie eine klare Trennlinie zwischen dem, was das Projekt betrifft, und dem, was nicht dazugehört. Genauso wenig wie Streitigkeiten und Konflikte von außen ins Projekt hineingetragen werden sollten, sollten Konflikte, die ihren Ursprung im Projekt haben, nach außen getragen werden.

Gute Fehlerkultur durch Energiewandel

„Dein Vorschlag ist so was von unsinnig, Bernd!"

„Ich habe um 17:00 Uhr ein wichtiges Telefonat mit Herrn Rohleder. Da ist es doch klar, dass ich das Einzelbüro kriegen muss!"

Die Teammitglieder reden sich die Köpfe heiß, wessen Arbeitsschritt zuerst dran ist, und machen sich gegenseitig Vorwürfe, eine Vorzugsbehandlung zu fordern. Großartig! Das bedeutet, Ihre Mitarbeiter sind mit Engagement bei der Sache. Sie streiten sich darüber, wie sie das Projekt am besten voranbringen, und konkurrieren um knappe Ressourcen, um ihren Beitrag möglichst gut zu leisten. Ihre Motivation dabei: Sie wollen das Projektziel erreichen. Und das mit aller Kraft. Mit anderen Worten: Es steckt Energie im Team.

Nur leider, leider wird diese Energie nicht immer optimal genutzt. Wenn sich die Kollegen nicht einigen können und jeder sich persönlich zurückgesetzt fühlt, kann sie auch ins Destruktive umschlagen. Insbesondere dann, wenn ein Fehler passiert ist und das Team sich mit Schuldzuweisungen beschäftigt. Lassen Sie sich davon auf keinen Fall anstecken!

Eine Mitarbeitergruppe möchte einen Flyer gestalten und verabredet sich dazu bei Heiko; Thomas hat versprochen, das Layoutprogramm mitzubringen. Gesagt, getan. Als er die CD aus der Tasche zieht, stellt sich heraus, dass er die Mac-Version gekauft hat. Heiko hat aber einen PC daheim. Eine gängige Reaktion in solchen Fällen: „Na toll, Thomas! Als ob wir alle nichts Besseres zu tun hätten, als uns umsonst zu treffen … Du warst doch schon bei Heiko. Und du weißt auch, dass du der einzige Mac-User im Team bist!"
Auf solche Vorwürfe wird jeder Mensch automatisch mit Verteidigung reagieren – oder zum Gegenangriff übergehen. Das Ganze endet schnell mit gegenseitigen Schuldzuweisungen und Streit, der das Problem nicht löst. Sorgen Sie also dafür, dass solche Situationen gar nicht erst entstehen. Das schaffen Sie, indem Sie Fehler nicht mit der Person verknüpfen, sondern neutral benennen. Nicht „Thomas hat einen Fehler gemacht", sondern „Hier ist ein Missverständnis passiert, dadurch haben wir jetzt ein Problem. Wie gehen wir damit um?". So lenken Sie die Energie der Gruppe weg von der Suche nach dem Schuldigen hin zur Suche nach der Lösung. So vermeiden Sie, dass sich der Konflikt zu einem Streit entwickelt.

Oft führen Missverständnisse zu Konflikten. Aber auch hitzige Diskussionen über die richtige Vorgehensweise oder die Verteilung von Ressourcen können eskalieren. Von außen betrachtet sieht es so aus, als hätten die Mitarbeiter innerhalb des Projekts ein Schlachtfeld für persönliche Auseinandersetzungen aufgemacht. Auf den ersten Blick ist nur die zerstörerische Gewalt des Konflikts zu sehen: Die Mitarbeiter scheinen allein aus persönlichen Motiven und zum Schaden des Projekts zu handeln.

Zu beobachten, wie das Team Zeit und Energie mit Konflikten verschwendet, ist für Sie als Projektleiter unangenehm. Möglicherweise ärgern Sie sich auch über die Konfliktsituation, und das ist das Schlimmste, was passieren kann. Lassen Sie sich von Ihrem Ärger keinesfalls dazu hinreißen, ebenfalls mit starken Emotionen aufzutreten. Damit entschärfen Sie die Lage nicht, sondern gießen nur Öl ins Feuer. Ihre Wut können Sie zügeln, indem Sie versuchen, die gute Absicht zu erkennen, mit der die Konfliktparteien jeweils an die Sache herangehen. Machen Sie im Gespräch deutlich, dass Sie diese durchaus sehen, jedoch die gewählten Mittel für kontraproduktiv halten. Und dass Sie gemeinsam mit den Teammitgliedern eine zielführende Lösung suchen wollen. So wandeln Sie die negative Energie in positive um. Ihre Mitarbeiter werden sich weniger auf die Fehler fokussieren und verstärkt nach Lösungen suchen.

Lassen Sie es krachen

Was aber, wenn die Stimmung im Team dennoch angespannt bleibt? Wenn auch ein offenes, klärendes Gespräch nicht zu einer Lösung führt? Dann stellt sich die Frage, ob ein sachlicher Fehler vorliegt oder nicht. Und wer dafür die Verantwortung trägt. Dabei ist Ihre Unterstützung gefragt.

Die Arbeitsgruppe um Herrn Arendt war überzeugt, gute Arbeit geleistet zu haben. Die Arbeitsgruppe um Frau Knolle blieb standhaft: „Nein, tut uns leid, es liegt ein Fehler vor, den wir nicht lösen können." Und das passierte in einer Projektphase, in der der Zeitdruck am stärksten war. Dringend musste eine Klärung her. Also appellierten die beiden an mich als Projektleiterin und erwarteten, dass ich ihre jeweilige Position vertrat.
Ich schaute mir das fragliche Ergebnis an. Und stellte fest: Es war tatsächlich ein Fehler darin. Im Gespräch mit Herrn Arendt konnte ich ihn nicht davon überzeugen, das Ergebnis noch einmal zu prüfen und zu korrigieren. Er sah die Ursache des Fehlers in der Weiterbearbeitung seines Teilergebnisses durch Frau Knolle. Vielleicht fühlte er sich auch fachlich angegriffen. Er wollte partout nicht von seiner Position abweichen. Stattdessen warf er mir vor, mich mit Frau Knolle gegen ihn verbündet zu haben. Gute Worte und Bitten halfen nichts.
In dieser Situation tat ich Folgendes: Im Dreiergespräch legte ich den Fehler offen und bestand darauf, dass Herr Arendt und Frau Knolle sich ihn gemeinsam anschauten. So provozierte ich einen Streit. Herr Arendt und Frau

Knolle warfen einander heftige Vorwürfe an den Kopf und bedachten mich ebenfalls mit einer großzügigen Portion. Am Ende stürmten beide aus dem Zimmer. Eine halbe Stunde später kamen sie wieder herein und entschuldigten sich beim anderen. Beide hatten gemerkt, dass es so nicht ging. Ich fand es vorbildlich, wie schnell sie wieder aus der aggressiven Stimmung herausgefunden hatten. Danach war es relativ einfach, zu einer guten Lösung zu kommen: Frau Knolle zeigte Herrn Arendt die Fehleranalyse ihres Teams und das Team von Herrn Arendt überarbeitete seinen Beitrag. Die Gruppe von Frau Knolle half ihm zu verifizieren, dass der Fehler nun behoben war.

Manchmal sind die Emotionen in einem Projekt schon so stark, dass ein ruhiges, sachliches Gespräch nicht mehr möglich ist. Doch der Versuch, den Ärger zu unterdrücken, kostet das Team viel Energie, sodass es kaum noch die inhaltliche Arbeit erledigen kann. Daher ist das Beste, was Sie in einer solchen Situation tun können, zu verlangen, dass die beteiligten Teammitglieder gemeinsam an einer Lösung arbeiten, ungeachtet dessen, wer den Fehler verursacht hat. Fordern Sie die Teammitglieder dazu auf, offen ihre Position darzustellen. Auch wenn es dabei lauter wird. Wenn die Beteiligten auch einmal aus ihren üblichen Rollen aussteigen, setzt das enorme Energie frei. Manchmal muss sich Anspannung entladen – wie bei einem Gewitter. Also: Lassen Sie es krachen!

Wichtig ist nur, dass danach alle wieder zu einer ruhigen, sachlichen Tonlage zurückfinden. Dazu können Sie beitragen, indem Sie – nach einer Verschnaufpause – die Konfliktbeteiligten zu einem klärenden Gespräch einladen.

Ihre Aufgabe besteht nicht darin, den Schiedsrichter zwischen den beiden Streitenden zu spielen und zugunsten des einen oder anderen zu entscheiden. Ihre Rolle ist vielmehr die eines Moderators. Bringen Sie die zerstrittenen Teammitglieder dazu, miteinander zu reden, und versuchen Sie, gemeinsam eine Lösung zu finden, mit der alle einverstanden sind.

●●●

DIE RICHTIGE GESPRÄCHSSTRATEGIE FÜR DEN KONFLIKTFALL

Um aufgeladene Situationen zu entschärfen, brauchen Sie eine Kommunikationsstrategie, die das Konfliktthema Schritt für Schritt auf seinen Kern zurückführt, um dann eine passende Lösung zu entwickeln.

1. Äußern Sie Ihre Wahrnehmung, machen Sie dabei aber die Subjektivität Ihres Eindrucks deutlich: „Mein Eindruck ist, dass ..."

2. Zeigen Sie die Wirkung des Verhaltens: „Aus meiner Sicht bewirkt das im Projekt, dass ..." Verzichten Sie dabei auf Formulierungen mit „du/ihr" bzw. „Sie", denn dadurch würde aus der Analyse ein Vorwurf, eine Anklage. Das sollten Sie vermeiden, wenn Sie den Konflikt entschärfen wollen.

3. Fragen Sie nach der Meinung des Gegenübers, damit schaffen Sie einen Perspektivenwechsel: „Was denkst du/denkt ihr/denken Sie darüber?" Wenn Ihre Gesprächspartner zunächst zögern, haken Sie nach und lassen Sie nicht locker, bis Sie wirklich am Kern des Problems angekommen sind.

4. Fordern Sie Ihre Gesprächspartner auf, konkret zu werden: „Was stört dich/euch/Sie genau? In welcher Hinsicht ist das ein Problem?"

5. Entwickeln Sie gemeinsam mit den Gesprächspartnern Handlungsideen, die jedem Beteiligten und dem Projekt einen Nutzen bringen und im Idealfall das Problem beheben. Dabei helfen Fragen wie „Was muss anders sein?", „Was wäre eine Hilfe für dich/euch/Sie?", „Was wäre ein Gewinn für dich/euch/Sie?", „Wie kann ich dich/euch/Sie bei der Lösungsfindung unterstützen?".

Mit dieser Gesprächsstrategie bringen Sie den Konflikt von der hoch emotionalen wieder auf eine sachliche Ebene und können damit sogar noch einen Anschub fürs Projekt gewinnen.

●●●

Wenn Sie sich aufrichtig darum bemühen, Konflikte zu bereinigen oder zumindest für die Dauer des Projekts einen angemessenen Umgangston im Team zu finden, funktioniert das meiner Erfahrung nach immer. Schließlich sind die Projektteammitglieder selbst daran interessiert, zu einer guten Lösung zu kommen. Wie schon gesagt: Es handelt sich nicht um Kindergartenkinder, sondern um Profis.

Das Leben jenseits des Projekts

Konflikte und Streite im Team sind für alle Beteiligten belastend, besonders für den Projektleiter, der in der Verantwortung steht. Die ständige emotionale Anspannung und die ständigen Bemühungen um eine positive Lösung können enormen Stress auslösen. Der Stress wiederum kann dazu führen, dass Sie nicht mehr angemessen reagieren und selbst zum Konflikt beitragen, statt ihn zu entschärfen. Das Bewusstsein, sich unpassend verhalten zu haben, erzeugt dann neuen Stress – ein Teufelskreis.

Deshalb ist es wichtig, dass Sie sich in einer Konfliktsituation nicht nur um das Projektteam und das Projektziel kümmern, sondern auch um sich selbst. Das gelingt am besten, indem Sie ab und zu innerlich Abstand gewinnen. Machen Sie sich bewusst: Das Projekt ist zwar wichtig, aber es füllt nicht Ihre ganze Welt aus. Es gibt ein Leben jenseits des Projekts.

● ●

WIE SIE ABSTAND GEWINNEN

Gerade wenn ein Projekt konfliktbeladen ist und Sie unter hohem Druck stehen, ist es wichtig, dass Sie ab und zu auf Abstand gehen. Versuchen Sie nicht rund um die Uhr und rund um den Kalender, das Projekt zu retten. Damit würden Sie alle Ihre Ressourcen aufbrauchen, was im Endeffekt kontraproduktiv wäre. Sorgen Sie stattdessen dafür, dass Ihr Energietank stets gut gefüllt ist. Dabei können folgende Ideen helfen:

→ Schauen Sie nach Feierabend und besonders am Wochenende nicht nach beruflichen E-Mails. Alles, was Sie bis zu Ihrem Feierabend am Freitag nicht bearbeiten konnten, hat in den meisten Fällen Zeit bis zum Montagmorgen.

→ Unterhalten Sie sich mit den Menschen in Ihrem privaten Umfeld nicht über die Schwierigkeiten im Projekt. Lehnen Sie sich mental zurück und beschäftigen Sie sich mit etwas ganz anderem.

→ Schalten Sie am Wochenende Ihr Mobiltelefon aus. Gönnen Sie es sich, nicht erreichbar zu sein.

→ Nutzen Sie die Wochenenden, um sich zu entspannen oder etwas zu unternehmen, das Ihnen persönlich guttut.
→ Verbringen Sie Ihr Wochenende mit Menschen, die Ihnen emotional Kraft geben.

•••

Kapitel 6

In der Steilwand – Nur der Flexible kommt durch

Steilwand, die: bezeichnet einen Felshang mit einer Neigung von mehr als 45 Grad oder einer Steigung von über 100 Prozent. Eine Steilwand kann nur durch Klettern überwunden werden. Die aufgrund zahlreicher Rinnen, Vorsprünge und Verwerfungen unübersichtliche Oberflächenstruktur einer Steilwand sowie die nur vor Ort zu prüfende Stabilität des jeweiligen Gesteins machen es unmöglich, vom Ausgangspunkt der Klettertour aus bereits die beste Route zu identifizieren. Vielmehr muss an jedem Punkt erneut die unmittelbare Umgebung abgeschätzt werden, um gegebenenfalls nötige Kurskorrekturen einzuleiten.

Mist, die Staphylokokken-Kultur ist verdorben! Missmutig starrt der Arzt auf seine Petrischale. Über die Sommerferien hat er die Schale, zusammen mit vielen anderen, in seinem Labor am St. Mary's Hospital in London stehen lassen. In den meisten Petrischalen sind die aufgebrachten Bakterienkulturen gewachsen. Aber diese eine Probe ist verschimmelt und für wissenschaftliche Untersuchungen unbrauchbar.

Schade, denkt sich der Arzt und will die Schale in den Mülleimer werfen. Der Deckel der Tonne steht schon offen, aber etwas hält ihn zurück. Er schaut nochmal genauer hin und stellt fest: Der Schimmel hat die Bakterien nicht komplett überlagert. Rings um die grünlich-weißen Kissen des Pinselschimmels ist das Substrat völlig frei von Staphylokokken.

Was ist denn hier los?, fragt sich der Arzt. Kann es sein, dass der Schimmelpilz eine Substanz absondert, die die Bakterien am Wachstum hindert oder sogar abtötet? Das muss er näher untersuchen.

Einige Monate später, im Jahr 1929, veröffentlicht der Arzt – sein Name ist Alexander Fleming – einen Artikel über die bakterientötende Eigenschaft eines vom Pinselschimmel Penicillium notatum abgesonderten Stoffwechselprodukts. Als es gelingt, die Substanz zu isolieren und in größeren Mengen herzustellen, verlieren viele bis dahin tödliche Infektionskrankheiten ihren Schrecken. Das Wundermittel nennt Fleming Penicillin.

Wenn es immer so leicht wäre ...

Was für ein Glück: Ein Vorhaben, das gründlich danebengeht, führt unterm Strich zu einem viel besseren Ergebnis als das ursprünglich anvisierte. Aber machen wir uns nichts vor: Das ist ein absoluter Ausnahmefall. Nicht jede Abweichung vom Plan ist eine nobelpreisverdächtige Entdeckung. „Irrtümer haben ihren Wert, jedoch nur hie und da. Nicht jeder, der nach Indien fährt, entdeckt Amerika", schrieb Erich Kästner. Und er hat recht. Meine Erfahrung zeigt: Projekte, die nicht nach Plan laufen, weisen am Ende einfach kein vorzeigbares Ergebnis auf – oder allenfalls ein mageres Teilergebnis.

Dabei läuft es zu Anfang noch meistens gut: Der Projektleiter stellt mit dem Projektteam alle notwendigen Aufgaben zusammen, stimmt ab, wer sie in welcher Reihenfolge und Abhängigkeit erfüllt, lässt den Aufwand und die Dauer für jedes Arbeitspaket von Experten schätzen und klärt ab, ob die benötigten Kapazitäten frei sind. Aber dann passiert häufig etwas, das diesen ausgetüftelten Plan zunichtemacht und das Projektziel infrage stellt.

Muss ein Projekt dann zwingend scheitern? Nein, auf gar keinen Fall. Jetzt kommt es darauf an, dass der Projektleiter rechtzeitig den Projektstatus ermittelt, also den aktuellen Istzustand mit der Planung abgleicht, nötigenfalls die richtigen Gegenmaßnahmen definiert und diese gemeinsam mit dem Projektteam umsetzt. Das ist ein ganz normaler Prozess, nur so können Sie das Projekt noch erfolgreich durchführen. Wenn Sie jedoch zu spät handeln, müssen Sie dafür bezahlen. Denn eine Projektplanung in größerem Stil umzulenken geht auf Kosten des Zeitplans, des Leistungsumfangs – und des Budgets. Die Folgen sind:

➜ Anschlussprojekte müssen warten.

➜ Ihre Kunden sind enttäuscht.

➜ Sie gefährden die Erreichung des Projektziels. Eventuell müssen Sie sich mit einem Teilergebnis zufriedengeben, weil Zeit und Budget nicht mehr ausreichen, um den vollen Leistungsumfang zu erreichen.

Warum verlaufen Projekte eigentlich selten genau nach Plan? Es geht doch auch anders, das sage ich aus Erfahrung.

Einmal leitete ich eine Serie von IT-Projekten. Die Aufgabe: An verschiedenen Standorten derselben Firma sollte ein neues Softwaresystem bereitgestellt werden. Am ersten Standort war die Arbeit noch sehr anstrengend, denn die Rahmenbedingungen waren ganz neu. Dadurch gerieten ab und zu Zwischentermine in Gefahr, wir konnten sie nur mit zusätzlichem Aufwand retten. Aber wir erkannten, wo die Risiken im Projekt lagen.

Am zweiten Standort lief es schon viel glatter. Wir lagen mit jedem Schritt genau im Terminplan, da wir unsere Erfahrungen aus dem ersten Projekt direkt nutzen konnten. Am dritten Standort lief das Projekt fast wie auf Schienen. Für die anderen Standorte änderten wir in der Projektplanung nicht viel mehr als das Anfangs- und Enddatum, wobei wir jeweils die unterschiedli-

chen Rahmenbedingungen berücksichtigten. Da das Team bei allen Projekten nahezu unverändert blieb, wusste jeder spätestens nach der zweiten Einführung genau, was er zu tun hatte. So verliefen die folgenden Projekte fast reibungslos. Eine perfekte Situation für jeden Projektleiter, die jedoch nicht der Regelfall ist, sondern die Ausnahme.

Diese Projekte verliefen optimal, weil jeweils die Erfahrungen aus den bereits abgeschlossenen Einführungen direkt genutzt werden konnten. Störungen wurden vorhersehbar, also waren es lineare (deterministische) Projekte ohne große Querschläge und ohne viele unbekannte Faktoren. Spätestens beim zweiten Durchlauf kannten wir die entscheidenden Hürden, die sich im weiteren Projektverlauf ergeben könnten. Die Folge:

→ Jeder wusste, was er wann und wie erledigen muss.
→ Die Abhängigkeiten waren bekannt.
→ Die Risiken waren bekannt.

Unter solchen Umständen ist es leicht, ein Projekt planmäßig durchzuführen. Der Plan liegt ganz nahe bei der Realität, weil fast alle Probleme, die auftreten können, vorhersehbar sind. Natürlich muss der Projektleiter auch bei derartigen Projekten aufmerksam bleiben und selbst beim fünften Durchlauf noch darauf achten, ob sich Änderungen ergeben. Aber die Risiken sind, gelinde gesagt, begrenzt.

Der Haken ist aber: Bei den meisten Projekten gibt es keinen vergleichbaren und linearen Verlauf. Wenn etwas ganz Neues geschaffen wird, ist es unmöglich, jedes Planungsdetail vorauszusehen. Neue Technologien und Ideen bringen auch neue Eigenschaften und Auswirkungen mit sich. Und dieses Unvorhersehbare ist nun mal eine Kerneigenschaft von Projekten. Wird im Fahrzeugbau zum Beispiel eine neuartige Legierung eingesetzt, ist einfach noch nicht bekannt, wie diese einer Dauerbelastung standhält. Würde nichts Neues geschaffen, sondern nur Bekanntes umgesetzt, handelte es sich nicht um ein Projekt, sondern um einen Geschäftsprozess: eben um Tagesgeschäft.

Mögliche Fehleinschätzungen sind aber nicht alles, was Projekte schwierig macht. Auch die Zeitplanung steht auf wackligen Füßen, wenn jederzeit

Unvorhersehbares passieren kann. Für Projekte, bei denen neue Technologien oder Vorgehensweisen eingesetzt werden, existieren keine Erfahrungswerte, wie lange ein bestimmter Arbeitsschritt dauert. Dass Aufgaben in solchen Fällen mehr oder weniger Arbeitszeit in Anspruch nehmen als geschätzt, ist normal.

Das wiederum beeinflusst direkt die Kostenplanung, denn mehr Zeitaufwand bedeutet auch mehr finanziellen Aufwand. Kaum etwas lässt sich vorher hundertprozentig festlegen. Ich habe das zum Beispiel bei einem Unternehmen erlebt, das Landwirtschaftsmaschinen herstellte. Für einen neu entwickelten Motor wurde ein Ölfilter mit speziellen Eigenschaften benötigt. Hier stellte sich die Frage: Soll der Filter selbst hergestellt oder zugekauft werden? Angenommen wurde, dass ein Filter mit den geforderten Eigenschaften für 25 Euro eingekauft werden könnte. Mit diesem Wert wurde kalkuliert. Doch später stellte sich heraus, dass die 25-Euro-Filter nicht die geforderten technischen Eigenschaften erfüllten; es würde ein spezieller Filter benötigt, der 70 Euro pro Stück kostete. Das hätte die geplanten Kosten deutlich überschritten. So entschloss man sich, die Filter selbst zu bauen. Das nötige Know-how und die erforderlichen Produktionsmaschinen dafür waren vorhanden. Am Ende des Tages gelang es, den Filter im Unternehmen für 37 Euro herzustellen. Das waren höhere Kosten als ursprünglich vorgesehen, aber sie lagen deutlich unter dem Preis von 70 Euro pro zugekauftes Stück. Solche unvorhergesehenen Kostensteigerungen können in allen Projekten vorkommen.

Dieses Beispiel zeigt: Notwendige Abweichungen von der Projektplanung können nicht immer völlig vermieden werden. Doch sie lassen sich minimieren. Aber wie?

Die Projektplanung dient dem Projekt

Nikon D800: Eine großartige Spiegelreflexdigitalkamera mit Rekordauflösung, ultrapräziser Belichtungsmessung und zahlreichen spannenden Funktionen. Eine Kamera entwickelt für Profis und passionierte, anspruchsvolle Hobbyfotografen. Der Termin, zu dem die Kamera auf den Markt kommen sollte, war publikumswirksam angekündigt, die Fans warteten ungeduldig auf die Auslieferung an die Händler. Das Projektteam gab alles, um die Kamera zum geplanten Zeitpunkt auf den Markt zu bringen. Doch Nikon war nicht allein unterwegs. Die Konkurrenz arbeitete auch an einer neuen High-End-Kamera, zum Beispiel Canon an der EOS 5D Mark III. So viel war klar: Wer sein Produkt zuerst auf dem Markt bringt, wird nicht nur Renommee, sondern auch Marktanteile gewinnen.

Bei Nikon herrschte höchste Konzentration. Bis abends spät blieben die Mitarbeiter dran, die Energie des gesamten Projektteams konzentrierte sich auf dieses eine Gerät. Und es klappte: Pünktlich zum angekündigten Termin kam die Nikon D800 auf den Markt, drei Monate bevor der Mitbewerber sein Modell auf dem Markt brachte.

Doch die Käufer merkten schnell, dass etwas nicht stimmte: Das linke Autofokusfeld funktionierte nicht optimal. Bilder, die auf ein Objekt im linken Bildbereich autofokussiert wurden, waren leicht unscharf. Ärgerlich bei einer Investition von über 2.500 Euro. Bei Amazon waren erbitterte Kommentare der Käufer zu lesen: „Solch ein kränkelndes und schlecht justiertes Autofokussystem gehört in diesem Stadium einfach nicht ausgeliefert", und: „Der Kunde wird ja bekanntlich immer mehr zur Qualitätskontrolle der Hersteller, aber was sich Nikon hierbei gedacht hat, schlägt dem Fass schon den Boden aus!".

Die Experten von Nikon besserten zwar schnell nach und rüsteten auch die bereits verkauften Kameras um – doch der scheinbar gewonnene Vorsprung war dahin.

Wenn der Zeitplan über alles gesetzt wird, bleibt manchmal die Qualität der Leistung oder des Produkts auf der Strecke. Das ist die Gefahr, wenn Planungsannahmen nicht rechtzeitig überprüft werden. In diesem Fall galt: Den angekündigten Termin für den Verkaufsstart einzuhalten hat höchste Priorität. Das Projektteam setzte also alles daran, die Zeitvorgaben zu erfüllen. Doch es gibt etwas noch Entscheidenderes als den Projektzeitplan – die Erreichung des Projektziels. Und das besteht nicht darin, die Zeitplanung um jeden Preis umzusetzen. Oberstes Projektziel ist das Produkt oder das Konzept, das im Projekt entwickelt werden soll. Es muss die zugesicherten Eigenschaften erfüllen, sonst ist auch das Einhalten der Termine nichts wert.

Diese fundamentale Erkenntnis gerät leider schnell aus dem Fokus: Wenn ein Projekt unbedingt termingetreu abgeschlossen werden muss, verzichtet das Team notfalls auf die letzten Kontrollen und Tests, den allerletzten Feinschliff. Dann heißt es: „Die letzten 20 Prozent Qualitätsverbesserung erfordern 80 Prozent des Aufwands und das Verhältnis steigt gegen Ende immer weiter. Absolute Perfektion können wir sowieso nicht erreichen; um uns ihr anzunähern, müssen wir den Aufwand ins Unendliche steigern – da stimmt das Kosten-Nutzen-Verhältnis nicht mehr. Irgendwo müssen wir einen Schnitt setzen, warum also nicht jetzt?"

Auf diese Art gelangen Produkte auf den Markt, die ihre Hauptfunktionen zwar erfüllen, bei denen jedoch entscheidende Details nicht ganz ausgereift sind. Wenn die Mängel aber erst an den Tag kommen, wenn der Kunde das Produkt nutzt, ist es zu spät. Nicht selten ist der Imageschaden dann größer als die Freude über die eingehaltene Planung. Die Rückmeldungen der verärgerten Kunden führen zudem dazu, dass sich das Projektteam noch einmal an die Arbeit machen und das Projektergebnis optimieren muss. Unternehmen, die ein solches Vorgehen systematisch betreiben, gehen zumindest nach meiner Meinung ein sehr hohes, unnötiges Risiko ein: Sie bringen nicht ganz ausgereifte Produkte auf den Markt und nutzen den Verbraucher als Beta-Tester. Erst die nächste Version funktioniert dann einwandfrei. Die Folgen davon, dass ein Unternehmen so Popularität, Image und Marktanteile verliert, werden unterschätzt. Das ist gefährlich und könnte in vielen Fällen vermieden werden, wenn Annahmen, die zu einem Zeitpunkt getroffen wurden, zu dem noch nicht alle Fakten verfügbar waren, rechtzeitig überprüft würden.

Ich gebe zu: Für den Projektleiter ist es extrem schwer, seinen Auftraggebern zu erklären, dass es viel besser wäre, einen Liefertermin zum siebten oder achten Mal zu verschieben, als ein nicht völlig ausgereiftes Produkt zu liefern. Damit machen Sie sich nicht beliebt. Doch wenn Sie darauf verzichten, die Sachlage klar darzustellen, nehmen Sie die Entscheidung der Projektauftraggeber – für Termintreue –vorweg. Die Folge: Das Ergebnis des Projekts ist zum gesetzten Zeitpunkt mangelhaft. In manchen Fällen ist das nicht nur peinlich, sondern zieht gravierende Schäden nach sich.

Was würden Sie lieber tun: einen ausgereiften Airbag mit sechs Monaten Verspätung für den Handel freigeben oder zum vorgesehenen Termin einen

Airbag liefern, der sich bei einem von 20 Unfällen nicht aufbläst? Kein Zweifel, dass Sie sich für den ersten Weg entscheiden, es geht schließlich um Menschenleben. Natürlich sind die Folgen nicht immer so schwerwiegend, aber das Prinzip bleibt das gleiche. Auch wenn Ihre Kunden nicht in Lebensgefahr geraten, wenn Sie den perfekt erfüllten Zeitplan über perfekte Leistung setzen – verlieren werden Sie sie dennoch.

Nur in seltenen Fällen gilt für ein Produkt ein fester Endtermin, der sich keinesfalls verschieben lässt. Wenn ein Asteroid auf die Erde zurast und voraussichtlich am kommenden Dienstag um 14:25 Uhr einschlagen wird, muss die Rakete, die ihn von seiner Bahn ablenken soll, bis spätestens Dienstag 13:00 Uhr startbereit sein. Punkt. Die Weltrettung lässt sich nicht verschieben. Alles andere schon.

● ●

PROJEKTPLANUNG UND PROJEKTNUTZEN

Den Projektplan einzuhalten ist wichtig für ein Projekt – aber nicht so wichtig wie die Erreichung des Projektnutzens. Um sich aus der falschen Prioritätensetzung zu befreien, hilft es, wenn Sie sich eine ganz einfache Tatsache vor Augen halten: Die Projektplanung dient dem Projekt. Nicht umgekehrt. Die Planung soll Sie und Ihr Team dabei unterstützen, das Projektziel zu erreichen. Dabei ist entscheidend, dass Sie die Prioritäten in Bezug auf Termintreue, Budgettreue und Leistungstreue mit Ihren Auftraggebern geklärt haben. Nur so wird die Planung dem Projektteam nicht zur Last und erfüllt ihren Zweck. Und Sie wissen, wie Sie Ihre Planung auszurichten haben.

● ●

Achtung, fehlgeleitete Planung

Der eigentliche Fehler in Projekten ist häufig: Pläne sollen die Realität ersetzen. Es kommt vor, dass Projektverantwortliche in bester Absicht ein Projekt totplanen. Damit meine ich: Sie stellen einen so detaillierten Plan auf, dass kein Raum mehr für Flexibilität bleibt. Sie legen für das ganze nächste Jahr geradezu stundengenau fest, wann sie sich mit wem besprechen und wann wer welches Zwischenergebnis an den nächsten Kollegen zu übergeben hat. Dabei übersehen sie eins: Die Zukunft ist nicht vorhersehbar. Menschen werden krank, Technik versagt, Material ist mangelhaft.

Niemand kann alles, was passieren könnte, vorhersehen und einkalkulieren. Je stärker ein Projektleiter das versucht, desto mehr verzettelt er sich. Abgesehen davon, dass eine allzu genau die Zukunft vorwegnehmende Planung genauso viel aussagt wie ein Wetterbericht für einen Tag in vier Wochen, verschwendet der Projektleiter Zeit, die er sinnvoller für die Umsetzung des Projekts nutzen könnte.

Und eine weitere, noch größere Gefahr bringt das übermäßige Planen mit sich: Steht der Plan einmal, soll er auch eingehalten werden. Dann kann es leicht passieren, dass ein Projektleiter am Freitag um 16:00 Uhr mit einem Zulieferer telefoniert, nur weil dieser Telefontermin fix eingeplant war. Er ruft dort an, auch wenn es nichts zu besprechen gibt. Ich habe das schon oft erlebt. Wenn zudem an Terminen und Zielen festgehalten wird, obwohl es zumindest fraglich ist, ob sie noch einzuhalten und sinnvoll sind, kommt so manche böse Überraschung auf den Projektleiter zu.

Es ist so wie mit dem Künstler, der eine Kuh am Waldrand malen will. Er stellt seine Staffelei auf und widmet sich zunächst sorgfältig der Umgebung: Wald, Hügel, Himmel, Blumenwiese. Dann kommt er zur Hauptsache, der Kuh. Er mischt auf seiner Palette zarte Brauntöne, tunkt den Pinsel ein und wirft dann einen letzten Blick auf den Bildgegenstand. Da muss er feststellen, dass die Kuh inzwischen weitergegangen ist. Sie lässt sich weder durch Rufen oder Locken noch durch wildes Winken dazu bewegen, wieder an ihren alten Platz zurückzukehren. So bleibt das Meisterwerk unvollendet. Die Realität hat sich einfach nicht an das vorgefertigte Bild gehalten. So schilderte es einmal spöttisch der Berner Liedermacher Mani Matter.

Konkret können beim Planen drei schwere Fehler passieren.

1. Die Totale und das Makro-Objektiv

Kürzlich war ich mit meiner Familie in Schweden im Urlaub. Wir flogen nach Stockholm, dort wollte ich ein Mietauto mit Navigationsgerät leihen. Integrierte Navigationssysteme gab es aber nur bei den Luxusklassewagen, die für unsere Bedürfnisse zu groß und zu sperrig waren. Zum Glück hatte ich ein mobiles Navigationsgerät dabei, das laut Beschreibung auch eine Schwedenkarte integriert hatte. Ein kurzer Check: Super, das Gerät findet Stockholm. Also buchten wir den gewünschten Mittelklassewagen.

Als wir im Mietauto saßen, kam der Schreck: Das mobile Navi fand die Adresse des Hotels nicht. Dann entdeckte ich den Grund: Das Gerät kannte in Schweden nur die Autobahnen. Stadtpläne? Fehlanzeige! Wir klapperten die Stände am Flughafen ab, um einen Stadtplan zu kaufen. Es gab keinen. Also navigierten wir mit der Kartenfunktion auf dem iPad meines Mannes, bei der mit einer Stecknadel angezeigt wird, wo man sich gerade befindet. Weil das Gerät aber für die Positionsberechnung einen Moment braucht, zeigte es immer die Stelle an, wo wir vor fünf Sekunden gewesen waren. Daher musste ich bei der Navigation häufig sagen: „Tut mir leid, hier hätten wir gerade links abbiegen müssen."

Waren Sie jemals in Stockholm mit dem Auto unterwegs? Die Stadt ist durchzogen von Kanälen. Wunderschön für Touristen, schlecht, um verpasste Abzweigungen noch einmal zu erreichen. Wenn man auf der falschen Kanalseite ist, muss man lange fahren, bis die nächste Brücke kommt. Da findet man nicht mehr so leicht zur ursprünglich geplanten Route zurück, sondern muss sich immer wieder ganz neu orientieren ...

Wir brauchten zwei Stunden, um die 20 Kilometer vom Flughafen bis zum Hotel zurückzulegen. Völlig erledigt und entnervt kamen wir dort spätabends an.

Mit der Navigation über Autobahnen kann man zwar wunderbar die grobe Route planen, aber wenn es darauf ankommt, reicht sie einfach nicht aus. Auf Projekte übertragen heißt das: Der Projektleiter plant nur die groben Meilensteine ein; wenn es um die Details geht, denkt er, das ergibt sich dann schon. Meist ergibt es sich eben nicht. Dazu kommt, dass er, wenn er so vorgeht, oft den Zeitaufwand für die Detailarbeit stark unterschätzt. Mit einer zu groben Planung ist das Gelingen eines Projekts automatisch gefährdet.

Auch das Gegenteil ist nicht optimal. Eine zu detaillierte Planung bedeutet: Der Projektleiter zoomt maximal heran und setzt jeden einzelnen Termin fest, auch wenn bis dahin noch Monate vergehen. Lange im Voraus haarklein zu planen hat in der Regel keinen Sinn. Eine Ausnahme bilden nur die Termine der Meilensteine, die nicht verschiebbar sind. Die jährliche Vorstandssitzung am 30. Juni etwa. Oder das 30-jährige Firmenjubiläum am 1. Oktober. Hier lohnt es sich, einige Monate vorher detailliert zu planen.

Wenn der Projektleiter Arbeitspakete und Vorgänge, die erst in einem Jahr anstehen, mit seinem Makro-Objektiv so nahe heranholt, als wäre es nächste Woche schon so weit, ist die Auflösung zweifelsfrei zu hoch. Dann ist der Plan übergenau – und überkomplex. Der Versuch, der Realität vorzugreifen, kann nicht gut gehen. Ein wenig erinnert das an den Simulationsvorgang beim CD-Brennen, als diese Technik noch neu war. Erinnern Sie sich? Damals dauerte der Brennvorgang für eine einstündige Musik-CD 35 Minuten. Wer sicherstellen wollte, dass dabei kein Fehler auftrat, der den 15 DM teuren Rohling verdarb, konnte zuerst einen Probelauf machen. Die Simulation des Brennvorgangs vollzog in Echtzeit jede Rechenoperation nach, nur war dabei der Brennkopf nicht aktiviert. Die Simulation dauerte ebenfalls 35 Minuten, genauso lange wie der eigentliche Brennvorgang. Für beides zusammen mussten also 70 Minuten aufgewendet werden, mehr als die Spielzeit der CD.

Wer zu grob plant, verirrt sich. Wer zu detailliert plant, verliert viel zu viel Zeit. Im zweiten Fall starrt der Projektleiter angestrengt durch sein Zoomobjektiv in die Zukunft, statt in der Gegenwart Dinge in Gang zu setzen. Es geht also darum, mit der genau richtigen Detailgenauigkeit zu planen. Ich nenne das: mit der richtigen Granularität – nicht zu feinkörnig und detailliert, aber auch nicht zu grobkörnig.

●●

HALTEN SIE IHRE PROJEKTPLANUNG IM FLUSS

Wie findet man die richtige Granularität für die Projektplanung? Die Lösung ist ganz einfach: mit perspektivischer Genauigkeit. Weit in der Zukunft liegende Dinge werden nur grob mittels Meilensteinen geplant; je näher sie rücken, desto detaillierter wird die Planung. Blicken Sie nie länger als ein Vierteljahr im Detail voraus. Mit einem Vierteljahr meine ich übrigens kein Quartal. Nicht dass Sie vom 1. Januar bis 30. März planen und am 30. März noch nicht wissen, was Sie am 1. April tun werden. Nein, das Vierteljahr verstehe ich rollierend. Am 1. Januar planen Sie bis Ende März, Mitte Februar wissen Sie dann, was Sie bis Mitte Mai machen werden, und so weiter.

Für den Zeitraum von vier bis zwölf Monaten nach dem heutigen Tag reicht zunächst eine gröbere Planung aus. Die lässt sich in Form eines Meilensteinplans gestalten oder als Netzplan, der die Abhängigkeiten im Projektverlauf nicht zu detailliert darstellt. Eine solche Aufstellung ist wichtig, um das Gesamtprojekt und die Abhängigkeiten innerhalb des Projekts im Blick zu behalten. Dabei kann es erst einmal bleiben.

Diese Vorgehensweise bringt zwei große Vorteile mit sich: Erstens verfügen Sie zu jedem Zeitpunkt über die notwendige Detailgenauigkeit. Und zweitens können Sie ohne große Verluste gegensteuern, wenn Sie merken, dass etwas nicht wie geplant läuft.

• •

Hier noch ein weiterer Tipp für alle, die Umsatzverantwortung für ihr Unternehmen oder ihren Bereich tragen: Ich erstelle für mein Unternehmen immer zur Jahresmitte einen Umsatz-Forecast für das kommende Kalenderjahr. Halten Sie das in Zukunft doch auch so, um sich einen großen Vorteil zu sichern: Wenn Sie im Juli feststellen, dass Sie für das nächste Jahr noch nicht genügend Aufträge haben, bleibt Ihnen ein halbes Jahr Zeit, um zu akquirieren. Das gibt Ihnen Planungssicherheit und Gelassenheit. Deutlich weniger entspannt ist die Situation, wenn Sie im Dezember bemerken, dass Sie für das nächste Jahr noch nicht genügend Aufträge an Land gezogen haben.

2. Planen wie Nostradamus

„Hallo Moni, frohe Weihnachten und ein gutes neues Jahr! Du, wir könnten eigentlich mal wieder was zusammen unternehmen. Wie wär's, wenn wir am 21. Juli zusammen zum Badesee fahren? Ja? Prima, dann richte ich schon mal meine Badesachen zusammen!"

Absurd, oder? Im tiefsten Winter schon einen Freizeittermin für den nächsten Sommer zu planen, kommt den meisten Menschen unsinnig vor. Zu Recht. Was da nicht alles dazwischenkommen kann! Für die Freizeit ist eine spontane, kurzfristige Planung selbstverständlich. Aber im Berufsleben? Ich kenne nur sehr wenige Geschäftsleute, die das wagen. Schon gar nicht in Projekten. Hier planen die Verantwortlichen, als ob sie nicht nur bereits an Weihnachten das Wetter für den nächsten 21. Juli bestimmen könnten, sondern auch schon wüssten, an welchem Tag um wie viel Uhr in zwei Jahren das Kreativteam seine große Idee haben wird.

Das soll kein Plädoyer fürs Chaotentum sein. Ich will Sie nicht dazu verleiten, heute noch nicht zu wissen, welche wichtigen Termine bei Ihnen in zwei Wochen oder im nächsten Jahr anstehen. Natürlich gibt es auch im Berufsleben herausragende Termine, die Sie frühzeitig planen müssen. Messebesuche zum Beispiel oder ein hochkarätiges Seminar, das erfahrungsgemäß ein Jahr im Voraus ausgebucht ist. Aber bei vielen anderen Themen können Sie mit der Detailplanung noch warten, bis Sie genügend Informationen haben, um einen detaillierten Plan zu erstellen. Unter diesen Umständen brauchen Sie nicht mehr darauf zu hoffen, dass sich die Realität nach Ihrer Planung richtet. Sondern Sie können davon ausgehen, dass ihr Plan sich nahe an der Realität bewegt.

3. Museumsstücke gehören in die Vitrine

Die Standardprozedur: Am Anfang des Projekts arbeitet der Projektleiter gemeinsam mit dem Team den Projektplan aus. Sorgfältig, mit der richtigen Balance aus Detailgenauigkeit und Flexibilität. Die Termine und Zuständigkeiten werden mit allen Beteiligten abgestimmt, aufgeschrieben und wichtige Meilensteine im Kalender sichtbar gemacht. Dann ist die Planungsphase abgeschlossen, das Projektteam geht an die Umsetzung.

Wirklich? Wenn das der Standard wäre – wäre es erschreckend. Denn das würde heißen: Der Plan wird behandelt wie eine edle Skulptur aus empfindlichem Material. Einmal fertiggestellt wird das Werk in einer Vitrine ausgestellt. Hinter Sicherheitsglas, dekorativ und unberührbar.

Eine Projektplanung, die nicht regelmäßig betrachtet, mit dem ursprünglich vereinbarten Plan (dem Basisplan) abgeglichen und überarbeitet wird, ist wie ein Museumsstück. Oh, ein Gauguin! Nicht anfassen! Keiner soll es wagen, auch nur einen Pinselstrich hinzuzufügen. Das gilt, selbst wenn sich herausstellt, dass Teile des Plans nicht erfüllbar sind oder es bessere Wege gibt, um das Ziel zu erreichen. Das Team wird mit allen Mitteln versuchen, die ursprüngliche Planung, so gut es geht, zu erfüllen. Wer den Projektplan auf ein Podest stellt, schadet dem Projekt.

Ein Muster, das ich immer wieder erlebt habe: Das Zwischenergebnis wird nicht zum vorgesehenen Termin fertig, sondern erst eine Woche später. Klug wäre es nun, alle Termine für weitere Aufgaben, die von diesem Teilergebnis abhängen, zu verschieben. Doch oft passt der Projektleiter lediglich den Termin für das gelieferte Zwischenergebnis an und belässt alle Folgetermine so, wie sie im Kalender stehen. Für ihn ist der einmal gefasste Plan in Stein gemeißelt. Weil sklavisch am ursprünglichen Plan festgehalten werden soll, versucht das Team krampfhaft, den Rückstand wieder aufzuholen. Das kann gut gehen, doch es erschwert alle weiteren Arbeiten. Sobald sich zeigt, dass auch die Folgetermine nicht gemäß der ursprünglichen Planung machbar sind, versucht jedes Teammitglied nur noch, seine eigenen Ersatztermine einzuhalten. Wenn dann die individuell überarbeiteten Pläne und Ersatztermine nicht konsequent aufeinander abgestimmt werden, gelangt das Projekt nicht mehr auf optimalem Weg zum Ziel.

Ist die Planung unflexibel, handelt das Team genau ab dem Moment, in dem sich zeigt, dass der ursprüngliche Plan nicht aufgeht, planlos. Wenn der Projektleiter sich dann scheut, Planänderungen samt ihren Folgen offen darzustellen, besteht die Gefahr, dass sich in seinem Team Verwirrung breitmacht. Manchmal entwickelt sich auch Gleichgültigkeit: „Die Termine stimmen doch sowieso alle nicht mehr, wonach soll ich mich denn noch richten? Ach, ich mache es halt so, wie es kommt!"

Die Konsequenz: Regelmäßig im Projektverlauf ist zu überprüfen, ob es Abweichungen vom ursprünglichen Plan gibt. Ist das der Fall, muss eine zentrale Anpassung des aktuellen Projektplans erfolgen. Dazu ist es nötig, die Folgen in der Projektplanung aktuell abzubilden, also wenn sie noch relativ gering und leicht zu korrigieren sind. Aber was heißt hier regelmäßig?

• •

FREITAG IST EIN GUTER TAG

Soll der Plan nach Bedarf aktualisiert werden? Immer dann, wenn ein Termin verschoben werden muss? Das funktioniert meistens nicht, sondern führt dazu, dass der Projektleiter bei jeder Kleinigkeit zum Computer stürzt und den Zeitplan neu durchrechnet, nur um das Gleiche zwei Stunden später erneut tun zu müssen. Oder dazu, dass er sich sagt: „Das nächste Mal, wenn ich im Projektmanagement-Werkzeug bin, arbeite ich die Änderung ein." Dann verliert man jedoch leicht die Übersicht.

Am besten ist es, wenn Sie sich einen fixen Termin für diese Aufgabe setzen. Unabhängig davon, ob Sie sich entscheiden, Ihren Plan wöchentlich oder alle zwei Wochen zu aktualisieren, ist Freitag ein guter Tag. Blocken Sie sich zwei Stunden am Freitagvormittag, in denen Sie die Folgen von Änderungen durchspielen und den Plan für die nächste Zeitperiode verbindlich erstellen. So halten Sie Ihre Planung laufend und ohne Hektik auf dem neuesten Stand.

●●●

Wenn Sie Ihren Projektplan pflegen, sollten Sie nicht Ihre ursprüngliche Planung – den Basisplan – ändern, indem Sie das vorhandene Dokument einfach überschreiben. Schieben Sie auch nicht die alte Version in einen Archivordner, um sie möglichst schnell zu vergessen. Denn dann könnten Sie leicht den Überblick verlieren.

So ist es den Planern des Flughafens Berlin-Brandenburg anscheinend passiert. Ursprünglich geplant war die Eröffnung im November 2011. Kaum hatte man den Termin korrigiert, wurde der zuerst genannte Termin nicht mehr erwähnt – so als hätte er nie existiert. Der Termin wurde noch einmal auf Juni 2012 verschoben, dann auf Juni 2013, dann auf Oktober 2013 … Jede neue Terminankündigung wird inzwischen in den Medien mit Spott und Hohn kommentiert. Glauben will niemand mehr so recht, dass es diesmal bestimmt klappen werde – außer vielleicht die Projektverantwortlichen. Die scheinen vergessen zu haben, dass einmal der 11. November 2011 auf dem Plan stand.

Das Projekt liegt immer im Zeitplan, da der Projektleiter diesen ständig anpasst. Hier verschiebt er einen Fertigstellungstermin auf nächsten Monat, da verlängert er den Zeitplan um eine Woche, dort um ein paar Tage. Und wenn nötig, noch einmal um ein paar Tage. Sich etwas schönplanen nennt man dieses Vorgehen. Die Folge? Der Überblick geht verloren. Irgendwann weiß der Projektleiter nicht mehr, welchen Plan er jetzt gerade nicht einhält.

Den ersten, den zweiten, den dritten oder ... Wenn er aber nicht mehr weiß, wie sehr er gegenüber dem ursprünglichen Plan im Verzug liegt, hat er sich restlos verirrt.

Was noch gefährlicher ist: Wer einen Termin um zwei Monate verschieben muss, weiß sofort, dass irgendetwas grundsätzlich schiefläuft. Und er wird unmittelbar Maßnahmen zur Kurskorrektur treffen. Aber wenn der Projektleiter die Termine in Salamitaktik allmählich und schrittweise anpasst – hier ein Tag, dort zwei Tage –, fällt ihm die massive Verzögerung irgendwann nicht mehr auf. Deswegen rate ich Ihnen dringend, dass Sie als Projektleiter die Planung zwar ständig aktualisieren, aber den Ursprungsplan immer als Referenz im Auge behalten.

• •

HALTEN SIE IHREN PLAN STÄNDIG AKTUELL

➜ Aktualisieren Sie den Projektplan in einem regelmäßigen Zyklus, möglichst einmal in der Woche oder alle 14 Tage.

➜ Verwenden Sie den Ursprungsplan, den sogenannten Basisplan, als Referenz. Nur so können Sie den Überblick über die Terminverschiebungen behalten und die Zeitplanung aktiv steuern.

• •

Ein gutes Konzept. Finden Sie nicht auch? Ich stelle allerdings manchmal fest, dass es zu oft eine schöne Theorie bleibt. In der Praxis ist es nicht ganz einfach, die Planung permanent aktuell zu halten. Und zwar nicht, weil die Zeit dafür nicht reichen würde oder sich sonst organisatorische Hindernisse in den Weg stellen. Die Widerstände liegen ganz woanders.

Mona Lisa und die Schönheit der Pläne

„Sehr geehrter Herr Maier,
gestern habe ich noch einmal das Angebot durchgerechnet, das wir am Frei-
tag nach Oakland geschickt haben. Dabei habe ich bemerkt, dass in der ur-
sprünglichen Kalkulation ein gravierender Fehler steckt: Es passt ein Drittel
weniger von unseren Transportverpackungen in einen Eurocontainer, als ich
zunächst angenommen habe. Damit wird der Versand deutlich teurer und
unser Angebot unrentabel. Es tut mir leid, dass mir dieser Fehler unterlaufen
ist. Wir müssen mit dem Kunden nachverhandeln. Was meinen Sie?"

Solche E-Mails tun weh, beim Schreiben und beim Lesen. Begeistert ist der
Chef sicher nicht, wenn er erkennt, dass er bei einem Geschäft entweder
draufzahlen oder einen wichtigen Kunden verärgern muss, indem er ein Angebot zurückzieht. Für den Kunden ist es ärgerlich, sich auf ein Angebot zu
verlassen und dann erfahren zu müssen, dass es nicht mehr gilt. Dadurch entsteht der Eindruck, es mit unzuverlässigen Partnern zu tun zu haben. Oder
der Kunde fühlt sich nicht so ganz ernst genommen. Für den Mitarbeiter, der
den Fehler gemacht hat, ist das Eingeständnis sehr unangenehm. Er muss
mit Vorwürfen rechnen, eventuell sogar mit einer schlechteren Beurteilung
seiner Leistungen.

Ich glaube, dass es die beste E-Mail war, die der Mitarbeiter in dieser
Situation schreiben konnte. Auf jeden Fall war das unendlich viel besser, als
sich nicht zu melden und den Fehler zu verschweigen. Das gilt auch für alle
Mitarbeiter eines Projektteams, die plötzlich feststellen, dass ihr Plan nicht so
funktioniert wie gedacht. Sei es, weil jemand einen Fehler bei der Kalkulation gemacht hat, ein Produktelement eine unerwartete Schwachstelle aufweist
oder ein Missgeschick eintritt, mit dem niemand gerechnet hat. Angenehm
ist das nie. Der Plan war abgesprochen und alle waren damit einverstanden;
es steht zu befürchten, dass der Alternativplan für die Beteiligten weniger
Gutes zu bieten hat. Deshalb haben viele Menschen Skrupel, einen vereinbarten Plan abzuändern.

Es ist menschlich, Angst davor zu haben, einen Fehler einzugestehen.
Und es ist menschlich, sein Gesicht wahren und den anderen Beteiligten den

Ärger ersparen zu wollen. Deswegen ist die Versuchung da, Fehler totzuschweigen. Aber das hilft ja nichts. Denn durch Abwarten löst sich nichts, schon gar nicht das Problem. Im Gegenteil: Je länger ein Sachverhalt ignoriert wird, der das Projekt gefährdet, desto schlimmer werden die Konsequenzen. Ein Kunde, der ein Angebot bekommt und einen Tag später erfährt, dass es nicht aufrechterhalten werden kann, schluckt zweimal und vergleicht das neue Angebot mit denen der Wettbewerber. Wenn es immer noch besser ist, wird er zusagen und sich für die Ehrlichkeit bedanken. Wenn es schlechter ist, wechselt er vielleicht zum Wettbewerber – aber es bestehen immerhin noch Chancen, dass er beim nächsten Auftrag das Unternehmen wieder in Betracht zieht. Erfährt der Kunde aber erst Wochen später, dass das ursprüngliche Angebot nicht zu halten ist, und hat er inzwischen schon andere Angebote abgesagt, wird er ernsthaft verärgert sein. Dann ist dieser Kunde für immer verloren.

Auch für Plankorrekturen in Projekten gilt: je eher, desto besser. Je eher Sie erkennen, dass der ursprüngliche Plan nicht zu halten ist, und je früher Sie das offen kommunizieren und Alternativen aufzeigen, desto geringer ist der entstandene Schaden. Frühzeitig auf Fehler hinzuweisen schafft häufig Handlungsspielraum. Damit will ich nicht sagen, dass dann alle Beteiligten freundlich lächelnd über den Fehler hinweggehen. Wird ein Fehler eingestanden, kann das durchaus zu emotionalen Reaktionen und unangenehmen Gesprächen führen. Als Projektleiter müssen Sie aber die Konsequenzen der Planänderung tragen – das ist Ihr Job. Wenn Sie abwarten, werden die Konsequenzen schlimmer, sowohl für Sie persönlich als auch für das Projekt. Projektleiter zu sein heißt, Planabweichungen frühzeitig zu erkennen, ernst zu nehmen, zu kommunizieren und Lösungen zu finden. Nur so nehmen Sie die Verantwortung für das Projekt wahr, die zu Ihrer Rolle als Projektleiter gehört.

In solch einer Situation eine zeit- und kostenneutrale Alternativlösung vorlegen zu können wäre ideal. Manchmal ist das aber nicht möglich. Es ist sogar eher noch der günstige Fall, dass nur der Zeitplan überschritten oder nur das Budget überzogen wird. Manchmal muss sogar das Projektziel neu ausgerichtet werden.

Houston, wir haben ein Problem

Plötzlich war alles anders. Eine Minute Funkverkehr zwischen Apollo 13 und der Basis in Houston machte klar: Die Explosion eines der beiden Sauerstofftanks brachte die Mondmission in Gefahr. Der Kollateralschaden war das geringere Problem. Schwerer wog der Verlust an Sauerstoff, denn der wurde nicht nur für die Atemluft der Astronauten gebraucht, sondern auch für die drei Brennstoffzellen, die den Strom für die Steuerungstechnik und die Heizung in der Kommandokapsel lieferten.

Wer sich den Funkverkehr zwischen der Bodenstation und Apollo 13 anhört, ist zuerst über eins erstaunt: über den gelassenen, sachlichen Tonfall, in dem systematisch abgeklärt wurde, welche Systeme noch funktionieren und was als Nächstes zu tun ist. Allenfalls die leicht gepresste Stimme von Jack Lousma am Boden, als er bestätigt, dass er die Beschreibung der Astronauten verstanden hat, weist darauf hin, unter welcher Spannung er stand.

In dieser einen Minute wurde klar, dass eines der geplanten Vorhaben nicht erreicht werden konnte: nämlich auf dem Mond zu landen, dort verschiedene Forschungen zu betreiben und wieder zurückzukommen. Das Ziel der Mission war jetzt schlicht: die Astronauten lebend wieder zurück zur Erde zu bringen.

Die Voraussetzungen dafür waren denkbar schlecht. Die drei Astronauten hatten nur noch 30 Prozent des Sauerstoffvorrats zur Verfügung; sie konnten den Hauptantrieb der Mondfähre nicht nutzen, kämpften mit Kälte und verbrauchter Atemluft und mussten, um Strom zu sparen, alle Systeme abschalten, die nicht unbedingt zur Lebenserhaltung nötig waren. Sie fuhren den Zentralcomputer herunter, ohne die Gewissheit zu haben, ob er, wenn er für den Wiedereintritt in die Erdatmosphäre nötig wurde, wieder hochfahren würde. Probleme über Probleme. Aber ein Scheitern durch Aufgeben kam nicht infrage.

In der Bodenstation entfaltete sich fieberhafte Aktivität. Der Verantwortliche rief sämtliche Ingenieure und Techniker zusammen, um die beste Lösung zu entwickeln. Vor allem ging es darum, einen Adapter für den Atemluftfilter zu entwickeln. Dazu legte er den Ingenieuren alles Material auf den Tisch,

das die Astronauten an Bord zur Verfügung hatten – vom Klebeband bis zur
Socke. Dann ließ er sie basteln, diskutieren, ausprobieren.
Es gelang. Zwei Stunden später konnte die Bodenstation eine genaue An-
leitung für den Bau eines Adapters zur Mondfähre funken, zudem Berech-
nungen zur Kurskorrektur. Tagelang fieberte die ganze Welt mit, während
Apollo 13 in die Umlaufbahn um den Mond einschwenkte, mit einer kurzen
Zündung des Seitenantriebs den Kurs an die neuen Anforderungen anpasste,
wieder in Richtung Erde beschleunigte und schließlich im Atlantischen Ozean
landete. Einen noch größeren Knall als die Landekapsel machte sicher der
Stein, der allen Beteiligten vom Herzen fiel, als sich herausstellte: Die drei
Astronauten lebten und waren wohlauf.

Ein Plan kann nicht das Unvorhersehbare vorhersehen oder verhindern. Wenn in einem Projekt etwas geschieht, das alle bisherigen Annahmen zunichtemacht, müssen Sie andere Lösungen finden. Ich will Ihnen nichts vormachen: Sie werden häufig keine Maßnahmen finden, die hundertprozentig erfolgreich sind, mit denen Sie also ohne jeden Abstrich das ursprünglich geplante Ergebnis erreichen können.

In einer solchen Situation ist die Versuchung groß, das Projektziel ganz aufzugeben oder es zumindest stark zu reduzieren. So wie bei der Mondmission, bei der das große Ziel aufgegeben werden musste – könnte man meinen. Ich sehe das anders. Das Hauptziel der Mission Apollo 13 war es nicht, auf dem Mond zu landen, sondern die Astronauten wieder lebend zur Erde zurückzubringen. Und dieses Ziel wurde hundertprozentig erreicht. Mit großer Beharrlichkeit und Kreativität. Ich nenne das: Lösungsbeharrlichkeit. Sie ist eine unverzichtbare persönliche Qualität von Projektleitern.

Geben Sie nie, niemals, unter keinen Umständen auf! Den Kern des Projektziels müssen Sie trotz aller Schicksalsschläge immer noch verfolgen wollen. Ja, den müssen Sie sogar erreichen. Das ist Ihr Job. Etwas anderes kommt gar nicht infrage – so wenig, wie es für die Bodenstation in Houston infrage kam, das Leben der drei Astronauten aufzugeben.

AUFGEBEN GILT NICHT!

In einer Krisensituation müssen Sie als Projektleiter zuerst mit den Auftraggebern absprechen, was der unverzichtbare Kern des Projektziels ist – falls Sie
das nicht bereits zu Anfang gemacht haben. Und dann gehen Sie mit Kreativität
und Lösungsbeharrlichkeit daran, dieses Ziel auch zu erreichen. Geben Sie ein
Vorhaben nicht auf, sondern bleiben Sie aktiv!

➜ Überprüfen Sie, ob die aktuelle Strategie effektiv genug ist.
➜ Prüfen Sie, wo die Flaschenhälse sitzen. Wo wird das Team am meisten ge-
bremst?
➜ Klären Sie, ob es hilft, Überstunden zu machen.
➜ Hilft es, zusätzliche Mitarbeiter ins Boot zu holen?
➜ Hilft es, einen ganz anderen Weg zum Ziel einzuschlagen?
➜ Ziehen Sie sämtliche Ressourcen hinzu, die Sie haben. Nutzen Sie die Kre-
ativität aller Projektbeteiligten.
➜ Bleiben Sie ständig im Gespräch mit den Projektbeteiligten und den Ent-
scheidungsträgern des Projekts.
➜ Suchen Sie nach unkonventionellen Lösungswegen.

Mit genau abgestimmten Maßnahmen gelingt es Ihnen, den Kern des Plans zu
retten – vielleicht sogar, in den Plan zurückzukommen.

Mit kühlem Kopf

Was ist, wenn Ihre neu entwickelten Maßnahmen nicht funktionieren? Ver-
zweifeln Sie nicht, bleiben Sie cool!

*Ich saß am Münchner Flughafen fest und musste von dort ins Hinterland
von Köln. Es war der 17. Dezember, 16:30 Uhr, draußen fiel der Schnee in
immer dichteren Flocken. Schon vor zwei Stunden hatte ich eingecheckt und
mein Gepäck aufgegeben. Seither wartete ich darauf, dass mein Flug endlich
aufgerufen würde. Irgendwann fiel mir auf: Er stand gar nicht mehr auf der
Anzeigetafel. Er fiel wegen ungünstiger Witterung aus.*

Was nun? Am nächsten Tag sollte ich um 9:00 Uhr morgens im Kongresshotel im Siegerland sein, um mein Seminar zu geben. Bahnfahren war keine Alternative, wegen Ästen auf der Oberleitung ging auch hier nichts mehr. Nach Hause fahren und das Auto aus der Garage holen? Bis ich dort wäre, würde es zwei Stunden dauern. Dann wäre ich bei Schneesturm bis spät nachts unterwegs. Besser erschien es mir, diese zwei Stunden zu sparen und direkt vom Flughafen aus zu starten.

Mit viel Überredungskunst gelang es mir, einen Mietwagen mit Navigationsgerät zu bekommen. Das Gepäck hatte ich auch schon wieder ausgecheckt, also fuhr ich gleich los. Teilweise ging es nur mit 40 Kilometer pro Stunde auf der Autobahn voran. Es schneite immer stärker, der Scheinwerferkegel reichte gerade mal zehn Meter weit, die Schneeräumfahrzeuge kämpften auf verlorenem Posten. Dann kam eine Glatteiswarnung im Autoradio, ich konnte kaum mehr als Schrittgeschwindigkeit fahren.

Im Siegerland, zwei Kilometer weg vom Kongresshotel, schickte mich das Navigationsgerät einen Wanderweg hoch. Die Stimmung nachts im Schneesturm war ohnehin so surrealistisch, dass es mir nicht weiter merkwürdig vorkam, dazu eine Sperre umfahren zu müssen. Aber dahinter war dann Schluss. Es ging steil bergauf, auf dem ungeräumten Feldweg geriet der Mietwagen ins Rutschen, direkt auf die Sperre zu. Also Bremsen rein und nachdenken. Ich beschloss, keinen Meter weiter mit dem Auto zu fahren. Es gelang mir, die Sperre wieder vorsichtig zu umfahren und den Wagen auf einem Parkplatz abzustellen. Als ich dann im Hotel anrief, bestellte mir der freundliche Nachtportier ein Taxi. Um 5:00 Uhr morgens war ich dann endlich angekommen und konnte sogar noch ein paar Stunden schlafen. Pünktlich um 9:00 Uhr startete ich mit meinem Seminar.

Schwierigkeiten sind kein Grund, ein Ziel aufzugeben. Vielmehr bringen sie einen dazu, möglichst frühzeitig nach einem anderen Weg zu diesem Ziel zu suchen. Solange es Alternativen gibt. Pläne schränken diese Flexibilität ein. Wer gut geplant hat – so wie ich mit meinem Flug, der reichlich Zeitpuffer vorsah –, der verlässt sich allzu leicht darauf, dass die Umsetzung schon funktionieren wird. Er fokussiert sich auf ein einziges Set von Lösungen. Bis er sich eingesteht, dass diese Wege nicht mehr offen sind, hat er vielleicht schon die Abzweigung zu den Alternativen hinter sich gelassen.

Es gibt nie nur eine Lösung. Es gibt auch nie nur zwei mögliche Ansätze. Wenn Sie feststellen, dass es mit der ersten Möglichkeit eng wird und auch die zweite nicht funktioniert, versuchen Sie es eben mit der dritten. Und der vierten. Und der fünften … Damit will ich sagen: Seien Sie jederzeit bereit, mit Ihrem Projektteam zusammen eine weitere Lösungsmöglichkeit zu erarbeiten. Auch wenn Sie sich damit weit vom ursprünglichen Plan entfernen.

Noch einmal: Es geht nicht um die Einhaltung eines Plans, sondern um das Projekt. Die Hauptsache ist doch, dass Sie das Projektziel erreichen. Auf welcher Route Sie dorthin gelangen, ist nicht so entscheidend. Und Ihr Ziel werden Sie erreichen, solange Sie nur nicht aufgeben.

Kapitel 7

Steinschlag! – Unvorhergesehenes: massiv und plötzlich

Ein **Steinschlag** trifft den Alpinisten immer unvorbereitet und plötzlich. Keine Sicherung, keine Ausrüstung bewahrt ihn davor, in einen unberechenbaren Steinhagel zu geraten. Felsbrocken und Geröll kommen durch Witterungseinflüsse oder unvorsichtige Bergsteiger ins Rutschen und poltern ungebremst zu Tal. Während sie herabstürzen, reißen sie weitere Steine mit sich, sodass sich schnell eine Steinlawine bilden kann. Große Steinblöcke und erdrutschartige Felsstürze können Wege unpassierbar machen oder gar ganze Seilschaften unter sich begraben. Selbst kleinere Steine können je nach Fallhöhe und Geschwindigkeit eine enorme Durchschlagskraft entfalten und ein Bild der Zerstörung hinterlassen.

A uch die aufmerksamste Planung und umfassendste Risikoanalyse schützt nicht davor, dass Unvorhersehbares geschieht. Kein Projektverantwortlicher ist vor Steinschlägen in seinem Projekt gefeit.

→ Ein nächtlicher Brand in der Maschinenhalle wird durch eine Verkettung unglücklicher Umstände lange Zeit weder von den Sicherungssystemen noch vom Werkschutz bemerkt und kann sich ausbreiten. Die Produktion ist lahmgelegt und es wird mehrere Wochen dauern, bis sie wieder zum Laufen gebracht werden kann.

→ Ein Autounfall auf der Rückfahrt von der Fachmesse reißt die beiden wichtigsten Mitarbeiter des Projektleiters aus ihrem Alltag; beide werden in absehbarer Zeit ihre Arbeit nicht wieder aufnehmen können.

→ Das Partnerunternehmen der Werbefirma kann die von ihm zugesagten und vertraglich garantierten Dienstleistungen nicht erbringen; von heute auf morgen bricht die mühsam konzipierte Just-in-time-Kette zusammen. Dass der Geschäftsführer des Dienstleistungsbetriebs sich wegen Insolvenzverschleppung verantworten muss, hilft dem Projektleiter in der Werbefirma auch nicht weiter.

Projekttücken mit mentaler Kraft entschärfen

Das Besondere an solchen Situationen: Sie entstehen vollkommen überraschend und stellen eine massive Bedrohung für das gesamte Projekt dar. Auch wenn zunächst nur Teilaspekte davon betroffen sind – zum Beispiel ist eine Zeitlinie oder das Budget aufgrund der ungeplanten Ereignisse nicht zu halten –, bringen solche Krisensituationen doch das gesamte Projekt in Gefahr.

An einen kleineren Steinschlag, den ich selbst erlebt habe, kann ich mich noch gut erinnern: Mit mir als verantwortliche Projektleiterin hatte mein Team Software für ein Großhandelsunternehmen ausgewählt und deren Implementierung vorbereitet. Acht Monate lang hatten wir hochtourig gearbeitet, um zum geplanten Termin fertig zu werden. Einen Tag vor Vertragsabschluss erfuhren wir, dass der Hersteller der für diesen Prozess ausgewählten Software über Nacht Konkurs angemeldet hatte. Glück im Unglück: Weder war die Software installiert, noch waren die Mitarbeiter geschult worden. In diesem Fall lag die Lösung schnell auf der Hand: Das Projekt musste nicht ganz neu aufgesetzt werden, sondern wir konnten teilweise auf unsere Vorarbeit zurückgreifen. Schließlich waren mehrere Softwares in der engeren Auswahl gewesen. An diesem Punkt des Projekts konnten wir wieder einsteigen. Dass wir einen Schritt zurückgehen mussten, bedeutete allerdings, dass die ursprünglich geplante Zeitlinie nicht mehr zu halten war. Da es sich um einen internen Prozess handelte, bei dem keine Zeitschiene zwingend vorgegeben war, erkannten wir nach dem ersten Schock, dass die Auswirkungen nicht ganz so gravierend waren, wie zunächst befürchtet. Das alte Softwaresystem blieb einfach noch ein paar Monate länger in Betrieb als ursprünglich geplant. Mit einiger Zeitverzögerung und höheren Kosten konnten wir dieses Projekt am Ende dennoch erfolgreich abschließen.

Die schon erwähnte Geschichte der Apollo 13 und ihrer Mondmission verdeutlicht, dass die Auswirkung eines Steinschlags auch ganz andere Dimensionen annehmen kann. Hier ging es im wahrsten Sinne des Wortes ums Überleben der dreiköpfigen Besatzung. Unzählige Abläufe mussten unter extremem Zeitdruck umgestrickt oder neu aufgesetzt werden, immer neue Probleme taten sich auf und mussten gelöst werden. Am 17. April 1970 landeten Jim Lovell, Jack Swigert und Fred Haise sicher im Pazifik. Aus dem katastrophalen Steinschlag war ein Triumph für die bemannte Raumfahrt und die NASA geworden. Der positive Effekt in der Wahrnehmung der Öffentlichkeit war weitaus größer, als er bei Gelingen der ursprünglich geplanten Mission gewesen wäre.

Natürlich hat ein Projektleiter die Aufgabe, realistisch zu planen und im Vorfeld zwischen der Eintrittswahrscheinlichkeit und der Auswirkung denkbarer Risiken abzuwägen. Doch Steinschläge definiere ich eben so, dass sie unvorhersehbar sind. Sie können nicht eingeplant werden, sodass Alternativlösungen schon bereitstehen. Und doch gibt es eine Möglichkeit, sich auf solche Situationen vorzubereiten. Auch wenn ein Projektleiter nicht weiß, welche Steinschläge sein Projekt gefährden könnten, kann er sich doch darauf einstellen, dass ein Steinschlag möglich ist.

Ich habe in meinem Leben viele Steinschläge miterlebt und auf einige angemessen reagieren müssen. Aus dieser Erfahrung heraus weiß ich, dass betroffene Projektleiter nach Eintritt der Krisensituation drei verschiedene Fallen vermeiden müssen.

➜ Falle 1: Das Unterbewusstsein übernimmt die Führung.
➜ Falle 2: Als Einzelkämpfer unterwegs sein.
➜ Falle 3: Getrieben zu sein statt gestaltend einzugreifen.

Ein Projektleiter, der diese Verhaltensmuster kennt und verstanden hat, wodurch sie ausgelöst werden, verfügt über einen entscheidenden Wissensvorsprung. Wie ein Skifahrer vor dem Abfahrtslauf die Strecke mental durchgeht, kann er sich die Fallen bereits im Vorfeld bewusst machen, um im Ernstfall handlungsfähig zu bleiben. So kann er unvorhergesehene und massive Störungen im Projektablauf besser auffangen und hat damit eine deutlich höhere Chance, aus der Krise das Bestmögliche herauszuholen.

Falle 1: Vom Unterbewusstsein geführt

„Jetzt ist das Projekt komplett gescheitert!" – Schock ist die natürliche Reaktion eines Projektleiters, der mit den Auswirkungen eines Steinschlags konfrontiert wird. Kein Wunder, denn die sich plötzlich auftürmenden Probleme erscheinen unlösbar und sie sind es zunächst oft auch. Die Aufgabe des Projektleiters besteht nun darin, sinnvoll zu reagieren und sein Projekt wieder auf Kurs zu bekommen. Doch im ersten Moment bestimmen Reflexhandlungen und Emotionen das Geschehen. Je nach Sachlage und Persönlichkeit des Projektleiters wird sich eine der folgenden Reaktionen Bahn brechen wollen.

➜ Weglaufen: „Ich bin's nicht gewesen."
➜ Kämpfen: „Das werden wir durchziehen, auf Teufel komm raus."
➜ Resignation: „Damit ist die Sache gestorben."

Dass in der ersten Schrecksekunde nicht gerade Glücksgefühle auftreten, sondern Urinstinkte wirken, ist in Ordnung – alle drei Reaktionen sind vollkommen normal. Wir sind Menschen und wir sind nun mal so gestrickt. Aber solange der mit der ersten Kopflosigkeit verbundene extrem eingeengte Fokus vorherrscht, darf noch nicht gehandelt werden. Stattdessen muss möglichst schnell die bewusste Analyse der Situation einsetzen.

● ●

SEIEN SIE ACHTSAM

Natürlich werden Sie selbst es nicht merken, wenn Ihr Unterbewusstsein die Führung übernommen hat. Aus der angespannten Situation heraus ist das schwierig, nicht umsonst heißt es ja: unbewusst. Wenn Sie sich jedoch bereits im Vorfeld bewusst machen, welche Reaktion Sie in einer Steinschlagsituation zu erwarten haben, können Sie schneller aus dem Modus herausfinden, in dem das Unterbewusste regiert. Und dann bringen Sie Ihre Ratio wieder ins Spiel.

● ●

Lassen Sie die reine Emotion hinter sich

Panik ist kein guter Ratgeber und aus der Emotion heraus werden nur selten gute Entscheidungen getroffen. Alles, was es Ihnen ermöglicht, sich zu sammeln und aus der Erstreaktion auszusteigen, ist willkommen. Sie selbst wissen am besten, was Sie dazu befähigt, vorübergehend Distanz aufzubauen. Manche Menschen reden laut mit sich selbst oder telefonieren mit einem Freund, um sich aufmuntern zu lassen. Bei anderen ist es ein kurzer Spaziergang, bei dem sie tief durchatmen und der sie wieder Tritt fassen lässt. Individuell verschieden ist auch, ob eine Person sich beruhigen muss, um von der rein emotionalen und unreflektierten Schiene wieder herunterzukommen, oder ob sie sich im Gegenteil körperlich verausgaben muss. Egal ob Sie zehn Minuten auf der Kraftbank verbringen oder mit geschlossenen Augen und auf Ihre Atmung konzentriert am Schreibtisch entspannen, wenn Sie sich in einer solchen Lage befinden – Hauptsache ist, dass Sie einen Moment bewusst innehalten können und so den Ausstieg aus dem Emotionskarussell finden.

Damit Sie in der Krise schnell handlungsfähig werden, muss Ihnen schon im Vorfeld klar sein, mit welchem Verhalten Sie sich erden können. Aus der Situation heraus, wenn es an allen Ecken brennt, werden Sie kaum Zeit finden, erst noch eine passende Strategie zu entwickeln. Wählen Sie deshalb beizeiten körperliche oder mentale Rituale aus und trainieren Sie sie. Denn sie beruhigen und geben Sicherheit – auch in normalen Stresssituationen.

Machen Sie eine rationale Bestandsaufnahme

Wenn Sie erst einmal Ihre Urinstinkte unter Kontrolle haben, verschaffen Sie sich einen Überblick, um die Situation sachlich darstellen zu können. Bevor Sie keine Bestandsaufnahme gemacht haben, können Sie die Situation nicht analysieren und beurteilen. Es geht nun darum, sich Zeit zu nehmen, um die Lage neu zu bewerten. In besonderen Stresssituationen fällt das natürlich sehr schwer. Doch gerade wenn höchster Zeitdruck herrscht, gilt: Besser ein paar Tage für eine vernünftige Analyse einplanen, als Monate auf dem falschen Gleis unterwegs zu sein. Die Investition lohnt sich.

Indem Sie sich die Situation kühl ansehen, kommen Sie auch mental aus der Blockade heraus. Apropos: Als Projektleiter sollten Sie gerade in der Krise Coolness ausstrahlen, selbst wenn alle anderen um Sie herum den Kopf verlieren. Auch wenn es Sie innerlich zerreißt, müssen Sie auf das Team beruhigend wirken und ihm Sicherheit bieten. Denn Sie sind es, auf den sich nun die Aufmerksamkeit richtet.

Finden Sie die richtige Baustelle

Oft passiert es, dass sich nach einem Steinschlag die Aufmerksamkeit auf einen Nebenaspekt richtet, obwohl es im Kern um etwas ganz anderes geht. Wenn Sie aber Ihre Kraft und die Ihres Teams darauf verschwenden, an der falschen Stelle aktiv zu werden und unwichtige Fehler oder Mängel zu beheben, verursachen Sie nur zusätzliche Zeitverzögerung, Qualitätsmängel oder Kosten – vielleicht sogar alles drei gleichzeitig.

Nur wenn Sie blinde Aktivität vermeiden, können Sie den Hebel an die richtige Stelle anlegen. Dazu müssen Sie sich bereits im Vorfeld klar darüber werden, wo genau die Priorität im Projekt liegt. Jeder Projektleiter bewegt sich in einem Dreieck, an dessen Spitzen Ziel, Zeit und Budget stehen. Eine dieser drei Komponenten genießt in Ihrem Projekt Vorrang und es ist Ihre Aufgabe, eine konkrete Lösung zu finden, um diese möglichst vor Schaden zu schützen. Das geht fast immer zulasten der anderen beiden Faktoren.

Wenn zum Beispiel das Projektziel nicht verhandelbar ist, können auftretende Schwierigkeiten in der Regel nur behoben werden, indem der Zeitrahmen oder das Budget vergrößert wird, also die Geld-, Mitarbeiter- oder Rohstoffressourcen erhöht werden. Wenn die Zeit der kritische Parameter ist, muss es heißen: weg vom Zeitdruck. Das geht, indem Sie das Projektziel oder den Ressourceneinsatz variieren, also zum Beispiel mehr Mitarbeiter anfordern oder die Zielvorgaben reduzieren.

Ein Steinschlag hat immer Auswirkungen, nur in absoluten Ausnahmefällen werden Sie ohne Kratzer durchkommen. Es ist also völlig normal, dass Sie nach einem Steinschlag gewisse Abstriche machen müssen. Sie werden mehr Geld, mehr Zeit, mehr Extrameilen benötigen. Oder nur einen Teil Ihres ursprünglichen Auftrags liefern können. Machen Sie sich bewusst: Nach einem Steinschlag geht es nicht darum, den geplanten Zustand wieder herzustellen, sondern dann steht die Schadensbegrenzung im Vordergrund – das nimmt Ihnen einen Teil des belastenden Drucks und lässt Sie gefasster mit der unvorhergesehenen Situation umgehen.

Falle 2: Als Einzelkämpfer unterwegs

Läuft er im Rettungsmodus, vergisst ein Projektleiter schnell, dass es auch noch sein Team gibt. Um den enormen Anforderungen im Krisenfall gerecht zu werden, will er sich auf die eigenen Stärken konzentrieren und Anstrengendes so weit wie möglich eliminieren. Mitarbeiter und Vorgesetzte stellen Fragen, wollen Antworten. Sie sind anstrengend und werden deshalb schnell als Belastung wahrgenommen. Sie und ihre Anliegen auszublenden scheint da ein Ausweg zu sein.

Es gibt noch weitere Gründe dafür, dass in der Krise viele Projektleiter als Einzelkämpfer unterwegs sind. Einer ist, dass sie sich als Verantwortliche oft die Schuld an der Krise geben, vielleicht wird sie ihnen sogar von anderer Seite zugeschrieben. Natürlich muss die Ursache für den Steinschlag früher oder später identifiziert werden – doch von Schuld kann hier niemals die Rede sein.

Trotzdem lässt sich die Haltung mancher Projektleiter so zusammenfassen: Wenn ich die Suppe eingebrockt habe, dann will ich sie auch wieder auslöffeln. Andere Projektleiter sehen sich als Helden und meinen tatsächlich, dass sie alles im Alleingang bewältigen können. Die Folge ist in jedem Fall: Der Projektleiter kapselt sich ab und will auf eigene Faust aufräumen. Sein Blickfeld verengt sich, er richtet sich allein auf das Problem aus und darauf, wie es zu lösen ist. Die anderen mitzunehmen vergisst er.

Doch Einzelkämpfer scheitern. Um diese Falle zu vermeiden, muss Ihnen als Projektleiter in einer Krisensituation bewusst sein, dass Sie zwar für die Lösungsstrategie verantwortlich sind, aber auch dafür, dass bei der Suche danach und bei der Umsetzung alle Ressourcen genutzt werden – dazu gehören die Mitarbeit und nicht zuletzt die Ideen Ihres Teams. Sie sind es, der seine Leute ins Handeln bringen muss, je eher, desto besser.

•••

BEHALTEN SIE DEN ÜBERBLICK

Ob Sie stärker auf eigene Faust handeln, als es dem Projekt gut tut, erkennen Sie daran, ob Sie zu allen relevanten Punkten des Projekts im Moment eine Aussage treffen können. Sind Sie auf dem tagesaktuellen Stand und wissen Sie, wo Ihr Team gerade steht? Als Projektleiter ist es eine Ihrer Kernaufgaben, Informationen abzuholen. Fehlt Ihnen der Überblick über den Verlauf des Projekts, sind Sie im Einzelkämpfermodus unterwegs.

•••

Auch wenn es einmal passiert, dass Sie mit Tunnelblick und ganz für sich vor sich hin arbeiten – sobald Ihnen dies auffällt, können Sie Ihr Team und Ihre Auftraggeber wieder ins Geschehen einbinden. Dazu haben Sie folgende Möglichkeiten:

Setzen Sie bewusst auf Kommunikation

Als Projektleiter sind Sie der Dreh- und Angelpunkt in der Kommunikation. Vor allem in kritischen Situationen sind Gespräche und der Austausch zwischen allen Beteiligten wichtig. Dabei gilt es zu beachten, dass es nicht Ihre Aufgabe ist, Lösungen zu liefern. Vielmehr geben Sie den Rahmen vor, in dem die Spezialisten optimale Bedingungen vorfinden, um das Problem zu bewältigen. Gehen Sie dazu Ihre Rolle als Kommunikator aktiv an.

Ohne Frage ist Reden die beste Form zu kommunizieren. Im persönlichen Gespräch finden Sie schnell heraus, ob zum Beispiel Ihre eigene Bewertung der Situation von anderen geteilt wird und Zustimmung findet. Die Meinung anderer ist ein unerlässlicher und wertvoller Beitrag zur Analyse. Zeigen Sie also Respekt vor der Expertise Ihres Teams; bleiben Sie nicht nur im Sendemodus, sondern hören Sie auch zu. Falls Sie sich mit Ihrer Einschätzung einmal auf dem Holzweg befinden, werden Sie mithilfe Ihres Teams rechtzeitig auf einen erfolgversprechenderen Kurs umschwenken können.

Setzen Sie auf informelle Kommunikation und veranstalten Sie regelmäßig Meetings in engerer Taktung als zuvor. Das muss nicht unbedingt mehr Zeitaufwand für die Beteiligten bedeuten. Fand bisher zum Beispiel jede Woche eine zweistündige Besprechung statt, planen Sie dafür nun jeden Tag eine Viertelstunde ein. Der tägliche Austausch hilft, dass Ihr Team schneller und schlagkräftiger arbeiten kann.

Dagegen schadet es nicht, den Umfang nachgeschalteter Kommunikation, zum Beispiel in Form von E-Mails, zu reduzieren. Jedes Gespräch, das sinnvoll eine E-Mail ersetzen kann, ist ein Gewinn. Trotzdem sind E-Mails in den meisten Fällen ein zuverlässiger Indikator dafür, ob in Ihrem Team ausreichend Kommunikation stattfindet. Wie viele Nachrichten, die mit Ihrem Projekt in Verbindung stehen, haben Sie in den letzten 24 Stunden erhalten? Und wie viele haben Sie geschrieben? Gemeint sind natürlich nicht solche E-Mails mit redundanten Inhalten, sondern die mit Relevanz für das Projekt. Wenn auffällige Leere in Ihrer Mailbox herrscht, dann läuft vermutlich etwas gewaltig schief.

Achten Sie also darauf, ob und wie Ihre Mitarbeiter und auch die Vorgesetzten oder Auftraggeber untereinander kommunizieren. Fragen Sie zudem bei den Teammitgliedern nach, ob ein hilfreicher Austausch zwischen ihnen stattfindet. Nachrichten wie die folgenden beinhalten konkrete Aussagen und treiben das Projekt voran:

→ Warum ist das Ersatzteil noch nicht geliefert worden?
→ An dieser Stelle haben sich die Prioritäten geändert, und zwar …
→ Ich schaffe es nicht, die angefragten Zahlen zu liefern. Wer kann mir helfen?
→ Für den nächsten Schritt stehen uns zwei Tage Zeit zur Verfügung.

Bleiben Sie dicht am Geschehen, indem Sie den Austausch zwischen den Beteiligten fördern und so oft wie möglich daran teilnehmen. Machen Sie sich auch klar, dass es darauf ankommt, die richtigen Leute zu fragen. Gerade die Kommunikation mit den Auftraggebern oder anderen Projektleitern birgt Chancen: Nicht selten verfügen sie über Ressourcen oder kennen Möglichkeiten, von denen Sie nichts wissen. Darüber erfahren Sie nichts, wenn Sie alleine am Schreibtisch sitzen.

Kommunizieren Sie auf Augenhöhe

Ebenso wichtig wie die Tatsache, dass im Team überhaupt kommuniziert wird, ist die Art und Weise, wie Sie kommunizieren. Ihr Auftreten wird durch Ihre Rolle als Projektleiter bestimmt, die hat im Grunde die gleiche Wertigkeit wie die der Mitarbeiter und Auftraggeber. Dass Sie für das Projektergebnis verantwortlich sind, ist Teil Ihrer Funktion, bestimmt aber nicht Ihren Status. Der Projektleiter wird ausgewählt, bekommt ein Ziel und Ressourcen zugewiesen und hat die Aufgabe, sein Ding möglichst gut durchzuziehen. Nicht mehr und nicht weniger. Kein Grund also, sich darauf etwas einzubilden. Oft verfügt ein Projektleiter seinen Mitarbeitern gegenüber noch nicht einmal über direkte Weisungsbefugnis, das heißt: In Projekten ist eine laterale Führung angezeigt. Das ist eigentlich Basiswissen, wird in Extremsituationen aber oft vergessen.

Ähnliches gilt für die Kommunikation mit Ihren Vorgesetzten und Auftraggebern. Natürlich ist es unangenehm, mitteilen zu müssen, dass sich ein Projekt in Schieflage befindet. Im schlimmsten Fall wird Ihr Vorgesetzter Zeit verbrennen, indem er nach einem Schuldigen sucht. Vielleicht lässt er auch Dampf ab und gibt Druck auf das Projekt. Das tut weh, doch es hilft nichts. Das müssen Sie aushalten. Bleiben Sie bei den Fakten, lassen Sie sich nicht provozieren und denken Sie daran: Gegenüber Ihrer Führungskraft als Auftraggeber sind Sie alles andere als ein Bittsteller. Ihre Aufgabe besteht darin, ein Ergebnis zu liefern. Wenn Unvorhergesehenes eintritt, sind Sie dafür zuständig, die Verbindung zu halten, die Beteiligten zu informieren, Entscheidungsvorlagen zu liefern und die Ermächtigung für das neue Vorgehen einzuholen. Indem Sie die Analyse der Lage liefern und Handlungsempfehlungen geben, machen Sie so manche Entscheidung erst möglich. Es gibt also keine Veranlassung, Ihr Licht unter den Scheffel zu stellen.

Machen Sie sich also klar: Ob Auftraggeber, Projektleiter oder Teammitglied – jeder hat seine Rolle und den Auftrag, sie auszufüllen. Es gibt keinen Grund, sich kleinzumachen oder groß aufzutrumpfen. Gerade in Stresssituationen wird dies kaum dazu beitragen, dass Ihr Gegenüber angemessen reagieren kann. Sollten Sie Ihrem Team gegenüber eine großmeisterliche Haltung an den Tag legen und in einen Kommandoton verfallen, würden Sie vermutlich auf Ablehnung stoßen. Außerdem würden Ihre Mitarbeiter dann kaum den Mut aufbringen, eigene Meinungen zu vertreten oder Ideen einzubringen. Das wäre ein großer Verlust von Ressourcen, den Sie zu verantworten hätten! Wenn Sie dagegen auf Augenhöhe kommunizieren, werden Sie es schaffen, die Begeisterungsfähigkeit bei sich und den Mitarbeitern zu erhalten. Nur so sind optimale Ergebnisse – gerade unter schwierigen Bedingungen – möglich.

Klären Sie die Zuständigkeiten neu

Für den Fall, dass plötzlich und unerwartet wichtige Mitarbeiter ausfallen, werden Sie als Projektleiter in der Regel vorab keine Maßnahmen vorbereitet haben. Für jeden Spezialisten jederzeit einen Ersatzmann in zweiter Reihe bereit zu haben ist einfach nicht realistisch. Die Suche nach einem kurzfristig verfügbaren Vertreter, der die Fäden aufnehmen kann, gestaltet sich oft sehr schwierig, nicht immer kann die Umbesetzung aus dem Team heraus stattfinden.

Wenn Sie sich dann außerhalb nach Ersatz umschauen müssen, sind Konflikte vorprogrammiert. Denn passende Mitarbeiter sind im Notfall längst für andere Dinge gebucht oder mit ihrem Tagesgeschäft voll ausgelastet. Wundern Sie sich also nicht, wenn Sie mit Ihren Begehrlichkeiten auf Gegenwehr stoßen. Es liegt in der Natur der Sache, dass Spannungen auftreten, wenn Sie kurzfristig Rollen neu besetzen müssen. Vergeuden Sie unter diesen Umständen keine Zeit damit, sich zu ärgern, sondern werden Sie aktiv. Nehmen Sie Kontakt mit anderen Projektleitern auf und diskutieren Sie offen die Prioritäten. Vergessen Sie auch nicht, Ihre Auftraggeber auf dem Laufenden zu halten.

Wenn ein Steinschlag nicht dazu führt, dass plötzlich Mitarbeiter ausfallen, sondern dass das Arbeitsziel oder die Zeitplanung auf einmal ganz anders aussieht, müssen Sie die Verteilung der Aufgaben in Ihrem Team ebenfalls überdenken. Denn sobald Prioritäten umverteilt werden, fallen Arbeitsschritte weg oder es kommen neue hinzu; wenn die Projektdauer sich verlängert, kollidiert das ebenfalls mit den Planungen. In beiden Fällen müssen Aufgaben und Positionen anders verteilt und besetzt werden als zuvor.

Die Suche nach geeigneten Mitarbeitern wird zudem nicht einfacher dadurch, dass Sie stets unter Zeitdruck handeln müssen. Wenn sich zum Beispiel die für das Projekt benötigte Zeit plötzlich von zehn auf 20 Arbeitstage verlängert oder sich herausstellt, dass sich aufgrund unvorhersehbarer Umstände das ursprünglich anvisierte Ziel gar nicht erreichen lässt, passiert das kaum am ersten oder zweiten Tag. Das wird eher am achten oder neunten erkannt, also erst dann, wenn die Zeit sowieso schon knapp ist.

Wenn Sie als Projektleiter verinnerlicht haben, dass Ihr Projekt kein geschlossenes System darstellt, sondern in Beziehung und Konkurrenz zu anderen Projekten steht, wird es Ihnen leichter fallen, gelassen aufzutreten. Denken Sie daran, dass das Unternehmensziel die oberste Priorität hat, daran orientiert sich die Bedeutung der einzelnen Projekte und damit die Entscheidung, an welcher Stelle ein Mitarbeiter die optimale Wirkung entfaltet.

Falle 3: Getrieben sein statt gestaltend einzugreifen

Selbst wenn der Projektleiter nach einem Steinschlag schnell zur Rationalität zurückgefunden hat und auch sein Team und seine Auftraggeber umfassend in die Problemlösung mit einbezieht, wartet immer noch eine dritte Fallgrube auf ihn, die es zu umgehen gilt: blinde Aktivität statt überlegter Aktion.

Ein Steinschlag löst unvermeidlich Hektik aus. Unzählige Fragen, unzählige E-Mails erreichen den Projektleiter. Wenn sich dann nach dem ersten großen Felssturz noch weitere kleine Brocken lösen und mit einem Knall aufschlagen, kommt die Mannschaft kaum zur Ruhe. Dem Projektleiter muss in dieser Situation klar sein: Es ist keine Schande, in einen Steinschlag zu geraten; aber er ist verantwortlich dafür, dass umgehend ein Lösungsweg gefunden wird, damit er und sein Team Stein für Stein beiseiteschieben können. Er ist es, der die Impulse setzt und in enger Steuerung den Rahmen schafft, um die Krise erfolgreich zu bewältigen.

Wenn der Projektleiter es nicht schafft, einen kühlen Kopf zu bewahren und zeitnah ins Handeln zu kommen, läuft er Gefahr, dass sowohl seine Mitarbeiter als auch er selbst nicht mehr agieren, sondern nur noch reagieren. Wer auf diese Weise den Überblick verliert, legt los, ohne mögliche Alternativlösungen sehen zu können. Dann passiert es schnell, dass Mitarbeiter nebeneinanderher arbeiten, ohne zu wissen, was der andere tut. Vielleicht führt das sogar dazu, dass sich die Effekte ihrer Bemühungen aufheben.

● ●

ERKENNEN SIE DIE ANZEICHEN RECHTZEITIG

Wenn Sie jeden Tag bis spät abends in der Firma sind und trotzdem ratlos bleiben; wenn am Ende des Tages mehr Unklarheit herrscht als am Morgen; wenn Sie das Gefühl haben, dass nichts vorangeht; wenn Sie nur noch mit Berichten beschäftigt sind – dann sollten Ihre Alarmglocken schrillen.

● ●

Wie Sie wieder zu Ihrer Handlungsfähigkeit zurückfinden, beschreiben die folgenden Ausführungen.

Achten Sie auf die Dokumentation der Vorgänge

Gerade in schwierigen Zeiten ist es wichtig, zeitnah und flexibel zu handeln. So kommt es dazu, dass Entscheidungsvorlagen telefonisch vermittelt, wichtige Abmachungen zwischen Tür und Angel vereinbart und auf kurzfristig einberufenen Meetings innerhalb einer Viertelstunde wegweisende Entschlüsse getroffen werden. Wer sich dann in der Hektik die Dokumentation solcher Vorgänge spart, verliert schnell die Übersicht. Mehr als je ist es nötig, alle wichtigen Informationen festzuhalten. Doch wenn man eng an die Felswand gepresst im Steinhagel steht, wird dieses Basiswissen leider oft vergessen. Es rächt sich, wenn an der falschen Stelle Zeit gespart wird. Abgesehen davon, dass Verwirrung und Unklarheit die Abläufe lähmt, muss die vermeintlich gewonnene Zeit später doch wieder für das Projekt aufgewendet werden.

Lassen Sie also alle Analysen und Entscheidungen in Protokollen festhalten und liefern Sie Entscheidungsvorlagen in schriftlicher Form nach, auch wenn die Zeit drängt. Zumindest informelle Aktennotizen sollten verfasst werden. Maßstab für eine angemessene Dokumentation ist die Nachvollziehbarkeit. Wurde zum Beispiel eine Entscheidung gefällt, sollte die entsprechende Aktennotiz eine Beschreibung des Problems, die vorgestellten Entscheidungsmöglichkeiten und die Variante, für die sich der Auftraggeber entschieden hat, enthalten. In der Regel reicht ein Zweizeiler per E-Mail vollkommen aus: „Wie soeben besprochen wurde entschieden, dass …"

Dank einer sinnvollen Dokumentation der Vorgänge wird jeder jederzeit nachvollziehen können, wer was wann entschieden hat, wer von wem informiert wurde und welche Vorgaben in welcher Form verändert wurden. Nur mit absoluter Transparenz im Projektverlauf ist ein sinnvolles Arbeiten möglich.

Überdenken Sie in Ruhe alle Lösungsmöglichkeiten

In Krisensituationen wird eher zu früh als zu spät gehandelt. Starke Nerven sind nötig, um erst einmal ein Brainstorming zu machen, wenn das eigene Projekt zu kippen droht. Viel leichter wäre es, gleich loszulegen und allen zu zeigen: Ich bin aktiv. Das ist aber nicht zielführend. Sie müssen die Anspannung aushalten, zunächst umfassend und gründlich nach Wegen aus der Krise suchen – und dürfen erst dann handeln, wenn eine sinnvolle Lösung im Raum steht.

Den Zeitpunkt schmerzhaft hinauszuzögern, an dem Sie und Ihr Team sich endlich daranmachen können, mit den Aufräum- und Wiederaufbauarbeiten loszulegen, lohnt sich. Wenn Sie sich zu früh auf eine Strategie festlegen, verlieren Sie den Blick für andere Lösungen. Sogar Extremreaktionen wie Weitermachen wie zuvor und Aussitzen gehören nach einem Steinschlag zu den denkbaren Möglichkeiten. Und selbst wenn ein Regentanz helfen könnte, dürfen Sie ihn als Lösungsweg nicht ausschließen.

Es braucht eine gewisse Zeit, bis alle sinnvollen Alternativen auf dem Tisch liegen. Unabhängig davon, welche Person welchen Lösungsvorschlag geliefert hat, gilt es dann, den erfolgversprechendsten Ansatz auszuwählen. Dabei darf auch wieder das Bauchgefühl eine Rolle spielen. Vertrauen Sie auf Ihre Erfahrung: Mit welcher Option fühlen Sie sich am besten? Überwinden Sie sich, auch andere nach ihrer Meinung und ihrem Bauchgefühl zu fragen. Das gilt vor allem, wenn Sie zum Beispiel direkt von der Uni kommen und nur über wenig Erfahrung verfügen. Dann ist die Einschätzung Ihrer Teamkollegen besonders wichtig.

Echte Kreativität ist von allen Beteiligten gefordert, damit am Ende die beste Lösung gefunden wird. Sie als Projektleiter sind es, der diese Kreativität zulässt und fördert, ihr Zeit und Raum gibt. So können Sie bei der Suche nach den besten Handlungsoptionen auch Chancenintelligenz beweisen.

Überprüfen Sie das Projektziel

Kein Projekt ohne Projektziel: Was soll in welcher Zeit mithilfe welcher Ressourcen erledigt werden? Nach einem Steinschlag werden Sie Ihr Projektziel nur in seltenen Fällen erreichen können. Die Frage ist, was genau Sie unter den geänderten Bedingungen von den ursprünglichen Anforderungen noch erfüllen können. Vermeiden Sie es, zu lange sklavisch an dem ursprünglich vorgegebenen Ziel festzuhalten. Werfen Sie aber auch nicht gleich alles über Bord. In beiden Fällen verlieren Sie wertvolle Zeit.

Der richtige Weg ist, Teile mit geringerer Priorität aus Ihrem Projekt auszuschneiden, um sie eventuell zu einem späteren Zeitpunkt nachzuliefern. Befreien Sie sich von so vielen Zwängen wie möglich; es hilft Ihnen, wenn Sie

Ballast abwerfen können. Das ist ein ganz simpler Ratschlag, aber meiner Erfahrung nach wird dieses eigentlich Selbstverständliche im Eifer des Gefechts immer wieder übersehen.

Um sinnvoll zu entscheiden, an welchen Teilen des Projekts Sie unbedingt festhalten müssen und welche verschoben oder eliminiert werden können, müssen Sie deren Abhängigkeiten untereinander erkannt haben. Wenn Ihr Projektergebnis eine notwendige Vorarbeit für ein anderes Projekt ist oder mit festem Termin einem externen Kunden zugesagt wurde, ergeben sich ganz andere Abhängigkeiten, als wenn es beispielsweise um ein Pilotprojekt geht. Wenn Sie dies nicht schon bei Projektbeginn getan haben, informieren Sie sich nun auch bei Ihren Auftraggebern und anderen Projektleitern. Diskutieren Sie die Prioritäten und die daraus folgenden Möglichkeiten.

Gehen Sie Schritt für Schritt vor

Gestalten Sie den gewählten Lösungsweg übersichtlich, indem Sie ihn in kleine Einzelschritte zerlegen. Und dann fangen Sie an, die Aufgaben nach und nach abzuarbeiten. Lassen Sie sich nicht davon abbringen, einen Schritt nach dem anderen zu gehen, während Sie jederzeit den gesamten Weg im Blick behalten. Schreiten Sie ein, wenn Bedenkenträger im Team eine angedachte Lösungsmöglichkeit mit den Worten kritisieren: „Was machen wir, wenn Schritt 47 trotz allem doch nicht funktionieren sollte?" Es bringt nichts, sich über Schritt 47 den Kopf zu zerbrechen, wenn das Team noch ganz am Anfang steht. Vorbehalte dieser Art torpedieren nur das Vorankommen. Das ist wie bei einem Wasserrohrbruch: Im Notfall muss der Haupthahn abgestellt werden. Der Einwand, dass dann aber die Waschmaschine nicht mehr läuft, hat in diesem Moment keinen Platz.

Lassen Sie auch nicht zu, dass einmal geschlossene Fässer immer wieder aufgemacht werden. Es geht weder um die Vergangenheit – „Wer ist schuld, wie konnte es dazu kommen?" oder „Das Ersatzteil hätte schon vorgestern bestellt werden sollen" – noch um den Schritt, der erst nächste Woche fällig ist. Wenn es um das konkrete Handeln geht, ist einzig und allein die Gegenwart von Belang. Fragen Sie sich jeden Tag aufs Neue: „Was sind die Anforderungen heute?"

Indem Sie den Berg an Aufgaben, der auf Sie und Ihr Team wartet, in kleinen Etappen bezwingen und sich im Tun nur auf den nächsten Schritt konzentrieren, erhalten Sie sich Ihre Handlungsfähigkeit und bleiben nicht in Zweifeln und Konfusion stecken.

Bergsteiger sein, mit der richtigen Haltung

In Steinschlagsituationen können die Beteiligten nicht auf Gelerntes zurückgreifen. Zwar trägt die Fach- und Methodenkompetenz des Projektleiters sein Team durch schwierige Zeiten, doch dieses Wissen macht nur einen Teil aus. In Krisensituationen kommt in besonderem Maß die Persönlichkeit des Projektleiters ins Spiel. Ist er jemand, der schnell die Flinte ins Korn schmeißt und sich auf die Position „Ich bin's nicht gewesen" zurückzieht? Oder ist er beharrlich und kreativ genug, um auch in scheinbar ausweglosen Situationen noch zu retten, was zu retten ist? Im besten Fall verfügt er auch über die Gelassenheit, jenseits von blindem Aktivismus Entscheidungen zu treffen, und über das notwendige Standing, Mitarbeiter und Auftraggeber zu überzeugen und mit ihnen das Projekt auf einen neuen Kurs zu bringen.

Der alles bestimmende Faktor ist also die innere Haltung des Projektleiters. Als Führungskraft verweigert er sich der Unlösbarkeit. Er weiß: Es kann gute Lösungen geben, auch wenn sie nicht unbedingt in seinem Handlungsspielraum liegen. So hat er nicht nur das eigene Projekt im Blick, sondern auch andere Vorhaben und die Unternehmensziele. Er erkennt Synergieeffekte, die sich unter den neuen Bedingungen ergeben und nutzen lassen. Dass er Optimist ist heißt nicht, dass er sich die Situation schönredet, sondern dass er Krisen positiv nutzen kann. Und das ist die Königsdisziplin: Steinschläge in Chancen umwandeln.

Kapitel 8

Der Gipfel-Flow – Wie es ist, wenn alles läuft

Gipfel-Flow, der: bezeichnet das Hochgefühl, das eine Bergsteigergruppe erfüllt, wenn sie den höchsten Punkt des Bergs erreicht hat. Es setzt sich aus Stolz über die erbrachte Leistung, dem Genuss der Aussicht und der momentanen Ruhepause zusammen. So angenehm der Gipfel-Flow ist, kann er doch hochgradig gefährlich sein. Denn er verhindert, dass sich die dringend notwendige Konzentration für den bevorstehenden Abstieg einstellt.

Sagarmatha, Qomolangma, Mount Everest: Welchen Namen man auch verwendet, die Faszination ist ungebrochen. Mit 8.848 Metern ist er der höchste Berg der Erde. Der Aufstieg vom obersten Lager bis zum Gipfel dauert zehn bis 14 Stunden. Er führt über Eisfelder und senkrechte Geländekanten und ist nur von geübten und an enorme Höhen gewöhnten Bergsteigern zu bewältigen. Hier in fast 9.000 Meter Höhe ist es bitterkalt und der Luftdruck beträgt nur ein Drittel von dem auf Meeresspiegelniveau. An diese Bedingungen kann sich der menschliche Körper auch beim besten Training nicht anpassen. Über 7.500 Meter beginnt die Todeszone, in der sich der Körper nicht mehr regenerieren kann, der Sauerstoffgehalt des Bluts ständig absinkt und der Blutdruck steigt. Umso größer sind der Stolz und die Freude, auf dem nur zwei Quadratmeter großen Gipfelplateau zu stehen.

3.500 Menschen haben es bisher geschafft, den Mount Everest zu besteigen. Was für eine Aussicht über den von ewigem Eis bedeckten Himalaya mit seinen 13 anderen Achttausendern! Es ist ein Erlebnis, das die Gipfelstürmer jedoch nur kurz genießen können. Wenige Minuten kann sich eine Gruppe in dieser Höhe aufhalten, bevor sie sich wieder an den Abstieg machen muss. Und nun fangen die Gefahren erst richtig an: Von den bisher fast 250 Bergsteigern, die am Mount Everest tödlich verunglückt sind, starben die meisten beim Abstieg. Die hohe Unfallrate ist traurig, aber bei so lebensfeindlichen Bedingungen nicht verwunderlich. Erschöpfung, plötzliche Wetterumschwünge, Hirnödeme und die durch Sauerstoffmangel und Kälte beeinträchtigte Entscheidungsfähigkeit sind große Risiken. Das größte Problem ist aber das Gefühl, das sich erst auf dem Gipfel einstellt: es geschafft zu haben. Beim Abstieg konzentrieren sich die Bergsteiger dann weniger, teilen ihre Energie nicht sinnvoll ein, sind zu sorglos. Manchmal mit tödlichen Folgen.

Ein Projekt, das gut läuft – was kann es für Sie als Projektleiter Besseres geben? Wenn es sich von Anfang an glatt und ohne größere Schwierigkeiten entwickelt, ist das ein Glücksfall. Oder Sie haben anfangs eingreifen müssen und nun läuft es bestens. Freuen Sie sich darüber! Aber lassen Sie sich nicht völlig vom Gipfel-Flow vereinnahmen, also vom Stolz, von der Erleichterung über das Erreichte und von dem Bedürfnis, sich erst einmal auszuruhen und den momentanen Zustand zu genießen.

Damit Sie und Ihr Projektteam auch weiterhin glücklich sind, muss ich Sie leider auf den Boden der Tatsachen zurückholen. Es gibt nämlich noch etwas Besseres als ein Projekt, das gut läuft: eins, das gut abgeschlossen wird. Und das ist selbst bei einem sehr guten Projektverlauf noch lange nicht garantiert.

Wer sich von einem momentan guten Projektverlauf in Sicherheit wiegen lässt, verhält sich wie einer, der von einem 100 Meter hohen Haus stürzt und sich nach 99 Metern denkt: Es ist so lange gut gegangen, jetzt werde ich den letzten Meter auch noch ohne Schaden hinter mich bringen! Selbst wenn Ihr Projekt gerade läuft wie auf Schienen, heißt das nicht, dass Sie einen Autopiloten an Bord haben und alles einfach laufen lassen können. Ich will nicht unken, dass ein Crash bevorsteht. Aber damit, dass etwas Unvorhergesehenes passiert, müssen Sie rechnen. Halten Sie also die Augen offen, um Unfälle zu verhindern.

Vielleicht läuft das Projekt glatt, weil es dem Dutzend anderer Projekte, die Sie davor geleitet haben, sehr ähnlich ist. Kurz, es handelt sich um ein lineares Projekt, das hohe Planbarkeit und Verlässlichkeit bietet. Genau darin liegt aber auch das Risiko, zu leicht wird man betriebsblind. Mitten im „business as usual" übersieht man schnell das eine Detail, das eben doch anders ist. Aus der Routine heraus entstehen oft die gravierendsten Fehler.

Aber auch wenn im Projekt bisher keine Routine aufgekommen ist, kann ein Gipfel-Flow entstehen. Nämlich bei Projekten, bei denen die Beteiligten mit großen Problemen bis hin zu Steinschlägen zu kämpfen hatten und diese jetzt endlich überwunden haben. Die vielen Anstrengungen, die nötig waren, um diesen Zustand zu erreichen, all die geklärten Missverständnisse, die sorgfältig aufgebaute Kommunikation, die mühsam erkämpfte, klare Rollenverteilung, die kreativ gelösten Schwierigkeiten, der Kampf um Zeitplan, Budget und Ziel: Dies alles gibt den Beteiligten das Gefühl, einen Berggipfel erklommen zu haben. Je größer die überwundenen Schwierigkeiten, desto höher der Gipfel und desto überwältigender die Aussicht. Hurra! Geschafft! Jetzt läuft es!

Das ist die Gefahr am Gipfel-Flow: Er wiegt die Projektbeteiligten in Scheinsicherheit. Er verführt dazu zu denken, dass das Projekt, weil es jetzt gerade gut läuft, auch weiter gut laufen wird. Wie trügerisch diese Zuversicht sein kann, habe ich vor ein paar Jahren bei einem Training erlebt. Ich hatte wie so oft mit der Trainingsakademie alles abgestimmt, mein Material dorthin geschickt, mich gründlich vorbereitet. Alles schien klar. Dann fuhr ich am Vortag hin, kam gut im Hotel an und musste feststellen: Meine Unterlagen waren zwar angekommen – aber es war nichts damit passiert. Der sorgfältig aufgezeichnete Ablaufplan war nicht bis zum Serviceteam vorgedrungen; der Imbiss für die Pausen war nicht bestellt, weder die Bestuhlung des Seminarraums noch der Beamer standen bereit. Es entstand große Hektik, um das alles in den wenigen noch verbleibenden Stunden vorzubereiten.

Wer sich sicher ist, dass alles klappen wird, versäumt es, Details noch einmal zu überprüfen. Er fragt nicht nach, ob die Informationen auch bei allen richtig angekommen sind, und checkt nicht, ob der Zeitplan noch realistisch ist. Das bringt ein Projekt ernsthaft in Gefahr, weil all die Chancen, Fehlentwicklungen zu bemerken, nicht ergriffen, geschweige denn Maßnahmen eingeleitet werden.

Konkret bringt Scheinsicherheit drei Auswirkungen mit sich: fehlerhafte Einschätzung des Projektstatus, mangelhafte Routinekommunikation und verfrühtes Abhaken des Projekts. Ob sie einzeln auftreten oder gemeinsam – heimtückisch sind diese Fallen allemal.

Vorsicht, falsche Sicherheit

An einem sonnigen Junimorgen sah ich Rot. Buchstäblich. Und zwar im monatlichen Projektbericht auf der Seite mit den Statusampeln. Ich stutzte und studierte die Grafik genau. Tatsächlich: Jedes einzelne der fünf parallel laufenden Projekte stand auf Rot. Liegt das an meiner neuen Brille?, dachte ich. Gestern waren sie doch alle noch auf Grün. Irgendwas kann hier nicht stimmen!

Ein beliebtes Projektmanagement-Werkzeug ist die Projektstatusampel. Sie zeigt allen Projektbeteiligten mit einer Farbe an, wie der Status eines Projekts gerade ist: Grün – alles bestens, Gelb – Achtung, Handlungsbedarf, um den Projektverlauf wieder zu optimieren, Rot – Gefahr im Verzug. Diese Anzeige wird häufig in die monatlichen Statusberichte integriert oder an einer Tafel ausgehängt. Schön übersichtlich. Einfach und eindeutig. Sollte man meinen.

In der Praxis habe ich schon häufig die Erfahrung gemacht, dass nicht eindeutig ist, was die Ampelfarben bedeuten. Das System wird nicht konsequent und einheitlich, sondern von jedem Projektleiter anders gehandhabt. Daher weiß niemand so recht, was er mit den gelieferten Informationen anfangen soll – und es passiert gar nichts. Sonst hätte es nicht sein können, dass fünf Projekte gleichzeitig von einem Tag auf den anderen von Grün auf Rot umspringen. Dieses Beispiel zeigt, dass eine Projektstatusampel falsche Sicherheit vermitteln kann. Sie weckt die Illusion, dass alle sehr genau wissen, wie es ums Projekt steht und was sie zu tun haben. Doch das kann die Projektstatusampel nicht einmal leisten, wenn sie richtig angewendet wird. Häufig aber wird sie sogar falsch eingesetzt.

Ich will nicht gegen Projektampeln wettern: Richtig gehandhabt, sind sie ein nützliches Projektmanagement-Werkzeug. Doch Ihnen und allen Projektbeteiligten muss klar sein, dass die Ampel dem Projekt dient und nicht umgekehrt. Sie ist ein visuelles Steuerungsmittel. Nicht mehr. Der Fehler liegt nicht darin, dass die Ampel benutzt wird, sondern darin, dass aus unterschiedlichen Gründen der Projektstatus falsch eingeschätzt wird. Diese Fehlbewertung passiert auch ohne Projektstatusampel. Die roten, grünen und gelben Buttons sind nur das sichtbare Zeichen dafür.

Alles, was ich im Folgenden zu Projektampeln sage, gilt im Übrigen auch für andere Projektmanagement-Werkzeuge, die den Zustand von Projekten für alle Beteiligten auf einfache Weise sichtbar machen. Wenn Sie in Ihrem Projekt statt auf Ampeln auf eine wöchentliche Statusmeldung setzen oder den Zustand durch Emoticons in den internen E-Mails, bunte Signalflaggen oder die Qualität der Kekse bei den Besprechungen signalisieren – fühlen Sie sich bitte trotzdem angesprochen. Es gelten dieselben Regeln. Was Sie nun erfahren, können Sie auf Ihr System übertragen. Im Grunde geht es immer darum, zu einer realistischen und eindeutigen Einschätzung zu kommen, wie es um ein Projekt steht. Und es geht darum, daraus die richtigen Handlungen und Entscheidungen abzuleiten.

Schon der Name „Projektstatusampel" kann zu Missverständnissen führen. Er suggeriert, dass das Darstellungssystem funktioniert wie eine Ver kehrsampel: Grün heißt weiter wie bisher, Gelb bedeutet aufpassen und bei Rot gilt: anhalten und abwarten – irgendwann geht es von alleine weiter. So auf die Statusfarben zu reagieren wäre aber fatal! In Wahrheit sind die Farben eher zu verstehen wie die Lämpchen im Armaturenbrett eines Autos: Grün sind die Lämpchen, die anzeigen, dass eine Funktion gerade benutzt wird und arbeitet wie vorgesehen, beispielsweise der Blinker. Gelb leuchten die Warnlampen, wenn der Benzinstand niedrig ist oder die Gurte nicht angelegt sind. Hier ist die Bedeutung ganz klar: Sie müssen schnellstmöglich eine Gegenmaßnahme ergreifen – auftanken oder den Sicherheitsgurt anlegen. Sonst können Sie das Ziel nicht mehr sicher erreichen. Und Rot heißt: sofort rechts ranfahren und halten! Das Kühlwasser muss nachgefüllt werden oder die Bremsen sind ausgefallen. Wenn Sie nicht sofort etwas tun, droht dem Fahrzeug die Schrottpresse und den Insassen Lebensgefahr. Leuchtet eine Warnlampe rot ist immer Hilfe von außen nötig, das Auto muss abgeschleppt oder an Ort und Stelle repariert werden.

• •

DAS PROJEKT-ARMATURENBRETT

Der Projektstatus „Grün" bedeutet, dass das Projekt läuft und Sie mit aller nötigen Umsicht weitermachen können wie geplant. „Gelb" bedeutet, dass dringend Kurskorrekturen nötig sind. Und „Rot" heißt, dass Sie ohne Hilfe handlungsunfähig sind. Sie brauchen eine Entscheidung von außen, bevor Sie mit dem Projekt weitermachen können. Das bedeutet auch: Abwarten bringt nichts, sie müssen sich schleunigst Unterstützung holen.

• •

So, wie gerade beschrieben, handhabe ich die Projektstatusampeln. Wenn für Sie eine andere Definition der Ampelfarben sinnvoller ist, können Sie die natürlich verwenden. Immer aber muss allen am Projekt Beteiligten klar sein, was die Symbole bedeuten, was sie anzeigen sollen. Das ist eine Sache der Absprache. Zudem müssen Sie klar kommunizieren, welche Folgen mit welchen Statusmeldungen für das Verhalten jedes Einzelnen verbunden sind. Dass jeder genau weiß, was die Farben zu bedeuten haben, ist unabdingbare

Voraussetzung für einen sinnvollen Umgang mit der Projektstatusampel. Es ist aber noch keine Garantie dafür, dass auch wirklich alles glattläuft, achten Sie daher auf die folgenden sechs Fallen.

1. Verführerische Einfachheit

Grün, Gelb oder Rot – drei Zustände gibt es für das gesamte Projekt, mehr nicht. Das ist grob vereinfachend, manchmal zu grob. Was bedeutet es denn, wenn die Ampel auf Gelb steht? Was im Projekt läuft gerade falsch? Darüber sagt die Projektstatusampel nichts aus.

Um die Bedeutung zu schärfen, empfehle ich, für jedes Projekt nicht eine, sondern vier Statusampeln zu erstellen, und zwar für die Bereiche Termintreue, Budgettreue, Inhalt und Qualität. Daraus wird der Gesamtstatus abgeleitet. Dann lässt sich zum Beispiel erkennen: Das Projekt liegt im Budget (grün), es sind noch nicht so viele Inhalte umgesetzt (gelb) wie der Zeitplan vorsieht (gelb), aber bei dem umgesetzten Teil stimmt die Qualität (grün). Diese Ampeln werden in den Statusbericht integriert, um dem Projektauftraggeber und allen Beteiligten klarzumachen, in welchem Bereich des Projekts gegebenenfalls Maßnahmen erforderlich sind. Es ist wichtig, dass Sie als Projektleiter den Zustand so differenziert darstellen und in den Projektbesprechungen und im Projektbericht kommunizieren. Doch Vorsicht: Beim Zusammenfassen der vier Bereiche Termintreue, Budgettreue, Inhalt und Qualität zu einem Gesamtprojektstatus lauert auch schon die nächste Falle.

2. In Schönheit sterben

Es liegt nah, den Gesamtprojektstatus zu bestimmen, indem man den Durchschnittswert aus Termintreue, Budgettreue, Inhalt und Qualität bildet. Aber wie so oft ist auch hier das Naheliegende nicht das Sinnvollste. Es geht nicht um Statistik, sondern um den tatsächlichen Gesamtzustand eines Projekts, dafür hat der Durchschnittswert kaum Aussagekraft. Eine Kette ist immer nur so stark wie ihr schwächstes Glied: Wenn ein Projekt wunderbar im Budget liegt und den geplanten Inhalt in unübertrefflicher Qualität produziert, aber leider nur halb so schnell wie geplant, ist trotzdem ein massives Problem vorhanden.

Ich rate Ihnen: Runden Sie immer ab, nie auf, wenn es um die Ampel für das gesamte Projekt geht, auch wenn der Status dann nicht mehr so schön aussieht. Das schwächste Glied ist maßgeblich. Bei Grün-Grün-Grün-Gelb steht die Gesamtampel auf Gelb, bei Grün-Grün-Rot-Grün ist sie rot. Tiefrot. Nur so stellt sich das Bewusstsein dafür ein, rechtzeitig Gegenmaßnahmen zu ergreifen.

Die große Gefahr bei einer Projektstatusampel ist: Die Beteiligten setzen alles daran, dass sie immer schön grün ist. Das ist zwar vom Grundsatz her nicht falsch, aber nicht der eigentliche Sinn der Sache. Denn das Risiko besteht, sich Dinge schönzureden. Niemand hört gerne schlechte Nachrichten und auch seinen Mitmenschen möchte man sie nur ungern zumuten. Daher neigen viele Leute dazu, im Zweifelsfall die optimistischere Einschätzung zu wählen, um niemanden zu beunruhigen. Das führt dazu, dass die Beteiligten Probleme erst spät wahrnehmen und auch erst spät Maßnahmen ergreifen, die den Zustand des Projekts verbessern. Wenn im Team der Wunsch nach „kosmetischem Grün" im Vordergrund steht, wird die Projektstatusampel kontraproduktiv und kann mehr Schaden anrichten als Nutzen bringen.

In Projekten ist es unbedingt notwendig, die Beteiligten zu informieren und die richtigen Handlungsoptionen zu finden, wenn nicht alles optimal läuft! Das ist eine der Hauptaufgaben eines Projektleiters. Denn die Probleme werden sich garantiert nicht von selbst lösen. Ein grün dargestellter Projektstatus, wenn eigentlich „Gelb" schon in Sichtweite ist, würde suggerieren „einfach so weitermachen" – und das ist gefährlich.

Es kann auch vorkommen, dass das Projektteam den Zustand des Projekts durchaus realistisch sieht – nur Sie als Projektleiter denken immer noch, Sie könnten dem Team die Wahrheit nicht zumuten. In diesem Fall hoffen die Mitarbeiter darauf, dass Sie den Status endlich auf gelb setzen und Gegenmaßnahmen einleiten. Falls Sie dies weiterhin nicht tun, riskieren Sie, dass Projektteammitglieder die Situation ihren Führungskräften schildern. Und nein, die machen das nicht, um Ihnen zu schaden, sondern weil sie Verantwortung für das Projektergebnis übernehmen. Da hilft nur eins: Kommunizieren Sie klar, dass Sie die Situation bisher zu optimistisch eingeschätzt haben, und entwickeln Sie sofort gemeinsam mit Ihrem Projektteam Korrekturmaßnahmen.

3. Sag's durch die Ampel

Weit verbreitet ist folgende Ansicht: Wozu Details mitteilen – zum Beispiel dass das Budget überschritten ist –, das kann doch jeder an der Projektstatusampel ablesen? Ein Projektleiter, der so denkt, sieht seine Rolle falsch.

Ich habe mal einen Projektleiter erlebt, der in einer Statussitzung ankündigte: „Wenn sich nichts ändert, muss ich nächste Woche die Projektstatusampel auf Rot setzen." Als ich das hörte, war für mich klar: Diese Projektstatusampel würde auf jeden Fall in der nächsten Woche rot sein. Was sollte schon allein aufgrund der Ankündigung des Projektleiters passieren? Die Drohung, die Ampel auf Rot zu stellen, klingt zwar ganz schön zackig und entschlossen. Aber entschlossen wozu? Wenn niemand weiß, was er persönlich unternehmen kann und soll, um den Status „Rot" zu verhindern, wird bis zum nächsten Meeting gar nichts geschehen. Solange der Projektleiter nicht gemeinsam mit dem Projektteam konkrete Maßnahmen definiert und umsetzt, um das Projekt wieder auf Grün zu bringen, fühlt sich niemand direkt angesprochen und auch nicht zuständig. Jeder denkt nur: Man sollte dringend etwas unternehmen. Aber das war's dann auch.

Es reicht nicht aus, wenn ein Projektleiter die Projektstatusampel einfach nur als Kontrollmittel pflegt. Sie ist ein Steuerungswerkzeug, daher muss er gleichzeitig konkrete Handlungsoptionen aufzeigen und die Umsetzung einleiten. Das kann zum Beispiel so aussehen: „Die Projektstatusampel steht auf Gelb, denn wir haben das Problem P. Ich denke, wenn Herr Maier X tut und Frau Müller Y und wir alle zusammen Z besprechen, können wir gemeinsam Lösungsmöglichkeiten für das Problem erarbeiten." Oder: „Die Projektstatusampel steht auf Rot, denn wir haben ein massives Problem. Sehr geehrte Entscheidungsträger, wir haben im Projektteam folgende Lösungsmöglichkeiten ausgearbeitet, die ich Ihnen jetzt mit den jeweiligen Vor- und Nachteilen vorstelle. Ich habe dazu auch eine Entscheidungsvorlage erstellt, die Ihnen vor unserer Besprechung zugegangen ist. Das Projektteam empfiehlt Lösungsalternative drei. Ich benötige Ihre Entscheidung, welchen der Wege wir für das Projekt einschlagen sollen."

Eine Projektstatusampel ist gut, um sich einen schnellen Überblick zu verschaffen, aber sie ersetzt auf keinen Fall die direkte Kommunikation. Im Gegenteil: Ein Blick auf dieses Werkzeug zeigt besonderen Gesprächsbedarf an. Wenn sie auf Gelb steht, wissen die Projektmitarbeiter: Wir sollten uns schleunigst zusammensetzen und darüber reden, was die Ursache des Problems ist und wie wir es gemeinsam beheben können.

4. Frühe Zufriedenheit

Die Projektstatusampel ist im Statusbericht deutlich zu erkennen. Jeder, der den Bericht flüchtig liest, wirft einen kurzen Blick darauf und nickt befriedigt. Denn die Ampel ist grün, das ist sie schon seit Beginn des Projekts. Kein Wunder: Der Projektleiter betrachtet dieses Instrument als Formalie. Einmal im Monat, wenn er den Statusbericht erstellen und beim Auftraggeber abliefern muss, überprüft er, wie es um sein Projekt steht. Er vergleicht bei drei oder vier Kennzahlen den Ist- mit dem Sollzustand. Wenn die übereinstimmen, nickt er zufrieden und lässt den Status auf Grün stehen. Irgendwann kommt er dann doch auf die Idee, den Projektstatus gründlicher zu überprüfen und zu hinterfragen – und plötzlich sieht er Rot.

Überprüfen Sie regelmäßig und eingehend, wie es um das Projekt steht. Kommunizieren Sie das Ergebnis klar und machen Sie die Konsequenzen deutlich. Und zwar bevor das Projekt in die Todeszone gerät. Genau das ist Ihre Aufgabe als Projektleiter.

5. In den Leerlauf schalten

Die Ampel beim Projekt XY steht auf Grün, dann ist ja alles in Ordnung. Ich muss also nichts unternehmen. So lautet auf jeden Fall die einhellige Meinung. Jeder geht davon aus, dass das Projekt von selbst weiterhin mit grünem Status laufen wird. Warum auch nicht? Also kann man beruhigt noch ein bisschen abwarten und sich anderen dringenden Aufgaben zuwenden. Eine gefährliche Einschätzung.

Diese Gefahr besteht vor allem, wenn Projektleiter und Teammitglieder an mehreren Projekten gleichzeitig beteiligt sind. Wie ein Notfallarzt bei einem Unfall mit vielen Verletzten kümmert man sich zuerst um die Angelegenheiten, deren Zustand kritisch ist. Also um die Projekte, deren Ampeln auf Gelb oder sogar Rot stehen. Das ist ja auch nicht falsch. Nur: Wenn alle Beteiligten sich mit den Notfällen beschäftigen, werden heimlich, still und leise die bisher grünen Projekte auch gelb. Und dann rot. Man agiert nur noch im Rettungsmodus, ist ständig in Hektik und Verteidigungshaltung. Das strengt an und frustriert. Und glauben Sie mir: Das macht überhaupt keinen Spaß. Am frustrierendsten ist es, dass bei diesem Vorgehen – nur die Schwerverletzten werden verarztet – die meisten Projekte ständig in kritischem Zustand sind. Kaum ist die eine Rettungsaktion gelungen, fällt schon der nächste Patient ins Koma.

Da hilft nur, sich klarzumachen: Auch und gerade Projekte, bei denen alles gut läuft und deren Status deshalb auf Grün steht, brauchen Aufmerksamkeit. Und zwar ständig. So wie die Grünpflanze, die Sie jeden zweiten Tag gießen – damit sie nicht vertrocknet. Die gute Nachricht ist: Sie brauchen nur sehr wenig Zeit, um ein gut laufendes Projekt voranzutreiben. Hier und da ein kleiner Impuls genügt meist schon. Der Wirkungsgrad ist bei grünen Projekten eben viel besser als bei einem kritischen Projekt, in das Sie viel Zeit investieren müssen, um es zu retten. Wenn Sie sich also zuerst um die grünen Projekte kümmern, setzen Sie Ihre Energie effektiv und effizient ein.

6. Schutz durch das „gelbe Schild"

Wenn die Ampel grün ist, bekommt mein Projekt keine Aufmerksamkeit vom Management, denkt sich mancher Projektleiter und setzt die Projektampel lieber auf Gelb. Damit will er allen Beteiligten signalisieren: Achtung, unser Projekt kann jederzeit rot werden. Außerdem hat das den Vorteil, gegenüber den Auftraggebern auf der sicheren Seite zu sein. Wenn das Projekt in massive Schwierigkeiten gerät, kann der Projektleiter sagen, dass er schon rechtzeitig gewarnt hat. Ich nenne das Gelbmelderei.

Das Ergebnis dieser Gelbmelderei ist allerdings nicht, dass die Beteiligten wachsamer werden und sich mehr ins Zeug legen. Im Gegenteil: Die Beteiligten im Team stumpfen ab, da Sie als Projektleiter keine Maßnahmen zur Korrektur einleiten. Eine ewig schrillende Alarmsirene hört man irgendwann auch nicht mehr. So wird Gelb zum Normalzustand. Jeder denkt, dass alles gut ist. Gelb ist schon okay, das Projekt ist ja nicht rot.

Achtung: Auch das „gelbe Schild" schützt den Projektleiter nicht vor Vorwürfen. Denn auf die Ansage „Ich hab's doch schon längst gesagt" gibt es nur eine einzige richtige Antwort: „Warum haben Sie dann nichts getan, um die Entwicklung zum Schlechten zu verhindern?".

Um nicht in die Falle der Gelbmelderei zu tappen, hilft nur die Einstellung: Alles, was nicht grün ist, ist schlecht und muss sofort verändert werden. Status Gelb führt zu einem sofortigen Treffen, bei dem Lösungskonzepte erarbeitet werden; deren Wirksamkeit wird im Folgenden engmaschig überprüft. Eine Gelbphase in einem Projekt darf immer nur ganz kurz dauern. Und wenn durch den allseitigen engagierten Einsatz tatsächlich der Rückstand aufgeholt werden konnte oder ein neuer Plan aufgestellt wurde, der einzuhalten ist, können Sie das Projekt guten Gewissens wieder auf Grün setzen.

Die Schwarze-Peter-Kette in der Kommunikation

Der Wartebereich vor den Gates ist gut gefüllt. Kontinuierlich strömen die Fluggäste durch die Sicherheitskontrolle und schauen sich nach einem freien Sitzplatz um. Wer einen ergattert hat, ist froh und hat kaum ein Auge auf die Neuzugänge. Bis einer der Wartenden aufspringt und entgeistert seinen Kollegen anstarrt, der gerade herangeschlendert kommt.
„Ingo, was machst du denn hier?"
„Ich fliege in Urlaub, nach Island. Warum wundert dich das?"
„Ja Mensch, ich dachte, du bist meine Urlaubsvertretung! Ich habe dir doch gestern in einer langen E-Mail alle meine Projekte übergeben!"

Zugegeben, das ist ein bisschen überzogen. Ein bisschen, aber nicht sehr. Gerade wenn die Kommunikation innerhalb eines Projekts normalerweise gut funktioniert, verlassen sich die Teammitglieder darauf, dass sie einander blind verstehen. Darauf, dass ein knapper Hinweis genügt, um den Kollegen ins Bild zu setzen und die richtige Aktion auszulösen. Und darauf, dass sie selbst die knappe E-Mail des Kollegen richtig verstanden haben. Aus diesem Gefühl heraus schickt jeder täglich Nachrichten mit Informationen oder Arbeitsanweisungen an seine Kollegen, legt anderen eine Nachricht ins Postfach oder stellt eine Datei mit wichtigen Informationen auf den Server. Dadurch räumt er sozusagen die Arbeitsstapel von seinem Tisch – auf den des Nachbarn. Danach kümmert er sich nicht mehr darum, ob die Stapel dort liegen bleiben oder weiterwandern. So entsteht eine Schwarze-Peter-Kette.

Wer Informationen und Aufträge auf diese Weise weitergibt, geht davon aus, dass die Inhalte richtig ankommen und angenommen werden, dass der Kollege die neue Anforderung bemerkt, liest und versteht. Und dann auch das tut, was von ihm verlangt wird. In vielen Fällen klappt dies. Aber eben nicht immer. Das ist ein Problem. Es wird größer, wenn der Absender gar nicht mitbekommt, dass seine Anweisung im Nirwana gelandet ist.

Ich habe einmal die folgende E-Mail erhalten: „Morgen bekommen wir um 10:00 Uhr Besuch von einem der Auftraggeber des Projekts. Bitte führen Sie ihn herum und stellen Sie ihm den aktuellen Stand der Dinge vor." Es war klar, dass der Absender sich darauf verlassen hat, dass ich das machen würde; er war sich sicher, seine Schuldigkeit getan zu haben und damit aus dem Schneider zu sein.

Ich habe ihn sofort angerufen und gesagt: „Es tut mir leid, aber morgen Vormittag habe ich selbst einen Termin bei einem wichtigen Lieferanten und kann nicht hier sein. Können Sie den Besucher selbst herumführen?" Selbst durch das Telefon war sein Schreck zu spüren. „Danke, dass Sie gleich angerufen haben! Meine Güte, wenn Sie mich jetzt nicht erreicht hätten, dann hätte einer der Projektmitarbeiter den Herrn Müller empfangen müssen – der hätte sich als Kunde dann nicht wertgeschätzt gefühlt."

Eine E-Mail zu versenden kann nicht die direkte Kommunikation ersetzen, das ist nichts wesentlich anderes, als eine Flaschenpost ins Meer zu werfen. Zugegeben, die Nachricht wird ein bisschen zielgerichteter verschickt und wenn sie nicht zugestellt werden kann, kommt eine Fehlermeldung. Aber wie bei einer Flaschenpost hat der Absender keinerlei Kontrolle darüber, ob der Empfänger die Botschaft gelesen hat. Und vor allem, ob er verstanden hat, was gemeint war. Und ob er dann auch entsprechend handelt.

Aber da gibt es doch eine Lösung! Die Empfangsbestätigungsfunktion des E-Mail-Programms vermeidet alle Unklarheiten, oder nicht? Nein, im Gegenteil. Ich bin überzeugt, dass sie das Problem noch verschärft.

DIE TÜCKISCHE EMPFANGSBESTÄTIGUNG

Viele E-Mails enthalten den Hinweis, dass der Absender um eine Empfangsbestätigung bittet. Mit einem einfachen Anklicken wird diese verschickt. Manche E-Mail-Programme versenden die gewünschte Bestätigung sogar automatisch, sobald eine Nachricht geöffnet wird. Ich setze mich vehement dafür ein, diese Praxis vollkommen abzuschaffen! Die Gründe:

→ Es entsteht eine Pseudo-Sicherheit. Viele Menschen, die morgens mit 40 E-Mails konfrontiert werden, überfliegen diese zunächst. Erst wenn sie einen Überblick über den gesamten Posteingang haben, entscheiden sie, welche Nachrichten sie gründlich lesen und bearbeiten. Also ist eine Empfangsbestätigung keine Garantie dafür, dass die E-Mail tatsächlich gelesen wurde. Dazu kommt: Selbst wenn eine Nachricht auf Aufmerksamkeit gestoßen ist, gibt die Bestätigung keine Garantie, dass der Empfänger die Inhalte verstanden hat.

→ Es entsteht Pseudo-Druck, da der Absender weiß, dass eine Bestätigung rausgegangen ist. Weil ich die E-Mail gelesen habe, muss ich jetzt auch sofort das machen, was drinsteht, ist dann der Gedanke.

→ Es entsteht Unübersichtlichkeit. Wenn jede E-Mail eine Bestätigung nach sich zieht, verdoppelt sich der Nachrichtenverkehr automatisch. Der Briefkasten quillt über, ohne dass aussagekräftige Informationen weitergegeben werden.

Ich selbst verschicke grundsätzlich keine Empfangsbestätigungen und fordere in meinen Projekten alle Beteiligten auf, das auch so zu halten. Wenn jemand unbedingt eine Bestätigung haben will, rufe ich ihn an und erkläre, warum ich das nicht sinnvoll finde.

Ja, aber was dann? Die Lösung ist ein anderes Kommunikationsmuster, eines, das nicht nur sendet, sondern auch auf Empfang gestellt ist. Wie bei einem Echolot: Erst wenn zurückgespiegelt wird, dass die ausgesendeten Signale angekommen sind und verstanden wurden, kann die Kommunikation als gelungen gelten. Und so lässt sich ein solches Kommunikationsmuster durchsetzen:

→ Bauen Sie in Ihre Mails gezielt die Aufforderung zur Rückmeldung mit ein, und zwar zu zwei Punkten: War der Inhalt verständlich? Und stimmt der Empfänger der Vorgehensweise zu? Fordern Sie aktiv eine Information hierzu ein.

→ Signalisieren Sie dem Absender jeder empfangenen E-Mail, ob Sie den Inhalt verstanden haben und damit einverstanden sind. Damit erleichtern Sie Ihren Kommunikationspartnern die Zusammenarbeit.

→ Machen Sie sich und anderen klar, dass E-Mails nicht das einzige Kommunikationsmittel sind. Am Telefon oder im persönlichen Gespräch bekommen Sie sofort eine Rückmeldung. Nutzen Sie deshalb bewusst und oft die Möglichkeit, miteinander zu telefonieren oder von Angesicht zu Angesicht zu sprechen.

So etablieren Sie im Projekt eine Kultur der Rückkoppelung. Während eine reine Empfangsbestätigung null Aussagekraft hat, bekommen Sie damit immer präzise Aussagen, mit denen Sie weiterarbeiten können und die Ihnen Sicherheit geben.

Wichtig ist, dass die Rückkopplung dauerhaft etabliert wird. Sie sollte nicht nur kurzzeitig funktionieren, nachdem es ein paar Schreckmomente gegeben hat, in denen jedem bewusst geworden ist, dass man aneinander vorbeikommuniziert hat. In solchen Situationen ist jeder einige E-Mails, einige Telefonate lang übervorsichtig und fragt lieber zweimal nach, ob alles verstanden wurde und alles in Ordnung geht. Das wird aufrechterhalten, solange der Adrenalinschub vorhält oder das Projekt in der Krise steckt. Sobald alles wieder in ruhigere Fahrwasser gerät, fallen die Beteiligten schnell wieder ins alte Kommunikationsschema zurück: senden und davon ausgehen, dass alles klar ist.

Doch damit wäre die nächste Krise schon vorprogrammiert. Es bleibt dabei: Viel gelassener geht es im Projekt zu, wenn alle Beteiligten immer auf hohem Level miteinander kommunizieren. Senden, empfangen und rückspiegeln – wenn man sich das einmal angewöhnt hat, ist es gar nicht mehr so mühsam. Im Gegenteil, diese Vorgehensweise spart Zeit, Geld und Nerven, die sonst Missverständnisse und missglückte Übergaben kosten.

Zu früh dran: „Eigentlich sind wir schon fertig"

Wenn die Projektbeteiligten wachsam bleiben, den Status des Projekts richtig einschätzen und in der Kommunikation auf Rückversicherungen bauen, sind die Chancen gut, dass das Projekt weiterhin rundläuft. Schon sehen Sie den Projektabschluss am Horizont heraufziehen. Dann können Sie aufatmen – aber noch längst nicht die Wanderschuhe ausziehen.

2005 wurde er stolz der Öffentlichkeit präsentiert: Der neu entwickelte Airbus A380, das größte Passagierflugzeug der Welt. Auf zwei Decks können bis zu 853 Passagiere untergebracht werden. Nur noch die letzten Belastungs- und Zulassungstests standen aus. Airbus warb schon eifrig um Bestellungen und bekam auch etliche zusammen. Flughäfen investierten in speziell für den A380 angefertigte Passagierbrücken und verlängerten teilweise ihre Landebahnen, um für das Ungetüm genügend Bremsstrecke zu schaffen. Die Auslieferung der ersten Bestellung an Singapore Airlines war für Juni 2006 geplant.

Doch die letzten Tests ergaben, dass Einzelelemente der Kabinenelektronik – an verschiedenen Standorten produziert – nicht restlos miteinander kompatibel waren. Die Auslieferung verzögerte sich auf Oktober 2007. Kein guter Start! Manche der Kunden verschoben ihre Bestellung.

Das Problem wurde gelöst und der Airbus ging in die Massenfertigung. Doch dies war noch nicht das Ende der Geschichte. Nachdem die ersten Flugzeuge ausgeliefert worden waren, gingen die Schwierigkeiten weiter. Bei bereits eingesetzten Flugzeugen stellte sich heraus, dass Metallklammern im Tragwerk Haarrisse bekommen hatten. Daraufhin musste der Herstellungsprozess korrigiert werden und es wurde ein Plan aufgestellt, wie das Bauelement mit der geringstmöglichen Beeinträchtigung des Flugverkehrs bei den schon ausgelieferten Flugzeugen ausgetauscht werden konnte. Wegen dieses Zusatzaufwands konnte bis 2012 nur ein Bruchteil der bestellten Flugzeuge ausgeliefert werden. Die Fluggesellschaften zögerten, statt der erwarteten 30 Bestellungen gingen nur vier ein und eine Absichtserklärung für fünf weitere. Die Kosten für die Austauschaktion, der Vertrauensverlust und der Umsatzrückgang machten dem Unternehmen schwer zu schaffen.

Was war da schiefgelaufen? Sicher waren es nicht nur die Probleme mit der Technik, die können bei einem so hochkomplexen Projekt wie der Entwicklung eines ganz neuen Flugzeugtyps immer vorkommen. Ja, ich sage sogar: Sie sind normal. Schließlich hatte noch niemand zuvor ein so gewaltiges Passagierflugzeug gebaut, es kann also keine Erfahrungswerte gegeben haben. Der Fehler lag woanders: Der Auslieferungstermin war angekündigt worden, bevor die letzten Tests stattfanden und klar war, ob das Flugzeug überhaupt schon so weit entwickelt war. Man hatte im Kopf das Projekt abgeschlossen, bevor überhaupt der letzte Haken hätte gemacht werden können. Mit dieser Haltung wurde auch nach außen kommuniziert, so wurden falsche Erwartungen geweckt.

Die Kunden wären weniger verärgert gewesen und die Weltöffentlichkeit weniger spöttisch, wenn die Verantwortlichen von Anfang an klar kommuniziert hätten: Es handelt sich um einen Prototyp, der noch getestet wird. Natürlich kann es sein, dass manches noch nicht hundertprozentig perfekt ist und einzelne Elemente noch einmal überarbeitet werden müssen. Aber aufgrund der Ankündigung, der A380 sei quasi fertig, rechneten die Fluggesellschaften zeitnah mit einem ausgereiften Produkt.

Dass Projekte schon als fast abgeschlossen gedacht werden, bevor sie es wirklich sind, ist keine Seltenheit. Das kommt in der Praxis sogar sehr oft vor. Die häufigste Ursache: Ein Zwischenergebnis wird für das Endergebnis gehalten. Ich erlebe es häufig, dass ein Projektleiter das Projekt dann als beendet sieht, wenn das Produkt fertiggestellt ist – aus Sicht des Projekts. Das Wort „Produkt" verwende ich hier im weitesten Sinn, damit meine ich auch die Fertigstellung eines Konzepts, eines Programms oder was auch immer das Ziel des Projekts war.

Aus Sicht des Kunden ist das Projektergebnis nicht abgenommen, tatsächlich besteht das Produkt in diesem Stadium noch in Rohform. Jetzt erst stehen die Qualitätskontrollen und die meist notwendigen Korrekturen und Feineinstellungen an. Wenn dann das Projektteam intern vom Ergebnis überzeugt ist, muss es das Produkt dem Kunden übergeben, es bei ihm installieren und gegebenenfalls sein Feedback einarbeiten. Eventuell sind sogar mehrere Schleifen nötig.

Außerdem finden Feedbackgespräche mit dem Kunden statt, ein Projektabschlussbericht muss erstellt werden und die Rechnung geht raus, sobald der

Kunde das Produkt endgültig abgenommen hat. Das haben viele Projektleiter nicht auf dem Schirm: Erst, wenn das Geld eingegangen ist, gilt ein Projekt endgültig als abgeschlossen. Das ist auch vielen Projektmitarbeitern nicht präsent. Das gilt besonders für diejenigen, die nicht unmittelbar in Kontakt mit den Kunden stehen und die bei der Übergabe nicht dabei sind. Jeder weiß über seinen persönlichen Beitrag zum Ganzen Bescheid. Dass noch weitere Projektbeteiligte mit diesen Ergebnissen weiterarbeiten, ist theoretisch auch klar. Aber wie umfangreich deren Arbeiten noch sind, wird kaum gesehen. Deshalb und um den eigenen Terminplan übersichtlich zu halten, haken viele Projektleiter und Teammitglieder im Kopf das Projekt ab, sobald sie ihren Beitrag geleistet haben. Sie ordnen es als beendet ein, auch wenn es das noch lange nicht ist.

So neigt ein Software-Entwickler dazu zu glauben, dass ein Projekt erfolgreich abgeschlossen ist, wenn er das Programm erstellt hat und es auf seinem Computer läuft. Tatsächlich muss es aber noch auf dem Rechner des Kunden installiert werden und in dessen Systemumgebung laufen, dazu sind vielleicht Systemanpassungen erforderlich. Zudem folgen die Formalitäten, die der Projektabschluss mit sich bringt. Weil der Entwickler damit nichts zu tun hat, neigt er dazu, den dafür nötigen Aufwand zu gering einzuschätzen.

So zu agieren ist, als ob man beim Staffellauf dem nächsten Läufer den Stab einfach zuwirft, sich dann umdreht und zum Getränkestand geht – ohne zu prüfen, ob der andere den Stab in der Hand hält und damit weiterläuft. Das ist gefährlich. Ein solches Vorgehen kann dazu führen, dass ein Projektteam ein vorläufiges Ergebnis gegenüber dem Kunden als das endgültige darstellt, weil es sich selbst den gesamten Projektablauf nicht klargemacht hat. Der Kunde ist von der Qualität des Ergebnisses vielleicht enttäuscht, im schlimmsten Fall geht er dem Unternehmen verloren. Außerdem kann es dazu kommen, dass nicht genügend Zeit für nötige Überarbeitungsschleifen eingeplant wird. Im Endeffekt müssen dann Abstriche beim Zeitplan oder bei der Qualität des Ergebnisses gemacht werden, die eigentlich nicht nötig gewesen wären.

Nicht über den eigenen Tellerrand zu schauen und das eigene Projekt voreilig als abgeschlossen zu erklären, kann auch bewirken, dass es nie so richtig zu Ende gebracht wird. Das hört sich widersprüchlich an, ist aber so.

Die Euphorie darüber, dass er mit seinem Projekt bald fertig sein wird, kann einen Projektleiter dazu verleiten, zu weit vorzugreifen. „Ich setze schon mal den Projektbericht auf, die letzten Details können wir ja noch ergänzen", heißt es dann. Oder: „Frau Schmidt, Sie können schon mal die Rechnung vorbereiten." Sicher, es ist eine gute Idee, Arbeiten so früh wie möglich zu erledigen, um später nicht unter Druck zu geraten. Das heißt aber nur: So früh wie tatsächlich möglich und sinnvoll, nicht früher. Wer den Projektabschluss voreilig vorbereitet, der hat innerlich das Projekt bereits beendet. So bleiben die letzten Handgriffe, die noch zu machen wären, vielleicht unerledigt.

Das passiert vor allem, wenn sich die Abschlussphase des einen Projekts und die Startphase des nächsten überlappen. Denn dann richtet sich die ganze Aufmerksamkeit auf das neue Projekt. So kann leicht aus dem Fokus geraten, dass für das frühere Projekt noch ein paar winzig kleine Korrekturen erledigt werden müssen, das Abschlussgespräch mit dem Kunden noch nicht geführt wurde oder die Rechnung schon seit Wochen vorbereitet in der Schublade liegt und nicht versendet werden kann, weil noch eine kleine Detailinformation fehlt. Kleinere Arbeiten erhalten wenig Priorität, wenn Größeres ansteht. Meiner Erfahrung nach ist es sinnvoller, den gesamten Projektabschluss erst dann zu erledigen, wenn das Projekt wirklich beendet werden kann – und dann alles in einem Rutsch.

DER GELUNGENE PROJEKTABSCHLUSS

Beim Bergsteigen ist ein Projekt dann zu Ende, wenn das Team heil und gesund wieder am Ausgangspunkt angekommen ist, nicht auf dem Gipfel. Genauso ist ein Projekt in der Arbeitswelt erst dann abgeschlossen, wenn der Kunde das Ergebnis abgenommen hat und alle vereinbarten Nacharbeiten erledigt sind. Lassen Sie sich nicht auf einen verfrühten und damit unvollständigen Projektabschluss ein. Und sorgen Sie dafür, dass das Projekt tatsächlich beendet werden kann.

→ Erstellen Sie keinen Projektabschlussbericht, bevor die Übergabe an den Kunden stattgefunden hat.

→ Planen Sie Arbeitszeit für die Nacharbeit ein.

→ Wenn das Ergebnis abgenommen ist, erledigen Sie die formalen Nacharbeiten wie Lessons Learned, Projektabschlussbericht und Rechnungsstellung zügig.

So können Sie das Projekt zeitnah vollständig abschließen und gewinnen freie Kapazitäten für das nächste Projekt.

● ●

Bergsteiger sein - Alte Fehler vermeiden

Bergsteiger, der: eine Person, die über ein bestimmtes Set an Kenntnissen, Fähigkeiten und Methoden verfügt, die zum erfolgreichen Besteigen gebirgiger Geländeformen nötig sind. Entgegen intuitivem Sprachgebrauch ist dieser Begriff nicht auf die Ausübung einer Tätigkeit bezogen, sondern bezeichnet eine innere Haltung.

Der Wind zerrt an der offenen Flugzeugtür. Wie auf einer Luftaufnahme liegen Felder, Hügel, Häuser, die Autobahn unter Ihnen. Aber es ist eine reale Landschaft im 3-D-Format. Zwischen Ihnen und dem Boden sind 3.000 Meter Luft. Da hineinzuspringen erfordert Mut.

Sie überwinden sich und stoßen sich ab. 40 Sekunden freier Fall. Die Luft braust und reißt an Ihrer Kleidung, an Handschuhen, Helm und Schutzbrille. Der Boden rast auf Sie zu. Etwa 1.000 Meter über dem Boden ziehen Sie am Auslösegriff. Der Fallschirm öffnet sich. Ein Ruck geht durch die Tragegurte, als der Schirm abgebremst wird. Jetzt gleiten Sie gemächlich nach unten und genießen die Aussicht – kein Berggipfel bietet so einen Rundumblick. Vier oder fünf Minuten lang schweben Sie über Feldern und Wald wie ein Vogel. Dort, die Landewiese. Sie steuern sie an und wenige Meter über dem Boden ziehen Sie an beiden Steuerleinen gleichzeitig. Ihr Flug wird nochmals abgebremst und Sie gleiten leicht wie eine Feder zu Boden. Schnell ein paar Schritte machen, sodass der Fallschirm hinter Ihnen auf die Erde sinkt.

Ist der Sprung damit vorbei? Nein, noch lange nicht. Jetzt geht es darum, den Schirm sorgfältig zusammenzulegen. Das machen Sie auf einer ebenen Fläche neben der Landewiese. Denn Sie wissen: Ihren Sprung eben konnten Sie nur deshalb genießen, weil Sie sich sicher waren, dass der Schirm perfekt gefaltet war und die Leinen sich beim Öffnen nicht verheddern würden. Diese Sicherheit möchten Sie auch beim nächsten Sprung wieder spüren.

Also legen Sie den Schirm glatt aus und sortieren Fang- und Steuerleinen. Sie prüfen, ob auch keine der Leinen beschädigt ist. Dann kommt das Falten. Dabei achten Sie darauf, dass die verschiedenen Leinenreihen genau aufeinander zu liegen kommen: die B-Leinen auf den A-Leinen, darauf die C-Leinen und zuletzt die D-Leinen. Sie sorgen dafür, dass kein Stoff zwischen den Fangleinen liegt. Dann streichen Sie die Luft aus dem Schirm und verstauen ihn im Pod, der kleinen Tasche, die dafür vorgesehen ist. Die Leinen fixieren Sie bündelweise mit Gummis und verschließen damit den Pod. Dann befestigen Sie diesen am Gurtzeug und kontrollieren nochmals, dass sich nichts verdreht hat und das Dreiring-Öffnungssystem richtig liegt. Das Fallschirmfalten ist eine zeitraubende Kunst: Es dauert deutlich länger als der eigentliche Sprung. Aber es muss sorgfältig erledigt werden, damit auch der nächste Sprung wieder sicher abläuft.

Nie wieder bei null starten

Ihr Projekt ist vorbei, beendet. Trotz aller Schwierigkeiten haben Sie es zu einem guten Abschluss gebracht. Jetzt können Sie es mit gutem Gefühl zu den Akten legen und sich an Ihre nächste Aufgabe machen. Neues Spiel, neues Glück. Oder?

Ich sage: nein. Das neue Spiel startet nicht wieder bei null und das alte ist noch nicht völlig vorbei. Selbst wenn das geplante Ergebnis erreicht wurde, ist das Projekt noch lange nicht abgeschlossen, da kommt noch einiges auf Sie zu: der Abschluss und die Übergabe des Projekts, die Nachbetrachtung und der Projektreview. Das sind nicht einfach nur lästige Pflichten, sondern mit diesen Aufgaben ist auch und vor allem eine große Chance verbunden. Nämlich die Chance, mit dem Projektabschluss zugleich das nächste Projekt so vorzubereiten, dass es noch besser, noch glatter läuft als das abzuschließende. Sie können aus dem zu beendenden Projekt eine Menge Erfahrungen ziehen, die Sie beim nächsten nutzen können. Das gilt gerade für die Fehler, die passiert sind. Aus allem, was nicht optimal gelaufen ist, lässt sich Gewinn ziehen. Aus allem, was passiert ist, lassen sich wertvolle Hinweise ableiten.

Das ist aber nur dann möglich, wenn Sie Ihr frisches Wissen auch wirklich einsetzen. In vielen Projekten sind die Beteiligten froh und erleichtert, wenn sie trotz aller Schwierigkeiten einen halbwegs guten Abschluss erreicht haben. Dann schreibt der Projektleiter seinen Abschlussbericht, verschickt ihn, fährt den Computer herunter und geht nach Hause. Am nächsten Tag kommen neue Aufgaben auf ihn zu, die er frohgemut angeht. Doch die Projektbeteiligten verschenken wertvolles Verbesserungspotenzial für die nächsten Projekte, wenn die gemachten Fehler nicht als Lernchancen gesehen werden.

Das muss nicht sein. Ein beendetes Projekt dafür zu nutzen, das nächste optimal vorzubereiten und so die Erfolgschancen zu verbessern, ist gar nicht so aufwändig. Das Gute daran: Anders als beim Fallschirmsprung dauert die Nach- und Vorbereitung eines Projekts bei weitem nicht so lange wie das Projekt selbst. Man muss sich nur daranmachen.

Gut dokumentiert ist halb gewonnen

Über die Projektdokumentation habe ich schon im vierten Kapitel geschrieben, dort stand im Fokus, dass Sie den Überblick über den Projektverlauf behalten müssen. Jetzt geht es mir um die offizielle Abschlussdokumentation. Diejenige, die archiviert wird und noch nach Jahren Auskunft darüber gibt, wie das Projekt X gelaufen ist. Eine sorgfältige Abschlussdokumentation trägt viel dazu bei, dass Sie die Erkenntnisse aus dem abgeschlossenen Projekt weiternutzen können. Das ist nicht nur für Sie als Projektleiter wichtig, sondern auch für Ihre Auftraggeber – und für alle Mitarbeiter künftiger Projekte, Sie selbst eingeschlossen. Denn vielleicht stehen Sie oder ein Kollege in vier Jahren in einem ganz anderen Projekt vor einer Situation, in der Sie denken: Mensch, so etwas Ähnliches hatten wir doch schon mal. Wie haben wir das denn damals gelöst? Wenn dann die Projektabschlussdokumentation so übersichtlich ist, dass die alte Lösung rasch zu finden ist, haben Sie sich und anderen viel Zeit und Nerven gespart. Die Projektabschlussdokumentation ist außerdem notwendig, um die abschließende Nachkalkulation des Projektgesamtbudgets vorzunehmen. Und für eine wichtige Formalie: Erst mit dem formalen Projektende, das heißt dem Projektabschluss und der Projektübergabe, ist das Projekt auch offiziell beendet.

Ist es Ihre Aufgabe als Projektleiter, die Fertigmeldung für die Abnahme, die Übergabe an den Projektauftraggeber, die zu übergebende Dokumentation, die Nachkalkulation und den Projektreview aus den Unterlagen der zurückliegenden Monate mühsam zusammenzustellen und eine schlüssige Dokumentation daraus zu bauen, wenn alle anderen ihre Projektaufgaben beendet haben? Ja. Nein. Damit meine ich: Ja, es ist Ihre Aufgabe, die Dokumentation zu erstellen. Nein, damit müssen Sie nicht erst beginnen, wenn alle anderen ihre Projektaufgaben schon beendet haben. Und mühsam braucht das auch nicht zu sein.

Auch wenn die Abschlussdokumentation zweifellos am Ende des Projekts steht – vorbereitet wird sie natürlich schon viel früher. Sie entsteht in einem kontinuierlichen Prozess während des Projekts. Alle relevanten Vorkommnisse halten Sie unmittelbar fest, wenn sie passieren, und legen Ihre Aufzeichnungen dazu ab. Wenn Sie das konsequent machen, haben Sie am Ende die Unterlagen gleich zur Hand und die Dokumentation für den Projektabschluss und die Projektübergabe ist schnell erstellt.

Das ist wie bei der Steuererklärung: Entweder man verbringt Tage und Wochen damit, aus zwei Dutzend Ordnern, Schubladen, Taschen und Geldbörsen alte Belege und Rechnungen zusammenzusuchen, die man von der Steuer absetzen kann. Oder man heftet sie das ganze Jahr über in einem Ordner ab und führt eine Excel-Tabelle. Im zweiten Fall ist die Steuererklärung innerhalb einer Stunde erledigt. Dazu muss man allerdings von Anfang an wissen, was auf die Steuerhöhe Einfluss hat und was nicht.

Die Frage lautet also: Was ist für die Dokumentation des Projektabschlusses und der Projektübergabe relevant? Welche Unterlagen sollten Sie sorgfältig bereits im Projektverlauf archivieren? Hier eine Auswahl:

→ Vereinbarte Abnahmekriterien für das Projektergebnis
→ Dokumentation der Planung
→ Dokumentation der Änderungen im Verlauf des Projekts
→ Handbücher, zum Beispiel das Benutzerhandbuch und das Wartungshandbuch für das fertige Produkt
→ Betriebskonzept
→ Statusberichte
→ Protokolle
→ Alles, was für die Nachkalkulation Relevanz hat, also Rechnungen, Aufwandsberichte und Ähnliches

Als Faustregel gilt: In die Abschluss- und Übergabedokumentation gehören diejenigen Informationen, die die Projektergebnisse betreffen. Unterlagen, die den Weg zum Ziel beinhalten, sind nur dann interessant, wenn sie dabei helfen, in Zukunft ähnliche Probleme zu lösen, oder wenn sie für die Übergabe des Projektergebnisses in den Betrieb relevant sind.

Welche Zwischenschritte dokumentiert werden und welche nicht, wird zu Beginn des Projekts verbindlich festgelegt. Alle sonstigen Anmerkungen zu Zwischenschritten sowie E-Mails, Notizen, Memos und Ähnliches, kurzum alles, was zum Zeitpunkt des Entstehens nur für die nächste Woche interessant war, wird nur so lange wie nötig aufbewahrt. Spätestens zum Ende des Projekts kann es gelöscht werden. So entsteht kein Wirrwarr – und kein Datenmüll. Schmierzettel gehören nicht in die Abschlussdokumentation, E-Mails nach dem Schema „Alles klar. Mach ich. Schönes Wochenende" auch nicht.

• •

SO ERLEICHTERN SIE SICH DIE ABSCHLUSSDOKUMENTATION

→ Vereinbaren Sie zu Beginn des Projekts mit den Auftraggebern und Teammitgliedern, welche Dokumente/Belege aufbewahrt werden und welche nicht.

→ Legen Sie die Dokumente sauber nach einem einheitlichen System ab. Wie Sie dabei vorgehen, stimmen Sie am Anfang des Projekts mit den Beteiligten ab, sodass sich alle diesem System verpflichten.

→ Versehen Sie relevante Dokumente mit Versionsnummern und löschen Sie regelmäßig nicht mehr benötigte Daten.

→ Legen Sie Ihr Dokumentationssystem so an, dass Sie und alle Beteiligten jederzeit auf die für sie relevanten Inhalte Zugriff haben.

• •

Einen echten Schlussstrich ziehen

Ist das Projekt jetzt schon abgeschlossen oder fehlen noch die allerletzten Abschluss- oder Übergabegespräche? Kommen eventuell noch mal Verbesserungsarbeiten auf mich zu? Kann ich meine Mappe mit den Unterlagen endgültig wegräumen? Manchmal liegen beinahe abgeschlossene Projekte noch lange als Karteileichen herum. Das Ergebnis ist abgeliefert, aber keiner weiß so recht, ob die Arbeiten beendet sind oder eventuell noch mal Korrekturwünsche vom Auftraggeber kommen. Es fehlt das endgültige Okay des Auftraggebers in Form einer Abnahme. Jedoch existiert auch keine Mängelliste mit offenen Punkten, die im Rahmen des Projekts noch abzuarbeiten wären. So kann sich der Projektabschluss über Wochen, sogar über Monate hinziehen. Mit ärgerlichen Folgen.

Wenn ein Projekt nicht offiziell und formal klar abgeschlossen wird, besteht einerseits die Gefahr, dass der Auftraggeber immer wieder neue Anforderungen stellt, die Sie im Leistungsumfang des Projekts weder eingeplant noch kalkuliert haben. Andererseits haben die Teammitglieder vielleicht schon Aufgaben in anderen Projekten übernommen. Sie als Projektleiter sind dafür verantwortlich, ein klares Signal zu geben, dass das Projektergebnis erreicht und das Projekt abgeschlossen ist.

Anschließend sollten Sie noch die letzten Dinge erledigen, dazu zählen die Abnahme des Projektgegenstands durch den Auftraggeber beziehungsweise den Kunden, der formale Abschluss aller Verträge, die Übergabe des Projektergebnisses an die Verantwortlichen und diejenigen, die damit weiterarbeiten, sowie die Kommunikation, dass das Projekt nun tatsächlich beendet ist. Nur so wissen alle ganz genau Bescheid, dass sich der Projektkunde bei Problemen nicht mehr an das Projektteam wenden kann, sondern zum Beispiel beim Support anfragen muss.

Wenn der Projektabschluss nicht unmissverständlich kommuniziert wird, beanspruchen die als nicht beendet wahrgenommenen Projekte noch Raum in den Köpfen aller Beteiligten. Sie können sich nicht vollständig vom Projekt lösen. Erkenntnisse aus der Lernpsychologie zeigen, dass Aufgaben, die halb erledigt unterbrochen werden, viel besser im Gedächtnis haften bleiben als abgeschlossene. Das heißt: Projektleiter, Teammitglieder und Auftraggeber können sich nicht voll und ganz auf ihre neuen Aufgaben konzentrieren. Nicht, solange sie nicht mit Sicherheit wissen, dass die alten endgültig abgeschlossen sind.

Achten Sie also darauf, dass Sie Ihr Projekt so schnell wie möglich vollständig und offiziell abschließen. Das erreichen Sie am leichtesten mit einer Abnahme durch den Kunden. Hierzu vereinbaren Sie mit dem Projektauftraggeber einen Übergabetermin und erstellen ein Abschlussprotokoll. In dem Protokoll halten sie offene Punkte fest und gegebenenfalls vereinbarte Arbeiten, die im Nachgang zum Projekt zu erledigen sind. So sorgen Sie dafür, dass der Abschluss in greifbare Nähe rückt. Wenn dann alles erledigt ist, können Sie sich das Okay für das Projektergebnis bei den Auftraggebern holen, den Abschlussbericht schreiben und den Teammitgliedern mitteilen, dass das Projekt abgeschlossen ist.

DER WEG ZU EINEM GUTEN PROJEKTABSCHLUSS

Bevor Sie ein Projekt abschließen und den Abschlussbericht erstellen können, haben Sie einiges zu tun. Die folgenden Formalien sind bei einem offiziellen Projektabschluss notwendig:

→ Sie überprüfen das Projektergebnis daraufhin, ob es alle Abnahmekriterien erfüllt, die mit dem Projektauftraggeber beim Projektstart als Ziel definiert wurden.

→ Sie führen mit den Auftraggebern eine Projektabnahme durch und halten schriftlich in einer Offene-Punkte- beziehungsweise Mängelliste fest, ob es noch Arbeiten gibt, die im Rahmen des Projekts zu erledigen sind.

→ Eventuell kann das noch einmal zu einer oder zwei Überarbeitungsschleifen führen. Lassen Sie sich aber von den Auftraggebern nicht in eine Endlosschleife treiben. Zusätzliche Anforderungen, die bei Projektstart nicht festgelegt waren, weisen Sie zurück.

→ Sie übergeben das Projektergebnis an den Auftraggeber und diejenigen, die mit dem Projektergebnis weiterarbeiten werden, zum Beispiel an den Support.

→ Der Kunde/Projektauftraggeber nimmt das Ergebnis ab, Sie fertigen ein Abnahmeprotokoll.

→ Sie heben die Projektorganisation auf. Damit stellen Sie klar, dass das Projekt beendet ist.

→ Sie kommunizieren die Übergabe und den Abschluss des Projekts an alle Teammitglieder, Auftraggeber und relevanten Stakeholder.

→ Sie laden die Teammitglieder zu einer Lessons-Learned-Runde ein.

••

Bei der abschließenden Lessons-Learned-Runde gibt es einiges zu beachten, darüber erfahren Sie im übernächsten Unterkapitel mehr. Jetzt geht es erst mal darum, sich beim Projektteam angemessen zu bedanken.

„Ach ja, danke auch noch ..."

Einige Auftraggeber und manche Projektleiter haben die Meinung, es reicht, dass die Mitarbeiter für ihre Arbeit finanziell entlohnt werden. Sie bedanken sich allenfalls mal in einem Nebensatz, in einem Nachtrag. Doch das genügt nicht, besonders in solchen Projekten, die überdurchschnittliches Engagement von den Teammitgliedern gefordert haben. Auch brauchen Sie als Projektleiter nicht bis zum Projektabschluss zu warten, um dem Team zu danken. Würdigen Sie seine Leistung durchaus zwischendurch – aber nicht nebenbei. Ohne gegenseitige Wertschätzung kann ein Team nicht funktionieren. Machen Sie also das Erreichte auch im Projektverlauf kenntlich. Feiern Sie ruhig auch mal auf halber Strecke, wenn Sie ein Zwischenergebnis erreicht haben.

In einem lang dauernden Projekt habe ich zum Beispiel einmal nach einem Dreivierteljahr, als das Konzept fertiggestellt und abgenommen war, alle Projektmitglieder des Kernteams zum Essen eingeladen und mich für das bisher Erreichte bedankt. Es ging nicht darum, ein Essen zu spendieren, sondern darum, das Zwischenergebnis zu würdigen. Ein schöner Nebeneffekt: Mit der Feier wurde dieser wichtige Zwischenschritt in der Wahrnehmung aller Beteiligten ins Bewusstsein geholt.

Sie brauchen Anerkennung nicht immer in materieller Form zu geben, sie kann auch mit Worten zum Ausdruck gebracht werden. Aber sie muss echt sein und großzügig. Leider sind manche Projektleiter dabei nachlässig. Wenn ein Projekt nicht pünktlich abgeschlossen wurde oder das Ergebnis nicht hundertprozentig den Erwartungen entspricht, werden die Fehler in den Vordergrund gestellt und es hagelt Kritik. Aber ein Projekt mit einer Dauer von einem Jahr ist auch dann noch ein Erfolg, wenn es nach harter Arbeit statt wie ursprünglich geplant am 30. Oktober am 5. November abgeschlossen wird. Auch dann sollte das Projektergebnis gewürdigt werden.

EIN DANK AUCH DEN FÜHRUNGSKRÄFTEN

Bedanken Sie sich nicht nur bei den Projektteammitgliedern direkt, sondern auch bei deren Führungskräften. Damit erzielen Sie einen doppelten Effekt: Zum einen beziehen Sie die Führungskräfte ein, die ihre Mitarbeiter von einem Teil ihrer Aufgaben freigestellt haben, damit sie am Projekt mitarbeiten konnten. Wenn Sie dieses großzügige Commitment zur Projektarbeit anerkennen, sind die Führungskräfte beim nächsten Projekt gegebenenfalls wieder bereit, einen Beitrag zu leisten. Zum anderen wird den Führungskräften, wenn Sie deren Mitarbeiter loben, ins Bewusstsein gerufen, dass diese gute Arbeit geleistet haben.

Erfahrungsgewinn: Lessons Learned

Ebenfalls oft unterschätzt, aber ein wichtiger Bestandteil von Projekten, ist die Aufarbeitung, damit Sie die Erfahrungen daraus für zukünftige Vorhaben nutzen können: die Lessons Learned. Falls das Team räumlich sehr verstreut ist, können Sie dazu E-Mails verschicken oder eine Telefonkonferenz abhalten. Meine Erfahrung ist jedoch, dass ein persönliches Treffen vorzuziehen ist. Wichtig ist, dass jedes einzelne Teammitglied die Möglichkeit hat, seine Erfahrungen in Bezug auf den Projektverlauf und das Projektergebnis zu äußern. Bei der Lessons-Learned-Runde geht es nicht um ein Feedback, sondern darum, die gewonnenen Erfahrungen für einen kontinuierlichen Verbesserungsprozess in der Projektarbeit zu nutzen.

Die Lessons-Learned-Runde erfüllt gleich drei Funktionen: Sie gewinnen Erkenntnisse, die im nächsten Projekt nützlich sein können. Sie setzen einen Schlusspunkt. Und Sie können sie nutzen, um sich spätestens jetzt beim Projektteam für die geleistete Arbeit zu bedanken.

Ist das Projekt gut verlaufen, gestaltet sich die abschließende Lessons-Learned-Runde oft als ein allseitiges Schulterklopfen. Hat das Projekt keine guten Ergebnisse gebracht, ist sie häufig ein einziges Wundenlecken. Manchmal geht es sogar nur noch darum, die Verantwortung von sich zu weisen: „Das ging schief, dort sind wir unter Druck geraten, aber im Grunde können wir doch alle nichts dafür. Die äußeren Umstände waren gegen uns." Schlimmstenfalls wird die Lessons-Learned-Runde als Gelegenheit genutzt, Konflikte beizulegen oder mit gegenseitigem Lob zu übertünchen.

Schade, damit verpasst das Projektteam eine tolle Gelegenheit. Die Lessons-Learned-Runde dient nicht dazu, die Stimmung zu verbessern, sondern dazu, Prozesse im Projekt zu verbessern und Gefahren für die Zukunft zu erkennen. Klar: Die begangenen Fehler lassen sich nicht ungeschehen machen. Es gibt keine „Undo"-Taste im Leben. Es ist auch sinnlos, nach den Schuldigen zu suchen, nach den Personen, die das Projekt in eine gefährliche Situation gebracht haben. Ausreden und Entschuldigungen sind uninteressant. Viel sinnvoller ist es, vermeidbare Ursachen aufzuspüren, die zum Fehler geführt haben.

Fragen Sie also nicht „Wer war der Auslöser?", sondern „Was war der Auslöser?". Nur indem Sie den Projektverlauf lösungsorientiert statt fehlerfokussiert untersuchen, können Sie wertvolle Erkenntnisse gewinnen. Sie übernehmen damit auch Verantwortung, denn dieses Vorgehen ist das Gegenteil von Ausreden und mit dem Finger auf andere zeigen. Die Rückschau zeigt Ihnen darüber hinaus, was gut gelaufen ist, zum Beispiel welche Lösungsstrategien das Team entwickelt hat, die in einer ähnlichen Situation wieder funktionieren könnten. So erkennen Sie, was beim nächsten Mal gleich bleiben kann und was Sie anders machen müssen.

Also geht es darum, die Abschlussrunde am Projektende bewusst zu gestalten und das Maximum an Information herauszuholen? Ja, auf jeden Fall – aber es geht noch mehr. Ich bin überzeugt: Selbst mit einer noch so guten Abschlussrunde am Projektende wird wertvolles Potenzial verschenkt, denn die Erkenntnisse daraus wirken sich nur auf die folgenden Projekte aus. Eine Lessons-Learned-Runde hat jedoch zusätzliches Potenzial, mit ihr lässt sich auch ein laufendes Projekt verbessern. Führen Sie also zum Beispiel drei Monate nach dem Start eines Projekts ein erstes Lessons-Learned-Treffen durch, um die bis dahin gemachten Erfahrungen so schnell wie möglich verwerten zu können.

WIE SIE MIT LESSONS-LEARNED-RUNDEN WEITERKOMMEN

Eine Lessons-Learned-Veranstaltung im Projektverlauf gibt Ihnen die Chance, alles, was nicht gut läuft, sofort zu korrigieren – noch bevor die Folgen gravierend werden. Und nicht nur das: Sie bestätigen auch die Abläufe und Vorgehensweisen, die gut laufen. Das gelingt aber nur, wenn Sie die Runden richtig planen. Denn bei dieser Gelegenheit soll ja nicht jeder Dampf ablassen oder in Ruhe eine Tasse Kaffee trinken können, sondern Sie wollen dieses Instrument nutzen, um den Projektverlauf zu verbessern. Bringen Sie System in die Runde, indem Sie die Teammitglieder fragen:

→ Was war gut – und was hat dazu geführt, dass es gut geworden ist?

→ Was kann besser laufen – und wie können wir das erreichen?

→ Was hat uns bisher behindert – und wie können wir das vermeiden?

→ In welchen kritischen Situationen haben wir die Kurve noch gekriegt – und wie haben wir das geschafft? Wie können wir in Zukunft früher erkennen, dass Schwierigkeiten auf uns zukommen?

Mit diesen Fragen identifizieren Sie die Erfolgsfaktoren des Teams und können diese zukünftig verstärkt nutzen – im laufenden Projekt und bei neuen Projekten.

Nicht nur das Team lernt eine Menge aus den Erfahrungen, die es während eines Projekts gemacht hat. Sie können die gesammelten Erkenntnisse in Ihrem Abschlussbericht oder in der Abschlusspräsentation auch an Ihre Führungskräfte und Kollegen weitergeben. Allerdings sind dabei gutes Gespür und Diplomatie gefragt: Legen Sie den Fokus nicht auf die Probleme, sondern auf die Lösungswege. So stiften Sie echten Nutzen für Ihre Führungskräfte, die diese Strategien später verwenden können. Und ganz nebenbei lassen Sie das Projekt in einem guten Licht erscheinen.

Das heißt nicht, dass Sie Probleme ausklammern sollen – auch dann nicht, wenn die Führungskräfte selbst zur schwierigen Situation beigetragen haben. Fassen Sie den Mut, dies anzusprechen! Aber auch hier gilt: Verkaufen Sie das Ergebnis als Erfolg. Sagen Sie also zum Beispiel nicht: „Es haben 20

Leute ins Projekt hineingeredet, das Team hat auch diese Herausforderung gelöst", sondern: „Besonders erfolgreich hat das Projektteam die Kommunikation gelöst, indem es nicht jeden Impuls von außen aufgegriffen und besprochen hat, sondern sich auf das Wesentliche konzentriert hat". Dann kann eine Führungskraft die darin enthaltene Kritik annehmen, ohne sich persönlich angegriffen zu fühlen.

Nach der Lessons-Learned-Runde ist der Abschlussbericht fällig. Da Sie dafür ja alle wichtigen Unterlagen und Informationen im Projektverlauf gesammelt haben, müssen Sie ihn jetzt nur noch zusammenfügen. Und Sie erstellen eine Bewertung des Projekts, zum Beispiel zum Verlauf und zum Verhältnis zwischen Anforderungen und Ergebnissen. In diese Bewertung arbeiten Sie das Ergebnis der Lessons-Learned-Runde der Teilnehmer und der Projektauftraggeber mit ein. Diesen Abschlussbericht versenden Sie an die Projektauftraggeber, bevor er zentral archiviert wird.

Jetzt ist es soweit: Sie können das Projekt mit einer „Danke"-Mail an alle Beteiligten offiziell abschließen. Indem Sie die Projektorganisation aufheben, geben Sie allen Teammitgliedern und Auftraggebern das deutliche Signal: Dieses Projekt ist nun beendet. Auch für Sie selbst ist dieses Signal wichtig und gibt Ihnen wertvolle Klarheit.

Sie haben sichergestellt, dass Ihr Team und Ihre Auftraggeber optimal von den Ergebnissen des zurückliegenden Projekts profitieren können. Dabei haben Sie die relevanten Geschehnisse identifiziert und zusammengefasst, den Fokus auf den Erfolg gelegt, ohne Probleme unter den Tisch fallen zu lassen. Doch etwas fehlt noch: Sie selbst.

Der Bergsteiger in Ihnen

Sie haben das Projekt trotz aller Schwierigkeiten erfolgreich zu Ende gebracht. Ihnen ist bewusst, dass Sie in der einen Situation noch etwas schneller hätten reagieren oder eine bestimmte Sache noch etwas geschickter hätten organisieren können. Aber insgesamt haben Sie sehr gute Arbeit geleistet. Gratulation! Belohnen Sie sich selbst und gönnen Sie sich etwas Gutes, bevor es ans nächste Projekt geht.

Halt, nicht so schnell! Was für die Lessons-Learned-Runde gilt, gilt auch für Sie persönlich: Die kulturelle Prägung in Mitteleuropa ist so, dass wir dazu neigen, Fehler detailliert zu analysieren und das Gute für selbstverständlich zu halten. Schade, denn aus Erfolgen lässt sich genauso viel lernen wie aus Fehlern. Betrachten Sie deshalb gute Ergebnisse nicht pauschal, sondern überlegen Sie sich genau, mit welcher Verhaltensweise in welcher Situation Sie dazu beigetragen haben. So erkennen Sie Ihre persönlichen Erfolgsfaktoren als Projektleiter. Dazu stehen Ihnen mehrere Quellen zur Verfügung: Ihre eigenen Erinnerungen und Aufzeichnungen sowie das Feedback der Teammitglieder. All das können Sie auswerten, um herauszufinden, was Sie richtig gut gemacht haben und was noch verbesserungsfähig ist.

Eins kann ich Ihnen sagen, ohne Details über Ihr Projekt zu wissen: Ihre Verhaltensweisen, die zum Erfolg beigetragen haben, lassen sich ganz sicher auf eine gemeinsame Grundlage, eine bestimmte Einstellung zurückführen. Diese Basis ist Ihr Verständnis davon, was die Projektleiterrolle bedeutet. Und wie das aussieht, ist ausschlaggebend dafür, ob ein Projekt gut funktioniert – oder eben nicht. Wenn jemand seine Rolle als Projektleiter missversteht, kann sich das so äußern wie im folgenden Beispiel.

Das Team hat sich zusammengesetzt und ist eifrig dabei, den Zeitplan zu erstellen. Da geht die Tür auf, der Projektleiter kommt herein.
„Was machen Sie gerade? Den Zeitplan? Na endlich! Das hätten Sie schon längst machen können. Und wie denken Sie sich den Plan?"
Frau Schmidt nennt die Termine und erklärt, warum die Mitarbeiter so entschieden haben. Der Projektleiter ist nicht begeistert.
„Sie haben ja reichlich Puffer eingeplant! Wenn zwischen zwei Schritten die Arbeit immer eine ganze Woche lang liegen bleibt, verzögern Sie das Projekt unnötig. Geben Sie mal her. Sehen Sie, wir können die Abgabe von Schritt eins gut auf den 3. Oktober datieren und von Schritt zwei auf den 10. Oktober. Dann gewinnen wir unterm Strich zwei Wochen!"

Auch wenn der Projektleiter inhaltlich Recht hat: Autoritäre Vorgaben bis ins letzte Detail zu machen ist in der Teamarbeit kontraproduktiv. Wenn sich solche Erfahrungen häufen, wird das Team mehr und mehr dazu übergehen, die organisatorische Arbeit dem Projektleiter zu überlassen. Der weiß es ja offensichtlich am besten. Zum Schluss landet alle Arbeit bei ihm.

Manchmal tut es weh zu sehen, dass das Team eine Aufgabe anders löst, als man selber es machen würde. Da ist die Versuchung groß, einfach mal schnell die eigene, vermeintlich bessere Lösung zu präsentieren: „Nein, wir machen das nicht so, sondern so.“ Vordergründig scheint ein Eingriff wie dieser das Projekt voranzubringen, doch tatsächlich bremst diese Vorgehensweise es aus. Denn so lässt der Projektleiter das kreative Potenzial, das Engagement, das Commitment der meisten Teammitglieder außen vor. Wer glaubt, er müsse persönlich das Projekt zum Ziel führen, hat die falsche Einstellung, er missversteht seine Projektleiterrolle. Natürlich ist der Projektleiter für den Erfolg verantwortlich. Das heißt aber nicht, dass er alles selbst machen oder detailliert vorgeben muss, was wie zu lösen ist. Seine Aufgabe besteht vielmehr darin, das Projektteam in die Lage zu versetzen, ein Projekt erfolgreich durchzuführen und abzuschließen. Genau dies bedeutet das Wort „Team“, alle gemeinsam sind am Zug. Ein guter Projektleiter geht nicht mit der Einstellung an die Arbeit: „Das ist mein Projekt“, sondern „Das ist unser Projekt“.

Diese Einstellung wirkt sich ganz konkret auf die Verhaltensweisen des Projektleiters aus, daraus leite ich fünf Prinzipien der Projektleitung ab.

1. Sinnvermittlung

Die grundlegende Aufgabe des Projektleiters besteht darin, das Commitment des Teams zu wecken und zu erhalten. Das gelingt ihm, indem er den Sinn des Projekts und der einzelnen Schritte darin vermittelt. Der Sinn ist der Nutzen für den Kunden – und für das Unternehmen. Darüber sollte der Projektleiter schon beim Kick-off-Meeting sprechen, aber auch immer wieder im Verlauf des Projekts. Außerdem macht der Projektleiter deutlich, wie wichtig jede einzelne Rolle im Projekt ist, um das gemeinsame Ziel zu erreichen. Diese Wertschätzung und das Bewusstsein dafür, etwas Wichtiges zu tun, motivieren die Teammitglieder. Dann wissen sie: Ohne meinen Beitrag wird es nicht gehen.

Kapitel 9: Bergsteiger sein – Alte Fehler vermeiden

2. Gemeinschaftsleistung

Wenn im Projektverlauf Erfolge zu feiern sind und die Auftraggeber positives Feedback geben, heimsen Sie die Lorbeeren nicht allein ein. Stellen Sie klar, dass das ganze Team dazu beigetragen hat. Diese Haltung nehmen Sie sowohl gegenüber dem Auftraggeber als auch gegenüber dem Team ein.

3. Selbstorganisation

Der Projektleiter verteilt zwar die Aufgaben, aber er gibt den einzelnen Teammitgliedern nicht vor, wie sie an diese herangehen sollen. Wichtig für den Projektleiter ist das Ziel, nicht der Weg dorthin. Das heißt nicht, dass der Projektleiter nichts dazu sagen darf. Wenn er eine gute Idee hat, wäre es unsinnig, sie zu verschweigen. Wichtig ist aber die Art und Weise, wie er seine Gedanken äußert – eben nicht als Vorschrift, sondern als Vorschlag. Damit begegnet er den Teammitgliedern auf Augenhöhe und überlässt ihnen die Entscheidung. Jeder bleibt für seinen eigenen Aufgabenbereich selbst verantwortlich.

4. Transparenz

Transparenz ist das A und O dafür, dass die Projektmitarbeiter die gewünschte Verantwortung übernehmen können. Nur wenn sie über dieselben Informationen verfügen wie der Projektleiter, haben sie eine fundierte Entscheidungsgrundlage. Die Praxis mancher Projektleiter, Abgabetermine grundsätzlich zwei Wochen früher zu kommunizieren, als in der eigenen Planung vorgesehen, ist da fatal. Halten Sie keine Termine geheim! Und erklären Sie offen, welche Absprachen Sie mit wem getroffen haben. Weisen Sie außerdem auf die Abhängigkeiten hin, in denen das Projekt steht. Wenn dann Druck entsteht – zum Beispiel, weil ein anderes Projekt dringend auf ein Teilergebnis wartet –, kann jeder nachvollziehen, wie es dazu gekommen ist.

5. Flexibilität

„Behandle andere Menschen so, wie du selbst gerne behandelt werden möchtest", so lautet eine grundlegende Ethikregel. Sie ist gut gemeint, greift aber zu kurz. Sie geht davon aus, dass alle Menschen im Grunde genommen ähnlich ticken und dass das, was für den einen gut ist, auch für den anderen gut sein muss. Viel besser wäre es zu sagen: „Behandle andere Menschen so, wie sie behandelt werden möchten."

Der Grundsatz „Im Projekt sind alle gleich viel wert" bedeutet nicht „Im Projekt sind alle gleich". Das wäre auch schlecht, denn ein Projektteam braucht unterschiedliche Kompetenzen und Arbeitsweisen. Das bedeutet auch: Es gibt unterschiedliche Bedürfnisse. Frau Müller zum Beispiel spricht mit den Teamkollegen die Termine ab und gibt ihre Zusage, wann sie ihren Beitrag leistet – dann möchte sie am liebsten nicht mehr gestört werden, bis sie das Ergebnis der Arbeit pünktlich auf den Tisch legt. Herr Schulze dagegen ist froh, wenn er zwei Tage vor Abgabetermin noch einmal daran erinnert wird, dass Projektschritt B demnächst fällig wird. Zudem fühlt er sich sicherer, wenn seine Kollegen ihn regelmäßig über ihren Arbeitsstand auf dem Laufenden halten. Kurz gesagt: Manche Teammitglieder brauchen eine enge Vernetzung, andere eine lockerere. Als Projektleiter fahren Sie am besten, wenn Sie auf diese unterschiedlichen Arbeitsweisen eingehen: Sie lassen Frau Müller also in Ruhe und fragen bei Herrn Schulze regelmäßig nach, wie es steht. Oder: Herr Peters verträgt ein entschlossenes Wort und braucht es auch, um die Dringlichkeit der Situation richtig einschätzen zu können. Frau Hering dagegen fühlt sich dadurch leicht zurückgesetzt, bei ihr ist es zielführender, diplomatisch zu formulieren. Die Kunst des Projektleiters besteht darin, den Umgang und die Arbeitsweisen flexibel auf die einzelnen Mitarbeiter anzupassen – und auch an Situationen.

Zwei Situationen können oberflächlich gleich aussehen und trotzdem eine ganz unterschiedliche Herangehensweise erfordern. Zwei Tage Verspätung bei der Abgabe eines Projektteilergebnisses, wenn Folgearbeiten dadurch nicht beeinflusst werden, sind weniger dramatisch als zwei Tage Verspätung kurz vor dem mit dem Kunden vereinbarten Abgabetermin eines Konzepts, denn das wirkt sich auf die nachfolgenden Aktivitäten aus. Im ersten Fall können Sie die Verspätung leichter nehmen und darauf hinweisen, dass die Folgetermine eingehalten werden müssen. Im zweiten Fall ist es Ihre Aufgabe, dem Projektteam Feuer zu machen und gemeinsame Lösungswege zu finden, um den vereinbarten Termin zu halten.

WIE SIE DIE PROJEKTLEITERROLLE RICHTIG AUSFÜLLEN

Wie Sie als Projektleiter an Ihre Arbeit herangehen, trägt entscheidend zum Erfolg des Projekts bei. Damit meine ich nicht, dass Sie alleine für den Erfolg oder Misserfolg des Projekts zuständig sind. Im Gegenteil: Als Projektleiter erfolgreich sind nicht diejenigen, die alles an sich reißen, sondern diejenigen, die die Projektteammitglieder dazu befähigen, gute Arbeit zu leisten. Ihre Projektleiterrolle erfüllen Sie optimal, wenn Sie keine One-Man-Show betreiben, sondern gemeinsam mit dem Team auf das Projektziel hinarbeiten. Denken Sie nicht an „mein Projekt", sondern an „unser Projekt". Dies alles gelingt am besten, indem Sie

→ den Projektbeteiligten den Sinn des Projekts vermitteln,

→ Erfolge als Gemeinschaftserfolge betrachten und kommunizieren,

→ jedem einzelnen in dem vereinbartem Rahmen freistellen, auf welche Weise er das Ziel seiner Aufgabe erreicht, sofern das niemand anderen in seiner Arbeit behindert,

→ Projektinformationen und Termine transparent kommunizieren sowie

→ mit unterschiedlichen Personen und Situationen flexibel umgehen, mit anderen Worten situativ führen.

Wenn Sie diese Prinzipien anwenden, tragen Sie optimal zum Projekterfolg bei. Dann haben Sie genau die richtige Einstellung für sich gefunden und füllen sie auch aus. Übrigens: Nicht nur Ihren Projekten tut diese innere Haltung gut. Auch jenseits Ihrer Projektleitertätigkeit wird sie sich positiv auf Ihr Berufsleben auswirken.

Jeder Tag ist voll von Projekten

Es regnet in Strömen, ein dumpfer Knall. Ich muss das Lenkrad mit aller Kraft festhalten, weil es plötzlich nach links reißt. Das Auto fängt an, wie ein Kaninchen zu hoppeln. Ich lenke es auf den Pannenstreifen und halte an.

Ein kurzer Blick bestätigt meinen Verdacht: Der linke hintere Reifen ist platt. Da stehe ich nun in der Morgendämmerung auf der A9 auf halber Strecke zwischen München und Nürnberg und in zweieinhalb Stunden beginnt mein Seminar. Wenn ich jetzt den Pannendienst anrufe, dauert es mindestens eine Stunde, bis jemand da ist. Ich würde zu spät am Schulungsort eintreffen. Das kommt überhaupt nicht infrage.

Was jetzt? Ich kann es mir nicht leisten, auf Hilfe zu warten. Also bleibt nur, das Rad selbst zu wechseln. Ich trage zwar Businesskleidung, aber mein primäres Ziel ist es nicht, adrett auszuschauen, sondern meine Vereinbarung mit den Seminarteilnehmern einzuhalten. Und die heißt: Das Seminar geht von 10:00 bis 17:00 Uhr, vom akademischen Viertelstündchen ist nirgends die Rede.

Also greife ich zum Wagenheber und in zehn Minuten ist das Rad gewechselt. Natürlich muss ich mit dem Ersatzrad langsamer fahren, aber ich schaffe es rechtzeitig zum Seminar. Die Teilnehmer sind schon da und starren auf meine durchnässte Kleidung und meine ölverschmierten Hände.

„Ich gehe mir kurz die Hände waschen und bin gleich bei Ihnen", sage ich. Pünktlich um 10:00 Uhr beginne ich das Seminar.

Es ist ein nachvollziehbares Bedürfnis, eine Trennlinie zwischen Projektarbeit und dem Arbeitsalltag in der normalen Unternehmensorganisation zu ziehen. Dienst ist Dienst – und Projekt ist Projekt. Wirklich? So klar finde ich das nicht. Denn eines habe ich bei der Projektarbeit gelernt: zielorientiert zu denken und zu handeln. Es geht nicht darum, wie ich etwas tue, sondern was ich damit erreiche. Diese Einstellung ist Voraussetzung für die Arbeit in Projekten – aber nicht nur dafür. Genau das ist das Wertvollste, was Sie aus der Projektarbeit für den übrigen Berufsalltag mitnehmen können. „Der Weg ist das Ziel", das ist ein schönes Motto für Wanderungen und für alle Tätigkeiten, bei denen es ums Vergnügen geht, also für Ihre Hobbys. Doch selbst da finde ich: Hobbys machen mehr Spaß, wenn am Ende etwas Sinnvolles herauskommt, zum Beispiel beim Musizieren ein Konzert, beim Sport ein Wettkampf, beim Kochen ein leckeres Essen, beim Gärtnern ein blühendes Beet. Nicht nur der Weg ist das Ziel, sondern auch das Ziel ist das Ziel.

Noch mehr gilt das für alle Tätigkeiten, die einen Nutzen generieren sollen. Die Erfahrungen aus Ihrer Projektarbeit helfen Ihnen, diese zu planen und entsprechend zu handeln. Sie fokussieren Ihre Wahrnehmung darauf, was genau der Nutzen Ihres Tuns sein soll und für wen. Das hilft Ihnen dabei, Überflüssiges wegzulassen und sich keine unnötigen Sorgen um Nebensächliches zu machen.

●●●

MEHR ERFOLG - IN PROJEKTEN UND IM LEBEN

Viele der Methoden und inneren Einstellungen, die ein Projekt zum Erfolg führen, sind auch im Arbeitsalltag und im Privatleben wertvoll.

➜ Zielorientiertes Denken und Handeln: Sie wissen, dass es nicht darum geht, was Sie tun, sondern darum, was Sie erreichen.

➜ Kontextbezogenes Denken und Handeln: Sie behalten im Auge, wen das, was Sie tun, beeinflusst, und welche Handlungen sich wiederum auf Ihren Plan auswirken.

➜ Kommunikation: Sie achten darauf, Informationen und Aufforderungen nicht nur weiterzureichen, sondern nachzufragen, ob sie richtig verstanden sind. Es geht darum, nicht nur zu senden, sondern auch zu empfangen.

➜ Teamarbeit: Sie haben verinnerlicht, dass sich Ideen am besten im Gespräch zusammen mit anderen Menschen entwickeln.

➜ Eigenverantwortung: Sie übernehmen die Verantwortung für das Ergebnis Ihrer Tätigkeit und trauen dies auch den Menschen in Ihrem Umfeld zu. Sie reden anderen nicht hinein.

➜ Planung: Sie planen Dinge, die in weiter Zukunft liegen, nur so tief, dass Sie das gesamte Vorhaben vollständig überblicken können. Erst wenn der entsprechende Zeitpunkt näher rückt, widmen Sie sich mit angemessenem Vorlauf der Detailplanung.

➜ Flexibilität: Wenn Sie mit einer Methode Ihr Ziel nicht erreichen, versuchen Sie es auf eine andere Art.

➜ Sich an der gesetzten Planung messen: Sie gleichen regelmäßig den aktuellen Stand mit dem Ergebnis ab, das Sie zu diesem Zeitpunkt erreicht haben wollten.

→ Realitätssinn: Sie schauen sich Ihre Situation im Detail an; nach einer realistischen Einschätzung entscheiden Sie über die nächsten Schritte.

→ Keine Panik: Selbst wenn die Katastrophen geballt über Sie hereinbrechen, verfallen Sie nicht in Schockstarre oder fieberhafte Aktivität, sondern überlegen konzentriert, wie sie damit umgehen. Sie entscheiden mit kühlem Kopf, welchen Teil Ihres Ziels Sie aufgeben müssen, um den entscheidenden Teil zu retten.

→ Schluss machen: Wenn Sie erreicht haben, was Sie wollten, oder ein Ziel für Sie sinnlos geworden ist, schließen Sie die Sache ab – für sich selbst und nach außen hin deutlich sichtbar.

• •

Diese Liste ist nicht unbedingt vollständig. Vielleicht kommen noch ganz spezielle persönliche Erfahrungen, Methoden und Lösungswege hinzu, die Sie aus dem Verlauf Ihrer Projekte herausdestillieren konnten. Alles zusammengenommen stellt einen wertvollen Werkzeugkasten dar, der Ihnen nicht nur hilft, Ihre Projektarbeit zu meistern, sondern auch Ihren Alltag.

Dann besteigen Sie nicht nur Berge, sondern Sie sind Bergsteiger.

Epilog

Einmal kurz nicht aufgepasst, schon ist es passiert. Bei der Bergwanderung an der Baumgartenschneid im Tegernseer Land rutsche ich auf einem Schneefeld aus. Ich komme ungünstig auf, der Ringfinger der linken Hand verdreht sich dabei. Sofort kühle ich die Hand im Schnee. Das dämpft den Schmerz, aber der Finger sieht trotzdem nicht gut aus. Das letzte Fingerglied hängt herunter, ich kann es nicht mehr ausstrecken. Da ist wohl etwas kaputtgegangen.

Wenig später präsentiere ich meine geschwollene Hand dem Arzt. Seine Diagnose: Die Strecksehne ist gerissen. Sechs Wochen lang muss ich eine Schiene tragen und danach den Finger noch eine Weile schonen. Ärgerlich. Lästig. – Aber noch lange nicht tödlich.

Würden Sie aus so einem Erlebnis den Schluss ziehen: nie wieder Bergwandern? Bestimmt nicht! Ich auch nicht. Von so einem Ärgernis lasse ich mir doch nicht die Freude an den Bergen vermiesen. Die können ja nichts dafür. Und wer sagt, dass mir so etwas beim nächsten Mal wieder passieren muss? Ich habe für mich den Schluss gezogen: Beim nächsten Mal passe ich besser auf. Basta. Denn ich bin überzeugt: Rückschläge sind kein Grund aufzuhören. Das gilt ganz besonders bei Projekten. Im Gegenteil: Sie wissen ja nun, dass Sie auch mit Unwägbarkeiten und Steinschlägen fertig werden.

Selbst wenn das Projektergebnis nicht optimal war, Sie den Zeitplan leicht überzogen haben, nicht alles nach Plan lief oder Sie Mehrarbeit hatten, immerhin haben Sie ein Ergebnis erarbeitet. Und wenn Sie wieder eine Projektleiterrolle angeboten bekommen, ist das ein klares Zeichen dafür, dass die Art, wie Sie mit den Schwierigkeiten umgegangen sind, Ihre Führungskräfte von Ihrer Kompetenz überzeugt hat. Beim nächsten Mal machen Sie es noch besser, das Werkzeug dazu haben Sie in der Hand.

Dieses Bewusstsein ist ermutigend, packen Sie Ihr nächstes Projekt also mit Zuversicht an.

Das wünsche ich Ihnen.